"大跃进"的发动

罗平汉 著

人民出版社

目 录

第一章 冒进与反冒进 | *1*

伴随着对"小脚女人"和右倾保守思想的批判，毛泽东在社会主义建设问题上急于求成的倾向明显表露出来。

毛泽东主张追加 20 亿元的基本建设投资，但在中央政治局会议上遭到大多数人的反对。周恩来在会上发言最多，会后，他又亲自去找毛泽东，说我作为总理，从良心上不能同意这个决定。

第二章 "大跃进"的序幕 | *29*

在莫斯科会议上，毛泽东首次公开提出十五年赶超英国的目标，并预言，在十五年以后，社会主义阵营将在和平竞赛中把资本主义阵营远远地抛在后面。从此，"超英赶美"便成为"大跃进"运动的著名口号和重要目标。

第三章　批评反冒进 ┃ **65**

　　为了进一步克服党内的右倾保守思想，毛泽东在讲话中指名道姓地批评了主张反冒进的周恩来等人。由于周恩来是1956年反冒进的主要领导人，而刘少奇对反冒进亦采取了支持的态度，两位领导人都不得不在会上就此作了自我批评。

第四章　为"大跃进"升温 ┃ **87**

　　南宁会议结束不久，一届人大五次会议在北京举行。用《人民日报》社论的话说，这是"一次争取大跃进的大会"。

　　在这次会议上，陈云、李先念和薄一波分别就反冒进问题作了自我批评，承担了各自在反冒进中所犯的"错误"。毛泽东此举的目的，是希望主张反冒进的领导人的思想认识能统一到发动"大跃进"上来，减少"大跃进"的思想阻力。

第五章 酝酿总路线 ▎113

"一张白纸，没有负担，好写最新最美的文字，好画最新最美的画图"。在那个特殊的年代里，全国人民确实以前所未有的热情加入到了这场运动中来，表现出了冲天的干劲。

毛泽东要求各级干部破除迷信，解放思想，不但要破除对专家、教授的迷信，也要破除对苏联经验的迷信，对马克思的迷信，但在成都会议上，却有人开始制造对毛泽东本人的个人迷信和个人崇拜。

第六章 "大跃进"的全面发动 ▎**145**

八大二次会议是一次全面发动"大跃进"的动员大会。毛泽东虽然没有作工作报告，只是作了几次讲话，而且讲得很随意。然而，这些讲话却是此次会议的主题和灵魂。

这次会议在一定程度上加剧了对毛泽东的个人崇拜，他已经被当成了真理的化身，成了正确路线的代名词。既然毛泽东倡导"大跃进"，要求高速度，那么，党内党外、上上下下群起响应，也就成了顺理成章、理所当然的了。

第七章 农业"大跃进" ▎**183**

毛泽东对于"大跃进"中的虚报、浮夸并非不清楚，但却没有加以制止，而是采取了默许和容忍的态度。

北戴河会议通过了在农村建立人民公社问题的决议，并满怀信心地宣布："看来，共产主义在我国的实现，已经不是什么遥远将来的事情了。"

第八章　全民大炼钢　**227**

　　北戴河会议后，一个全民大炼钢铁的群众运动迅速在全国城乡兴起。土高炉在全国各地遍地开花，农村的田间地头、城市的车间街道，甚至高等学校的校园里，各级党政机关的大院里，都可以见到土高炉的身影。

　　与此同时，各地争先恐后地大放钢铁生产"卫星"，然而这些土高炉炼出的钢铁基本没有任何使用价值，白白地浪费了大量的人力物力。

第九章　教科文"大跃进" ▎**253**

　　北大的科研"卫星"放出之后，捷克斯洛伐克向中国有关部门提出，希望中方提供北大已经达到"国际水平"的科研成果的清单、技术报告和资料。有关部门碍于兄弟国家的情面，只得要求北大提供相关材料，结果可想而知。

　　在那个"只怕想不到，不怕做不到"的年月里，各种各样的"奇迹"不断被创造出来，完全可以编一部新的"天方夜谭"。

第一章
冒进与反冒进

伴随着对"小脚女人"和右倾保守思想的批判，毛泽东在社会主义建设问题上急于求成的倾向明显表露出来。

毛泽东主张追加 20 亿元的基本建设投资，但在中央政治局会议上遭到大多数人的反对。周恩来在会上发言最多，会后，他又亲自去找毛泽东，说我作为总理，从良心上不能同意这个决定。

1. 批判"小脚女人"

众所周知，1958 年的"大跃进"，是从批评反冒进开始的，而反冒进主要是在 1956 年进行的。因此，要回顾"大跃进"的历史，就不能不提及 1956 年经济建设中的冒进与反冒进。

1953 年过渡时期总路线提出后，中国开始了大规模的农业、手工业和资本主义工商业的社会主义改造。进入 1954 年后，我国的农业生产合作社得到了很大的发展，据 1955 年 1 月统计，全国新办的合作社就达 38 万多个。在农业合作社的大发展中，虽然许多农业社在建立时遵循了自愿互利原则，并且在建社后发展了生产，增加了农民收入，但也有一部分农业社是在条件不成熟的情况下办起来的，而且这些社建立后，在分配制度等方面亦存在不合理现象。加之 1954 年是在农村全面实行粮食统购统销政策后的第一年，部分地方在粮食征购中曾购了"过头粮"，造成 1955 年春农村粮食紧张。这样一来，合作化中的问题与统购统销的问题交织在一起，引起了一些农民的不满，他们对党的农村政策产生了怀疑，甚至用大量出卖或屠宰牲畜等方式进行消极抵抗。

农村出现的这些问题，引起了中共中央和毛泽东的高度关注。1955年 3 月 3 日，毛泽东亲自签发了《中共中央、国务院关于迅速布置粮食购销工作，安定农民生产情绪的紧急指示》，强调指出："粮食的紧张情况，在一个相当长的时期里是不能完全避免的，粮食紧张的根本原因在于生产不足，而发展生产则是解决粮食问题的根本环节。粮食生产增长一分，粮食紧张的情况就可以缓和一分。因此，农村工作的一切措施，都必须围绕这一环节，都必须有利于生产，有利于发挥农民的积极性，都必须避免对于这种积极性的任何损害。"

3 月中旬，毛泽东找中共中央农村工作部负责人邓子恢、陈伯达、廖鲁言等汇报农村工作，当谈到当前农村的紧张情况时，毛泽东说："生产关系要适应生产力发展的要求，否则生产力会起来暴动，当前农民杀猪宰牛就是生产力起来暴动。"当汇报到农业生产合作社发展方针时，毛泽东说："方针是'三字经'，叫一曰停，二曰缩，三曰发。"他与邓子恢等人当场议定：浙江、河北两省收缩一些；华东、东北一般要停止发展，其他地区（主要是新区）再适当发展一些。[①]

根据毛泽东的指示和农业合作化运动的实际，3 月 22 日，中央农村工作部发出了《关于巩固现有合作社的通知》，强调春耕季节已到，全国农业生产合作社已发展到 60 万个，完成了预定的计划。不论何地均应停止发展新社，全力转向春耕生产和巩固已有社的工作。通知指出，在大发展之后，进行整顿巩固工作，社数和户数有合理减少是必要的。有些地方怕数字减少，百分比下降，就不敢贯彻自愿原则，这是不对的，应该改变。

---

① 《邓子恢传》编辑委员会：《邓子恢传》，人民出版社 1996 年版，第 481 页。

1955 年三、四月起，各地广泛开展了整顿农业生产合作社的工作。据中央农村工作部二处 1955 年 7 月 26 日编印的《农业合作化运动最近的简情》统计，全国农业生产合作社在贯彻"停、收、发"方针后，原有的 67 万个社中，有 65 万个巩固下来了。"缩"的情况是：浙江 15000 个，河北 7000 个，山东 4000 个。其他省份无大变动，有的还有所增加。

1955 年春，毛泽东对农村紧张形势的看法与邓子恢等人是一致的，因而也赞成在部分地区停止农业合作社的发展。但是，到了 5 月，他的态度发生了根本性的变化，认为农业合作社不但不应停止发展，反而应该加快发展。那么，是什么原因促使毛泽东发生这种变化呢？

一是毛泽东感到粮食并非以前说的那样紧张。这年春天，正当农村销粮大幅度增加，而缺粮的呼喊声也越来越大的时候，中共中央收到了一份反映山西闻喜县宋店乡粮食统销情况的材料。其中说，这个乡原本要求供应粮食 10170 斤，经过对统销工作进行整顿后，不仅不要供应，而且还多余 6200 斤机动粮。有些农户本可以自给自足，看到别人向国家买粮食，自己也跟着喊粮食不够。也有的农户本来有余粮，只因为害怕别人说自己售粮太少或别人前来借粮，故意和别人一起喊缺粮。有的基层干部因为自己多买了粮或包庇亲友多买了粮，明知缺粮是假，也睁一只眼，闭一只眼。另外，由于没有经验，统销办法不规范，也助长了供应不公或宽打窄用。不缺粮而喊缺粮的人中，各阶层都有，而以富裕中农为多。类似的材料中共中央还收到了一些，由此使毛泽东和中共中央认为，原来对农村粮食紧张情况的估计是言过其实了，形势并没有那么紧张。

二是毛泽东此时认为党内有部分人不愿走社会主义道路，他们对办农业合作社采取消极态度，这种状况必须改变。4 月下旬，毛泽东离开北京，前往南方视察。此时正是春暖花开时节，毛泽东在视察的途中，看了铁路公路两旁庄稼的长势，听了一些地方负责人的汇报，对农村的形势作出了新的判断。他说："说农民生产消极，那只是少部分。我沿途看见，麦子长得半人深，生产消极吗？"尤其是中共中央上海局书记柯庆施对他讲了一个情况，说他经过调查，县、区、乡三级干部中，有 30%的人反映要"自由"的情绪，不愿意搞社会主义。这使毛泽东立即意识到：这种"不愿意搞社会主义"的人，下面有，省里有，中央机关干部中也有。中央农村工作部反映部分合作社办不下去，是"发谣风"。①

5月9日，毛泽东约见邓子恢、廖鲁言以及国务院副总理李先念、粮食部副部长陈国栋。在谈话中，毛泽东说：下半年粮食征购任务原定900亿斤，可考虑压到870亿斤。这样可以缓和一下，这也是个让步。粮食征购数字减少一点，换来个社会主义，增加农业生产，为农业合作化打基础。今后两三年是农业合作化的紧要关头，必须在三年内打下合作化的基础。他问邓子恢：1957年化个40%，可不可以？邓子恢说：上次说三分之一，还是三分之一左右为好。毛泽东勉强表示：三分之一也可以。接着又说：农民对社会主义改造是矛盾的，农民是要"自由"的。这种思想党内也有。②显然，毛泽东对邓子恢仍坚持原来的发展速度，已经有所不满了。

6月下旬，毛泽东再次约见邓子恢，谈农业合作社的发展问题。毛泽东提出，1956年春耕以前合作社发展到100万个，同现有的65万个比较，只增加了35万个，即只增加了半倍多一点，似乎少了一点，可能需要比原来的65万个增加一倍左右，即增加到130万个左右，基本上做到全国20多万个乡都有一到几个社。他问邓子恢：你看怎么样？邓子恢回答说：回去考虑考虑。

从毛泽东处回到中央农村工作部后，邓子恢找农村工作部互助合作处的有关人员进行商量，共同认为还是坚持100万个的原计划为好。

第二天，邓子恢向毛泽东汇报说，上年度由11万个社发展到65万个社，已经太多，发生了冒进的问题，还需要做大量的工作才能巩固。下年度由65万个社发展到100万个社，都要巩固下来，更不容易。如果发展到130万个，那就超出了现有办社条件许可的程度，还是维持100万个的计划比较好。为此，两人发生了争论，持续了好几个小时。③

毛泽东是一个极为执著的人，一旦他认准的事情，别人是难以改变他的态度的。从这一点上讲，这场争论必定很快就会有结果。

---

① 薄一波：《若干重大决策与事件的回顾》上卷，中共中央党校出版社1991年版，第372页。

② 《邓子恢传》编辑委员会：《邓子恢传》，人民出版社1996年版，第491页。

③ 《邓子恢传》编辑委员会：《邓子恢传》，人民出版社1996年版，第4892页。

为了讨论农业合作化问题，毛泽东和中共中央决定召开一次各省市自治区党委书记会议。会前，中共中央书记处召集农村工作部的负责人开会，邓小平传达了毛泽东的原话：看来像邓子恢这种思想，他自己转不过来，要用大炮轰，中央决定召开地委书记以上会议，各省市委书记和中央各部部长、副部长都参加。

7月31日，省市自治区党委书记会议在北京召开，毛泽东在会上作了《关于农业合作化问题》的报告。报告一开头，就对邓子恢等人的所谓"右倾错误"作了严厉批评：

在全国农村中，新的社会主义群众运动的高潮就要到来。我们的某些同志却像一个小脚女人，东摇西摆地在那里走路，老是埋怨旁人说：走快了，走快了。过多的评头品足，不适当的埋怨，无穷的忧虑，数不尽的清规和戒律，以为这是指导农村中社会主义群众运动的正确方针。

否，这不是正确的方针，这是错误的方针。

目前农村中合作化的社会改革的高潮，有些地方已经到来，全国也即将到来。这是五亿多农村人口的大规模的社会主义的革命运动，带有极其伟大的世界意义。我们应当积极地热情地有计划地去领导这个运动，而不是用各种办法去拉它向后退。

毛泽东在报告中认为，解决农业合作社问题，仍需要三个五年计划的时间，但必须加快农业合作化的速度。其主要理由是：社会主义工业化是不能离开农业合作化而孤立地去进行的；大多数农民有一种走社会主义道路的积极性；党是有能力领导全国人民进到社会主义社会的。

当然，毛泽东的这个报告，对我国农业合作化问题的许多论述还是正确的。例如，他指出，要下决心解散的合作社，只是那些全体社员或几乎全体社员都坚决不愿意干下去的合作社。如果一个合作社中只有一部分人坚决不愿意干，那就让这一部分人退出去，而留下大部分人继续干。如果有大部分人坚决不愿意干，只有一小部分人愿意干，那就让大部分人退出去，而将小部分人留下继续干。这样解释自愿互利原则，避免了整顿合作社时一哄而散情况的出现。毛泽东还认为，要坚持自愿、互利原则，改善经营管理，提高耕作技术，增加生产资料，这是巩固合作社和保证增产的几个必不可少的条件，等等。这些都是对几年来我国互助合作运动的经验总结，对保证农业合作化运动的健康发展是有积极意义的。

但是，这个报告的主旨却在于严厉批评邓子恢等人的"右倾"，认为他们对合作化运动的领导"象一个小脚女人，东摇西摆地在那里走路"，对合作化运动有"过多的评头品足，不适当的埋怨，无穷的忧虑，数不尽的清规和戒律"，是一种右倾错误的指导方针。甚至"老是站在资产阶级、富农、或者具有资本主义自发倾向的富裕中农的立场上替较少的人打主意，而没有站在工人阶级的立场上替整个国家和全体人民打主意"①。虽然毛泽东对邓子恢等人的批评，目的在于加快农业合作化的速度，但由于将合作化发展速度这类正常的党内争论，夸大成为两条路线的分歧，这就使得多年来形成的比较健康的党内民主生活，开始出现不正常现象，也就难免产生消极后果。

毛泽东《关于农业合作化问题》的报告，一直传达到了农村党支部，于是各地纷纷检讨"右倾保守思想"，批判"小脚女人"，修改原订的农业合作社发展规划，对农业合作化运动重新作出部署，农业合作社迅猛发展起来。

在农业合作化运动的速度已经加快的情况下，为了进一步批判运动中存在的"右倾机会主义思想"，重新规划农业合作化的发展速度，加速农业社会主义改造高潮的到来，中共中央又决定于1955年10月召开扩大的七届六中全会。这是一次以批判"小脚女人"即农业合作化运动中右倾思想为主题的会议。会议最后一天，毛泽东作了题为《农业合作化的一场辩论和当前的阶级斗争》的总结，将前一阶段与邓子恢等在合作化速度上的分歧，概括为十三个问题，并逐一作了批驳。

扩大的七届六中全会通过了《关于农业合作化问题的决议》，强调："面

---

① 毛泽东：《关于农业合作化问题》，《人民日报》1955年10月17日。

临着农村合作化运动日益高涨的形势，党的任务就是要大胆地和有计划地领导运动前进，而不应该缩手缩脚。""党中央政治局对于右倾机会主义所进行的批判是完全正确和必要的，因为只有彻底地批判了这种右倾机会主义，才能促进党的农村工作的根本转变，改变领导落在群众运动后头的局面"①。这样一来，邓子恢等人关于合作化运动稳步发展的主张，就由"小脚女人"上升为"右倾机会主义"，合作化运动本应坚持的稳步前进的方针不再提及，不管条件成熟与否各地都大办农业合作社。

七届六中全会后，伴随着对"小脚女人"和右倾保守思想的批判，农业合作化运动的速度进一步加快。1956 年 4 月 30 日，《人民日报》向全世界宣布：中国农村基本上实现了初级农业合作化。到这时，全国农业生产合作社共有 100.8 万个，入社农户 10668 万户，占全国农户总数的 90%，亿万农民在极短的时间里完成了集体化的任务。无疑，引导农民走上社会主义道路是必要的，但由于时间过短、要求过急、工作过粗，而且不少地方是一哄而起把合作社办起来的，自然不可避免地产生了许多问题。

随着农业社会主义改造的快速进行，手工业和资本主义工商业社会主义改造的速度也大大加快。在那个年代，进入社会主义是一件十分光荣的事情。不要说分散且生产条件落后的手工业者，希望早日进入社会主义；就是广大工商业者，也感到走入社会主义是唯一的前途，加之农业合作化和统购统销制度实行后，实际上已经割断了私营工商业同市场特别是原材料市场的联系，私营工商业不纳入计划经济的轨道已无法生存下去，于是也纷纷要求尽早实现企业的公私合营。进入 1956 年后，各地相继宣布完成了农业、手工业和资本主义工商业的社会主义改造任务，消灭了生产资料的私有制，进入社会主义。原定十五年左右完成的社会主义改造，实际上只用了三年的时间，比原计划大大提前。

---

① 《中国共产党第七届中央委员会第六次全体会议（扩大）关于农业合作化问题的决议》，《人民日报》1955 年 10 月 18 日。

2. 冒进的出现

社会主义改造的快速进行，使毛泽东认为，社会主义制度将在中国基本建立，要发挥这种先进制度的优越性，就必须加快社会主义建设的速度，使中国的生产力水平迅速赶上甚至超过发达资本主义国家。同时他感到，既然农业、手工业、资本主义工商业的社会主义改造，通过克服右倾保守思想，速度可比原计划大大加快，那么，经济建设领域是否也同样有右倾保守思想需要克服？是否可以同样加快发展速度？

1955 年 10 月 29 日，中共中央召开关于工商业社会主义改造问题座谈会，毛泽东在讲话中明确指出："我们的目标是要赶上美国，并且要超过美国。"他说："不是说赶上美国不要一百年吗？这个看法我也赞成。究竟要几十年，看大家努力，至少是五十年吧，也许七十五年，七十五年就是十五个五年计划。哪一天赶上美国，超过美国，我们才吐一口气。现在我们不像样子嘛，要受人欺负。我们这么大一个国家，吹起来牛皮很大，历史有几千年，地大物博，人口众多，但是一年才生产二百几十万吨钢，现在才开始造汽车，产量还很少，实在不像样子。所以，全国各界，包括工商界、各民主党派在内，都要努力，把我国建设成为一个富强的国家。我们在整个世界上应该有这个职责。世界上四个人中间就有我们一个人，这么不争气，那不行，我们一定要争这一口气。"①

1955 年 11 月 16 日至 24 日，在中共中央政治局召集的关于资本主义工商业社会主义改造问题的会议上，毛泽东说：领导思想落后于实际的情况是相当严重的。在农业合作化问题上，在肃反问题上，在资本主义工商业改造问题上，在知识分子问题上，右的看法都是突出的。②他还说，帝国主义眼前还不敢发动战争，我们要趁着这个机会，加快社会主义改造，加快我国的发展。③

① 《毛泽东文集》第六卷，人民出版社 1999 年版，第 500 页。
② 《建国以来刘少奇文稿》第七册，中央文献出版社 2008 年版，第 406 页。
③ 薄一波：《若干重大决策与事件的回顾》上卷，中共中央党校出版社 1991 年版，第 408 页。

此前的 1955 年 9 月，毛泽东亲自编辑了《中国农村的社会主义高潮》一书。这本书收集了一批各地办合作社的典型，毛泽东还为其中一些材料亲笔写下了按语。毛泽东编辑这本书的用意，一则是为了推动农业合作化运动的发展，使人们"看出全国合作化运动的规模、方向和发展的前景"[1]；二则希望通过这本书帮助那些不会办社的干部们学会指导办社。该书编成后曾印发给扩大的七届六中全会征求过意见。1955 年 12 月，毛泽东再次对这本书作了编辑，对书稿作了一些增删，随后交人民出版社公开出版。毛泽东还分别在这年 9 月和 12 月为这本书写了序言。他在第二次为《中国农村的社会主义高潮》写的序言中说：

> 现在提到全党和全国人民面前的问题，已经不是批判在农业的社会主义改造速度方面的右倾保守思想的问题，这个问题已经解决了。现在的问题，不是在这些方面，而是在其他方面。这里有农业的生产、工业（包括国营、公私合营和合作社营）和手工业的生产，工业和交通运输的基本建设的规模和速度，商业同其他经济部门的配合，科学、文化、教育、卫生等项工作同各项经济事业的配合等等方面。在这些方面，都是存在着对于情况估计不足的缺点的，都应当加以批判和克服，使之适应整个情况的发展。当然，任何人不可以无根据地胡思乱想，不可以超越客观情况所许可的条件去计划自己的行动，不要勉强去做那些实在做不到的事情。但是现在的问题，还是右倾保守思想在许多方面作怪，使许多方面的工作不能适应客观情况的发展。现在的问题是经过努力本来可以做到的事情，却有许多人认为做不到。因此，不断地批判那些确实存在的右倾保守思想，就有完全的必要了。[2]

这就是说，毛泽东编辑这本书，固然希望就此进一步把农业合作化运动的高潮引向深入，但更主要的，还是通过对农业合作化过程中"右倾思

---

① 毛泽东：《〈中国农村的社会主义高潮〉序言》，《人民日报》1956 年 1 月 12 日。
② 毛泽东：《〈中国农村的社会主义高潮〉序言》，《人民日报》1956 年 1 月 12 日。

想"的批判，解决工业、商业、交通运输、教育科学文化各项事业中的他认为也存在的"右倾保守"问题，由农业的社会主义改造高潮带动各项建设事业发展的高潮。从1955年夏批判所谓"小脚女人"起，毛泽东在确立社会主义制度和进行社会主义建设问题上急于求成的倾向明显表露出来，而农业合作化运动高潮的迅速到来，又使他相信，早日完成社会主义改造和加快工业化的速度是能够实现的，关键的问题是克服各种"右倾保守思想"。

1955年12月5日，中共中央政治局召开有各省、市、自治区和中央党政军各部门负责人参加的座谈会，由刘少奇传达毛泽东关于召开中共八大的指示。刘少奇在讲话提纲中写道："各方面的潜力还是很大，事业的进行还可以快，事情还可以多办。""（八大）中心思想，反对右倾保守主义，提前完成社会主义建设和改造的计划。""要利用目前世界休战的时期，加快速度来完成我国的总任务。那时不论和战都好办得多。未完成而战困难更多。""一切工作要求办得又多、又快、又好。""以前反盲目冒进，反贪多、贪大、贪快，是对的，但出了毛病，把干部和群众的积极性也反掉了。①

据薄一波回忆，毛泽东提出要批判经济建设领域的右倾保守思想，也是"事出有因"：

一是他感到国务院有些部门设想的长期计划指标偏低了。1955年夏，国务院在北戴河开会，按照过渡时期总路线总任务的要求，讨论编制十五年（1953—1967年）远景计划和第二个五年计划轮廓的问题，由各部汇报自己的设想。按照各部的汇报，到1967年，全国粮食产量6000亿斤，棉花产量5600万担，钢产量1800万吨，煤炭产量2.8亿吨；工农业产值平均年增长速度："一五"计划8.6%，"二五"计划9.9%，"三五"计划10.1%，15年平均年增长9.5%。10月5日，国家计委将有关情况汇总报告中共中央，但毛泽东对这个设想不满意。

二是他对1955年国民经济计划执行情况有看法。1955年原计划基本

---

① 《建国以来刘少奇文稿》第七册，中央文献出版社2008年版，第476—408页。

建设投资 97.9 亿元，比上年增长 31.5%。执行中，经济生活中出现一些新情况，几次调整计划。在调整中，由于不适当地削减了某些非生产性（如校舍和职工宿舍等）建设项目，投资总额调减为 91.7 亿元。到年底，原来安排收支平衡的预算，结余资金 18.1 亿元。钢材、木材、水泥等物资也有较多的结余。又由于没有经验，还认识不到保留必要储备的重要性，一度决定钢材出口，水泥减产，木材和部分器材减价出售。①

对于这件事，周恩来曾一再作自我批评，但毛泽东还是不大满意。事隔两年，毛泽东对此仍不能释怀，他在 1958 年 2 月的中共中央政治会议上说："1955 年 12 月，八项东西（钢、铁、煤、水泥、铝、铜，还有两项）多得不得了了，以至毫无办法，只好请苏联帮忙。苏联是要订长期合同的，好，订，订了，签了字了，过一个月要毁约。过两个月毁约也好呀！跟人家订长期合同，你强迫人家订，过一个月就毁约。""讲起共产党，又是光荣的，伟大的，什么的，就这样一件事情讲，我看是幼稚的，眼光短浅的"②。

按照毛泽东批评右倾保守思想的精神，1956 年元旦，《人民日报》发表题为"为全面地提早完成和超额完成五年计划而奋斗"的社论，明确提出了"又多、又快、又好、又省"的口号。

社论说，农业和资本主义工商业的社会主义改造突破了原来计划的指标向前猛进，这就给予了可能，也提出了要求，使以发展重工业为中心的社会主义工业化的工作提早完成和超额完成五年计划。农业生产的大发展，对交通运输提出了严重的任务，铁路、公路、轮船如果没有相应的发展，大量的农产品就会运不出来，农民所需要的生产资料和生活资料就会运不进去，这就会妨碍农业生产的发展；要求轻工业的加快发展，以便供给农民以更多更好的生活资料；要求商业能够更多更好地推销农产品，并供给农民以数量更多、品种更多、质量更好的工业品和手工业品。而农业、工业、商业的发展，对文化、教育、科学、卫生等工作也提出了要求，要求文化、教育、卫生工作的发展，要求在最短期间扫除全国文盲，

---

① 薄一波：《若干重大决策与事件的回顾》上卷，中共中央党校出版社 1991 年版，第 523—524 页。
② 薄一波：《若干重大决策与事件的回顾》上卷，中共中央党校出版社 1991 年版，第 524—525 页。

要求科学和技术水平的大大提高，在不太长的期间接近和赶上世界先进水平。

社论进而提出，在工业、文教事业的面前，就摆着一个问题：要又多、又快、又好、又省地发展自己的事业。必须又多又快，才能赶上国家和人民的需要；必须要好，要保证质量，反对不合规格的粗制滥造；必须要省，要用较少的钱办较多的事，以便用可以积累起来的财力来办好一切应该办而且可以办的事情。又多又快，是反对保守主义，又好又省，是反对潦草从事，盲目冒进，铺张浪费。又多、又快、又好、又省，这四条要求是互相结合而不可分的，遵守这四条要求，就能按照社会主义经济的有计划（按比例）发展的法则，来进行全面规划。这样做法，就完全有可能在工业建设和文教建设方面，也提早完成和超额完成第一个五年计划，提早完成社会主义工业化的任务。[①] 从这篇社论来看，在社会主义建设问题上急于求成的思想已经跃然纸上。

如同通过加快农业合作化速度，带动整个社会主义改造高潮的到来一样，为了克服经济建设中存在的右倾保守思想，毛泽东决定通过加快农业生产和农村社会的发展，来解决整个经济建设的速度问题。1955 年 11 月间，他先后在杭州和天津同华东、中南、华北十四个省的省委书记和内蒙古自治区党委书记，就全国农业发展问题交换了意见，共同商定了加快农业和农村发展的十七条意见（简称"十七条"）。同时，他还在《中国农村的社会主义高潮》第二篇序言中宣布："在三个五年计划完成的时候，即到 1967 年，粮食和许多其他农作物的产量，比较人民共和国成立以前的最高年产量，可能增加 100% 到 200%。文盲可以在较短的时间内（例如七年至八年）加以扫除。许多危害人民最严重的疾病，例如血吸虫病等等，过去人们认为没有办法对付的，现在也有办法对付了。总之，群众已经看见了自己的伟大的前途"[②]。

1956 年 1 月，毛泽东又在同各省、直辖市、自治区的负责人商量之后，将"十七条"扩充为四十条，形成了《1956 年到 1967 年全国农业

① 《为全面地提早完成和超额完成五年计划而奋斗》，《人民日报》1956 年 1 月 1 日。

② 毛泽东：《〈中国农村的社会主义高潮〉序言》，《人民日报》1956 年 1 月 12 日。

发展纲要》，简称"农业四十条"。随后，中共中央邀请在北京的工业、农业、医药卫生、社会科学等各方面的专家，各民主党派、各人民团体的负责人和文化界、教育界的人士，共 1375 人，分组进行讨论，采纳了一些意见，做了一些修改。1 月 23 日，"农业四十条"经过中共中央政治局通过，于 1 月 25 日提请最高国务会议讨论通过后以草案的形式公开发表。

《1956 年到 1967 年全国农业发展纲要》（以下简称《纲要》）草案的中心，"就是要求在农业合作化的基础上，迅速地、大量地增加农作物的产量，发展农、林、牧、副、渔等生产事业"①。《纲要》要求在十二年内，把粮食每亩的平均产量，在黄河、秦岭、白龙江以北，由 1955 年的 150 多斤提高到 400 斤，黄河以南、淮河以北地区由 1955 年的 208 斤提高到 500 斤，淮河、秦岭、白龙江以南地区由 1955 年的 400 斤提高到 800 斤，即著名的"四、五、八"。把棉花每亩的平均产量，由 1955 年的全国平均 35 斤皮棉，按照各地情况，分别提高到 60 斤、80 斤和 100 斤皮棉。按照这种亩产量的水平，到 1967 年，全国的粮食总产量将比 1955 年增加一倍半以上，棉花总产量将比 1955 年增加两倍。这个要求显然过高，难以实现，到 1967 年，全国粮食作物每亩平均产量只有 244 斤，棉花的平均产量只有 62 斤。

此外，《纲要》还要求从 1956 年开始，在七年至十二年内，基本上消灭普通的水灾和旱灾；在十二年内，在一切可能的地方，显著地收到水土保持的功效，基本上消灭水土冲刷的灾害；凡是有水源可以利用的地方，从 1956 年开始，在十二年内，基本上做到每一个乡或者几个乡建设起一个小型的水力发电站；大部分地区 90% 的肥料，一部分地区 100% 的肥料，由地方和合作社自己解决；从 1956 年开始，分别在七年或者十二年内，在一切可能的地方，基本上消灭危害农作物最严重的虫害和病害；从 1956年开始，分别在七年至十二年内，在一切可能的地方，基本上消灭危害人民最严重的疾病；从 1956 年开始，分别在五年、七年或者十二年内，在

---

① 廖鲁言：《关于〈1956 年到 1967 年全国农业发展纲要〉的说明》，《人民日报》1956 年 1 月 26 日。

一切可能的地方，基本上消灭老鼠、麻雀、苍蝇、蚊子；从 1956 年开始，按照各地情况，分别在五年至七年内基本上扫除文盲，扫除文盲的标准是认识 1500 字以上；从 1956 年开始，按照各地情况，分别在七年至十二年内基本上普及农村广播网；等等。

《纲要》草案中上述指标的提出，一方面反映了当时人们迅速改变我国农村落后面貌的强烈愿望，另一方面也反映了人们在社会主义建设问题上急于求成的倾向，《纲要》草案中的许多指标事实上在七到十二年的时间里是难以实现的。

从批评农业合作化运动中的"小脚女人"开始，毛泽东就将批判右倾保守思想，作为推进各项工作大发展的重要方式。1956 年 1 月 21 日，他在中共中央召开的知识分子问题会议上所作的总结中，专门讲到了反右倾保守思想的问题。他说：现在我要讲的是领导方法问题。有两种领导方法：一种是使事业进行得慢一些、差一些的方法，另一种是使事业进行得快一些、好一些的方法。拿最近一年来农业合作化、资本主义工商业改造、知识分子的问题等几件事来看，可以这样，也可以那样，可以迟一些、坏一些，也可以早一些、好一些。我们的领导机关应该促进事业的发展，但也不完全是这样，如农村工作部有一个时期就是农村工作促退部，因为它要砍掉些合作社。各地方、各部门是否也有这种现象呢？上层建筑不适合经济基础，不能促进经济发展，这就丧失了上层建筑应有的作用。生产力和生产关系，生产关系是基础，上面还有政府、党、各部门，这都是上层建筑，必须起促进生产力发展的作用，如果不促进，就丧失了它的职能。反对右倾保守思想就是为了解决这个问题的，就是为了使上层建筑能够适应经济基础，促进社会的发展。

毛泽东同时也提到，在反对右倾保守思想时，也应该注意不要搞那些没有根据的行不通的事情，认为各部门计划指标要放在可靠的基础上，本来可以做的不做，是不好的，但无充分根据的行不通的就叫盲目性，就是"左"倾冒险。尽管如此，他认为盲目性当前还不是主要的倾向，在当前主要克服的是右倾保守思想。

由于社会主义改造的快速进行和《纲要》草案的制定，毛泽东感到，在农业工作和对资本主义工商业改造等方面，已经取得了主动，但在知识分子问题上，在工业生产问题上，还没有主动。他在这次讲话中又说：大批机器还要靠外国，大的、小的（精密的），我们都不能制造，只能造中等的，"两头不行，中间可以"。我们吹牛皮吹不起来，工业上没有独立，科学上没有独立，重要的工业装备和精密机器都不能制造。中国应该有大批知识分子，先接近世界水平，过后赶上世界水平。我国地方大，人口多，位置也不错，海岸线很长（就是没有轮船），应该成为世界上第一个文化、科学、技术、工业发达的国家。我们有社会主义制度，再加努力，是能够办到的。否则六亿人口，又是勤劳、勇敢干什么呢？几十年以后，如还不是世界上第一个大国，是不应该的。现在美国只有十几颗氢弹，一万万吨钢，我看没有什么了不起，中国应该搞它几万万吨钢。

毛泽东最后说，中国有个好处，一个是穷，一个是白（无知识），这也有两面性，穷就要革命，知识少是不好的，但好比这张白纸，这一面写过了，就没有什么好文章可做，这一面没有写过，是空白的，就大有文章可做，几十年后，就可以赶上外国。

1956 年 1 月 25 日，毛泽东在第六次最高国务会议的讲话中又指出：过去几个月来社会主义改造的速度大大超过了人们的预料，目前我们国家的政治形势已经起了根本的变化。去年夏季以前在农业方面存在的许多困难情况现在已经基本上改变了，许多曾经被认为办不到的事情现在也可以办了。我国的第一个五年计划有可能提前完成或者超额完成。1956 年到1967 年全国农业发展纲要的任务，就是在这个社会主义改造和社会主义建设的高潮的基础上，给农业生产和农村工作的发展指出一个远景，作为全国农民和农业工作者的奋斗目标。农业以外的各项工作，也都必须迅速赶上，以适应社会主义革命高潮的新形势。我国人民应该有一个远大的规划，要在几十年内，努力改变我国在经济上和科学文化上的落后状况，迅速达到世界上的先进水平。[1]

---

① 《毛泽东文集》第七卷，人民出版社 1999 年版，第 2 页。

　　从上述讲话中可以看出，毛泽东批判右倾保守思想的目的，在于用这样的方式促进我国建设事业的大发展。在他看来，一旦克服右倾保守思想，原来设想要十几年才能完成的社会主义改造，只用几年的时间就实现了；经济建设中的右倾保守思想一旦克服，同样可以实现高速度发展。同时，他感到，现在中国的社会主义制度已经建立起来了，但依然是一穷二白，在工业上、科学技术上远远落后于发达资本主义国家，这种状况如果不尽快改变，并在较短的时间内达到世界先进水平，实在与先进的社会制度不相称。革命战争和社会改造取得的巨大成功，增强了毛泽东的自信，他认为，实现经济社会的快速发展是完全可能的。

　　随着对右倾保守思想的批判和又多、又快、又好、又省口号的提出，一些地方开始不顾实际可能提出一些过高的指标。例如，这年1月召开的广东省粮食生产会议要求全省1956年的粮食总产量，在1955年的220多亿斤的基础上再增产18.5%，即增产40亿斤，比原订的增产计划提高了12亿斤，并把增产56亿斤作为争取实现的目标。① 中共安徽省委提出，十二年后，全省粮食每亩平均产量，在淮北平原地区，将由现在的200斤提高到600斤，淮南丘陵地区将由现在的280斤提高到800斤，长江两岸将由现在的600斤提高到1400斤，皖南山区将提高到900斤。农民一年生产的粮食够两年吃。全省普通的水旱灾害和地方疾病也都消灭。文盲完全扫除，一部分人还可以受到中等教育。全省建立起2000个发电站，农村初步电气化，乡乡有电灯，社社都通电话。农业合作社都有俱乐部、运动场。安徽人民将过着幸福富裕的生活。② 甘肃省提出，1956年全省粮食要在1955年总产量78亿斤的基础上增加到103亿斤，较1955年实际产量增加31.8%；棉花要在1955年总产量9.98万担的基础上增加到25.2万担，较1955年实际产量增加152%。③

　　国务院各部也纷纷修改1955年夏季在北戴河汇报时提出的长期计划

---

① 《广东省重新修改了粮食增产计划》，《人民日报》1956年2月4日。

② 《未来的"千斤省"——安徽省社会主义建设积极分子大会旁听记》，《人民日报》1956年2月24日。

③ 《要改变落后的农业生产面貌——记中共甘肃省第一次区委书记会议》，《人民日报》1956年4月2日。

指标。1956 年 1 月 14 日，由国家计委汇总报告给中共中央、国务院。其中，1967 年粮、棉、钢、煤四大指标修改如下：粮食 9500 亿斤（加上大豆实为 1 万亿斤），比 1955 年夏各部门在北戴河汇报时的 6000 亿斤提高 3500 亿斤；棉花 1 亿担，比原汇报的 5600 万担增加 4400 万担；钢 2400 万吨，比原汇报的 1800 万吨增加 600 万吨；原煤 3.3 亿吨，比原汇报的 2.8 亿吨增加 5000 万吨。不少原定 1967 年实现的指标，提早五年，改为 1962 年实现。[①]

1956 年 2 月 22 日，国家计委向中共中央报送了《关于 1956 年度国民经济计划草案的报告》（以下简称《报告》）。《报告》说，1956 年度国民经济计划草案，是在国民经济全面高涨的情况下，根据中共中央关于反对右倾保守主义，计划既要积极又要可靠的指示和提前完成五年计划的精神编制的。1956 年度国民经济计划的主要内容是：

（一）工业总产值 535.7 亿元，比上年增长 19.7%，已达到五年计划中 1957 年水平。

（二）农业总产值 606.8 亿元，比上年增长 9.3%；粮食 3989 亿斤，增长 8.4%；棉花 3556 万担，增长 17%。

（三）基本建设总额 147.35 亿元，增长 70.6%。

（四）铁路运输增长 9.9%，内河运输增长 36.2%，海上运输增长 24.2%，汽车运输增长 35.4%。

（五）国营、合作社营、公私合营企业和国家机关、文教卫生等部门工作人员总数 1782 万人，比上年增加 82 万人，上述部门工作人员的平均工资计划比 1955 年增长 8.1%。

（六）高等学校招生 18.3 万人，在校学生达到 40 万人，增长 39.1%；中等专业学校招生 44.4 万人，在校学生达到 80.1 万人，增长 49.5%；普通高中计划招生 36.6 万人，在校学生达到 79 万人，增长 36.2%。

上述国民经济计划主要指标的增长幅度，都大大超过了以往年份。1956 年 3 月，国务院批准了国家计委提出的 1956 年度国民经济计划（草

---

① 薄一波：《若干重大决策与事件的回顾》上卷，中共中央党校出版社 1991 年版，第 527 页。

案）。

反右倾保守导致的经济建设中的急躁冒进倾向，最突出的表现是基本建设投资规模一加再加。1955年10月，中共中央批准国家计委提出的1956年国民经济计划控制数字：1956年基本建设投资112.7亿元，比1955年的预计完成数增长30.4%，比"一五"计划中规定的1956年投资多12.4%。只过了两个月，这个数字就被大大突破。1956年1月5日，国家计委在一份报告中说，各省市、部门要求的投资已达153亿元。随后，又增加到180亿、200多亿元，比1955年预计完成数增加一倍多。第一个五年计划规定，五年内限额以上基本建设项目694个，建成的455个；1956年年初召开的第一次全国基建会议将建设项目追加到745个，建成的追加到477个；不久，又将建设项目追加到800个，建成项目追加到500多个。[1] 基本建设规模的扩大，必然导致投资的大幅度增加，造成国家的财政赤字，同时它还致使钢铁、水泥、煤炭等原材料供不应求，造成国民经济的全面紧张。

3. 1956年的反冒进

本来，对于在经济建设领域批判右倾保守思想，周恩来等领导人也是赞成的。在1955年12月刘少奇主持的那次座谈会上，周恩来说：最近政府在各方面的工作，或多或少存在保守的倾向，反对盲目冒进是对的，但又带来了副作用。今年的生产是保守了，用框子把生产限制了。现在，我们的情况可以用这么一副对联来表示：客观的可能超过了主观的认识，主观的努力落后于客观的需要。[2]12月8日，他出席北京市青年纪念一二九运动二十周年和一二一运动十周年大会，在演讲中又表示：毛主席说，检查过去六年的工作，主要的倾向还是保守倾向。当然保守主义倾向的主要责任又在于我们领导。这样，给了我们一个推动，也就使得我们原来设想在三个五年计划内基本完成的工业化，有可能加快这个速度，提前

---

① 薄一波：《若干重大决策与事件的回顾》上卷，中共中央党校出版社1991年版，第531—532页。
② 《周恩来年谱》上卷，中央文献出版社1997年版，第524页。

完成。①

在 1956 年 1 月 14 日召开的知识分子问题会议上，周恩来代表中共中央作了《关于知识分子问题的报告》，其中也对毛泽东提出的反右倾保守思想作了充分肯定，认为 1955 年农业合作化运动的突飞猛进，资本主义工商业的全行业公私合营的迅速发展，发展国民经济的第一个五年计划整个地将要提前和超额完成等"巨大的动人的成就，在一年以前还是不可想像的；如果不展开反对右倾保守思想的斗争，那这些成就，到现在也还是不可能获得的"②。

作为具体负责经济工作的领导人，周恩来十分清楚一味扩大基本建设规模、追加基本建设投资的后果。因此，一方面他不能不对反右倾保守表示拥护，另一方面又从 1956 年 1 月起，不断呼吁在反右倾保守的同时要注意急躁冒进。1 月 20 日，他在知识分子问题会议上作总结讲话时就表示：经济建设中，不要做那些不切实际的事情，要"使我们的计划成为切实可行的实事求是，不是盲目冒进的计划"。"这次国务院召集的计划和财政会议要解决这个问题"。③

过了十天，在全国政协二届二次会议的政治报告中，周恩来又说："现在，摆在全国人民面前的问题，是要把各项建设事业做得又多、又快、又好、又省，以便使各项事业的发展，适应已经变化了的情况，适应国家和人民的需要。我们应该努力去做那些客观上经过努力可以做到的事情，不这样做，就要犯右倾保守的错误；我们也应该注意避免超越现实条件所许可的范围，不勉强去做那些客观上做不到的事情，否则就要犯盲目冒进的错误。"④

1956 年 2 月 6 日，周恩来召集国家计委主任李富春、财政部长李先念、国家计委副主任张玺、财政部副部长金明开会，研究在计划会议和财政会议上压缩指标的问题。周恩来指出：反右倾保守，轰轰烈烈，是社会

① 《周恩来年谱》上卷，中央文献出版社 1997 年版，第 526 页。
② 周恩来：《关于知识分子问题》，《人民日报》1956 年 1 月 30 日。
③ 《周恩来年谱》上卷，中央文献出版社 1997 年版，第 540 页。
④ 周恩来：《政治报告》，《人民日报》1956 年 1 月 30 日。

主义的喜事，但也带来一个缺点，不小心谨慎办事，有冒进、急躁倾向，社会主义的积极性要鼓励，不能泼冷水，但各部门搞计划要实事求是，不能超过客观可能，没有根据地乱提计划。各部门专业会议订的计划很大，计委、财政部要压一压。①

1956年2月8日，在国务院第二十四次全体会议上，周恩来再次强调经济工作要实事求是的问题。他说："现在有点急躁的苗头，这需要注意。社会主义积极性不可损害，但超过现实可能和没有根据的事，不要乱提，不要乱加快，否则就很危险。""绝不要提出提早完成工业化的口号。冷静地算一算，确实不能提。工业可以加快，但不能提工业化提前完成。晚一点宣布建成社会主义社会有什么不好，这还能鞭策我们更好地努力。""各部门订计划，不管是十二年远景计划，还是今明两年的年度计划，都要实事求是。当然，反对右倾保守是主要的，对群众的积极性不能泼冷水，但领导者的头脑发热了的，用冷水洗洗，可能会清醒些。各部专业会议提的计划数字都很大，请大家注意实事求是。"②

1956年4月10日，国务院召开常务会议，讨论国家计委《关于1956年基本建设计划安排和要求增加部分投资的补充报告》，周恩来在讲话中指出："搞计划必须注意实事求是"，"搞生产就要联系到平衡"，并指定国家经委主任薄一波和计委副主任张玺负责平衡工作。③ 陈云也认为，计划应该按比例发展，而基建和生产的比例是最重要的，如基建超过了生产就不行。以后订计划应该首先进行物资平衡，再进行财力平衡。④

当周恩来、陈云等意识到冒进问题的严重性时，毛泽东的看法却有所不同。

1956年3月5日，毛泽东听取国务院有关部门汇报手工业工作的情况，并作了一系列指示，其中第一条便说："个体手工业社会主义改造的速度，我觉得慢了一点。今年1月省市委书记会议的时候，我就说过有

---

① 《周恩来年谱》上卷，中央文献出版社1997年版，第545页。
② 《周恩来经济文选》，中央文献出版社1993年版，第251—252页。
③ 《周恩来经济文选》，中央文献出版社1993年版，第253页。
④ 金冲及、陈群主编：《陈云传》，中央文献出版社2005年版，第1011页。

点慢。1955 年底以前只组织了 200 万人。今年头两个月就发展 300 万人，今年基本上可以搞完，这很好。手工业的总产值，你们设想在三个五年计划期间平均每年增长 10.9%，似乎低了一点。第一个五年计划订低了，吃了点亏，现在可以不更改，你们要在工作中掌握。"①

1956 年 4 月下旬，毛泽东在中共中央政治局会议上主张追加 20 亿的基本建设投资，但与会的大多数人不赞成。据胡乔木回忆："会上尤以恩来同志发言最多，认为追加预算将造成物资供应紧张，增加城市人口，更会带来一系列困难等等。毛泽东最后仍坚持自己的意见，就宣布散会。会后，恩来同志又亲自去找毛主席，说我作为总理，从良心上不能同意这个决定。这句话使毛主席非常生气。不久，毛主席就离开了北京。"②

应当说，当时党内的民主气氛还是比较好的，虽然毛泽东追加基本建设投资的提议为政治局多数人所反对，表现出不高兴，但他并没有固执己见，这就使得反冒进能够得以继续进行。1956 年 5 月 11 日，国务院召开第 28 次全体会议，周恩来在会上提出："反保守、右倾，从去年 8 月开始，已经反了八九个月，不能一直反下去了。"③

1956 年 5 月，刘少奇主持召开中共中央会议，讨论为 6 月召开的一届人大三次会议起草文件，主要是讨论起草 1956 年国家预算报告问题。会议提出，我国经济发展要实行既反保守、又反冒进，坚持在综合平衡中稳步前进的方针。刘少奇还要求中共中央宣传部就反对"两个主义"问题，代《人民日报》写一篇社论。④

1956 年 6 月 1 日，中共中央宣传部长陆定一在部分省市委宣传部长座谈会上宣布："反对右倾保守，现在已高唱入云，有必要再提一个反对急躁冒进。中央要我们写篇社论，把两个主义反一反。"⑤ 同一天，周恩来和陈云主持召开国务院常务会议，研究再次压缩 1956 年计划指标和编制 1957 年计划问题。周恩来说：今年的"基本建设投资额，去年夏天在

---

① 《毛泽东文集》第七卷，人民出版社 1999 年版，第 11 页。

② 金冲及主编：《周恩来传（1949—1976）》，中央文献出版社 1998 年版，第 269 页。

③ 《周恩来年谱》上卷，中央文献出版社 1997 年版，第 575 页。

④ 《刘少奇年谱》，中央文献出版社 1996 年版，第 368 页。

⑤ 薄一波：《若干重大决策与事件的回顾》上卷，中共中央党校出版社 1991 年版，第 534 页。

北戴河开会时订得差不多，共 121 亿元，比去年已经增长 32%，后来增加到 170 亿，比去年增加将近 90%"。2 月会议压缩后，"3 月份下达的基本建设投资是 147 亿元，比去年增加 68%。增长这么大的数字不可能完成，因此要好好计算一下"①。

1956 年 6 月 4 日，刘少奇主持中共中央会议，讨论《关于 1955 年国家决算和 1956 年国家预算的报告（初稿）》，周恩来代表国务院介绍了半年来经济建设急躁冒进带来的种种矛盾和问题，提出要削减财政支出，压缩基本建设投资。根据国务院的意见，这次会议提出了既反保守又反冒进，即在综合平衡中稳步前进的经济建设方针。②

第二天，周恩来主持召开国务院常务会议，讨论 1956 年预算报告草案。会议决定削减预算 5%，投资总额由 147 亿元减少到 140 亿元。周恩来在讲话中指出："右倾保守应该反对，急躁冒进现在也有了反映。这次人大会上要有两条战线的斗争，既反对保守，也反对冒进。"③

1956 年 6 月 12 日，周恩来和陈云联合主持国务院第三十次全体会议，讨论通过《1955 年国家决算（草案）和 1956 年国家预算（草案）》。周恩来在发言中再次讲到了既反保守又反冒进的问题。他说：从去年反保守到现在，注意了发掘群众的积极性，所以各方面都出现了高潮。农业、手工业和资本主义工商业的三大改造高潮，推动了工作，迎来了整个社会主义建设高潮。但反保守也带来了一些不实际的主观主义的要求，带来了急躁冒进。去年 12 月以后冒进就冒了头，因此，现在的情况和去年不同了，已经不是预防而是需要反对冒进了！如果冒进继续下去，又会脱离实际，脱离群众，脱离今天的需要和可能。不能向群众泼冷水，但也不能把少数积极分子的要求当成群众的要求。今年的收入不能打得太冒，要打在稳妥可靠的基础上。④

三天后，李先念在一届人大三次会议上作了《关于 1955 年国家决算

---

① 薄一波：《若干重大决策与事件的回顾》上卷，中共中央党校出版社 1991 年版，第 535 页。
② 《周恩来年谱》上卷，中央文献出版社 1997 年版，585 页。
③ 《周恩来经济文选》，中央文献出版社 1993 年版，第 262 页。
④ 《周恩来经济文选》，中央文献出版社 1993 年版，第 263—264 页。

和 1956 年国家预算的报告》。报告强调："在当前的生产领导工作中，必须着重全面地执行多、快、好、省和安全的方针，克服片面地强调多和快的缺点。""生产的发展和其他一切事业的发展都必须放在稳妥可靠的基础上。在反对保守主义的时候，必须同时反对急躁冒进的倾向，而这种倾向在过去几个月中，在许多部门和许多地区，都已经发生了。急躁冒进的结果并不能帮助社会主义事业的发展，而只能招致损失。"[①] 1958 年 1 月南宁会议时，这段话成为毛泽东批评反冒进的靶子之一。

同一天，《人民日报》发表社论《读 1956 年国家预算报告》，认为这年的预算报告一个最值得注意的特点，就是在反对保守主义的同时，提出了反对急躁冒进的口号，并且说，这是总结了过去半年中执行国民经济计划的经验得来的结论，而急躁冒进这种倾向在过去几个月中，在许多部门和许多地区，都已经发生了。

社论还列举了急躁冒进倾向的具体表现：许多农业合作社的增产计划过大，而且片面地着重粮棉而忽视副业，生产和非生产的投资都过多，一部分合作社的规模过大，对社员的干涉过多，要求过高，对社员收入的增加和女社员的健康注意不够；许多建设部门的计划过大，超过了材料和设备供应的限度，而准备工作又单纯地偏重了施工力量，并且在工程中片面地要求多和快，而忽视好、省和安全；许多企业在生产过程中片面地追求多和快，忽视好、省和安全。在其他方面，例如商业和文化教育事业的某些方面，也有类似的情形。

社论认为，这种急躁冒进的倾向并不符合反保守主义的正确的要求，因为反保守主义是要求充分利用客观的可能，并不是要求做不可能做的事情，当然更不是要求做不应该做的事情。因此，反对急躁冒进，也绝不是容许保守主义。急躁冒进的结果必然招致损失，妨碍国民经济计划和财政收支计划的实现。在预算报告中向全国人民指出防止和纠正急躁冒进的倾向，是切合时宜的。希望全国各级组织和各个部门的工作人员，都认真地重视这一个警号，在实际工作中正确地进行两条战线的斗争——既反对保

---

① 李先念：《关于 1955 年国家决算和 1956 年国家预算的报告》，《人民日报》1956 年 6 月 16 日。

守主义，又反对急躁冒进。

1956 年 6 月 20 日，《人民日报》发表中宣部起草、经刘少奇审改的《要反对保守主义，也要反对急躁情绪》的社论。社论指出，在反对保守主义之后，发生了一种值得严重注意的新情况，这就是最近一个时期在有些工作中又发生了急躁冒进的偏向，有些事情做得太急了，有些计划订得太高了，没有充分考虑到实际的可能性。

社论尖锐地指出：急躁情绪所以成为严重的问题，是因为它不但存在于下面的干部中，而且首先存在于上面各系统的领导干部中，下面的急躁冒进有很多就是上面逼出来的。全国农业发展纲要四十条一出来，各个系统都不愿别人说自己右倾保守，都争先恐后地用过高的标准向下布置工作，条条下达，而且都要求得很急，各部门都希望自己的工作很快作出成绩来。中央几十个部，每个部一条，层层下达，甚至层层加重，下面就必然受不了。

为什么在反对了右倾保守之后，在有些工作中又发生了盲目冒进的偏向呢？社论认为，这主要是由于思想方法上的片面性造成的。由于没有运用辩证的方法，没有从事物的复杂的矛盾和联系中去全面地观察问题，只从一个方面、一个角度去看问题，就把许多问题看得太死，太绝对化。又由于缺少深入的调查研究工作，对实际情况了解得不够，心中无数，有盲目性，在这种情况下，处理事情当然就容易偏于一面，发生片面性。在反保守主义之后，特别是中央提出"又多、又快、又好、又省"的方针和发布全国农业发展纲要（草案）之后，在许多人的头脑中就产生了一种片面性，以为既然要反对保守主义，既然方针是"又多、又快、又好、又省"，既然要执行四十条，于是一切工作，不分缓急轻重，也不问客观条件是否可能，一律求多求快，百废俱兴，齐头并进，企图在一个早晨即把一切事情办好。这样由一个极端到另一个极端，当然免不了要犯错误。

这篇社论不但指出了急躁冒进的危害，同时也分析了急躁冒进产生的原因，成为 1956 年反冒进的重头戏。

不难看出，这篇社论提出的观点与毛泽东当时的主张，并不完全一致。因为社论表面上看，对急躁冒进和右倾保守两种观点都作了批评，但从字里行间不难看出，文章的重心是在强调反冒进。当时，中宣部将起草好后的稿子交给了刘少奇。刘少奇改完后批示："主席审阅后交乔木办"。但毛泽东接到此稿后，批了三个字："不看了"。后来毛泽东曾说，那篇社论写好后曾送给我看，我在清样上写了"不看了"三个字，骂我的东西我为什么要看。①

在1958年1月的南宁会议期间，毛泽东找来了这篇社论，并作了不少批注，认为文中的观点是"庸俗辩证法"、"庸俗马克思主义"。他还在讲话中说，这是一篇反冒进的社论，既要反右倾保守，又要反急躁冒进，好像"有理三扁担，无理扁担三"。实际重点是反冒进的，不是一个指头有了病。这篇社论，我批了"不看"二字，骂我的，为什么要看？那么恐慌，那么动摇。只有一个指头有病，是九与一之比。这篇东西没有弄清这个比例关系，这就是资产阶级的方法。社论针对谁？是针对我的"序言"提出批评。又引用了我在"序言"中讲的一段话，我的文章重点不在此，而在反右倾保守，要引就应引用全文。文章把我撇开，又要利用我。一不麻烦我，二可利用我打别人。② 这当然是后话了。

虽然当时毛泽东对这篇社论的观点乃至整个反冒进的做法，都有所保留，但在此后一段时间，并没有对反冒进加以直接干预，因而随后在"二五"计划的编制过程中，周恩来等人按照反冒进的思想，领导了《关于发展国民经济的第二个五年计划（1958—1962）的建议（草稿）》的编制。7月下旬，建议草稿基本写成。在起草"二五"计划建议的同时，周恩来也组织了计划建议报告的起草。

在这两个文件的初稿中，曾多次提到"多、快、好、省"的问题。对于这个口号，周恩来在最初修改的时候，曾给予了保留，但又在后面加写了"又安全"三个字。但在反冒进的过程中，周恩来感到，自从"多、快、好、省"的口号提出后，人们往往只注重"多"与"快"，而忽视"好"与"省"，变成了片面追求高速度和高指标。经过再三考虑，他把两个稿子中多次出

① 吴冷西：《回忆领袖与战友》，中央文献出版社2006年版，第63页。
② 李锐：《"大跃进"亲历记》，上海远东出版社1996年版，第64—65页。

现的"以多、快、好、省的精神"等字句删掉了。在此后的一年多时间里，也没有再提"多、快、好、省"。1957年年底至1958年上半年批评反冒进时，这竟成为批评周恩来的一条理由。①

1956年9月，中共八大召开，周恩来代表中共中央作了《关于发展国民经济的第二个五年计划的建议的报告》。报告强调："经验还证明，我们在编制年度计划的时候，在有利的情况下，必须注意到当前和以后还存在着某些不利的因素，不要急躁冒进，相反地，在不利的情况下，又必须注意到当前和以后还存在着许多有利的因素，不要裹足不前。这就是说，我们应该对客观情况作全面的分析，同时尽可能地把本年度和下年度的主要指标作统一的安排，以便使每个年度都能够互相衔接和比较均衡地向前发展"。② 这实际上重申了在经济建中必须坚持既反保守又反冒进的方针。

既反保守又反冒进的经济建设方针，得到了中共八大的认可。大会通过的《关于政治报告的决议》指出：如果对于高速度地发展我国的生产力这种可能性估计不足，或者不努力把这种可能性变为现实性，那就是保守主义的错误。但是，也必须估计到当前的经济上、财政上和技术力量上的客观限制，估计到保持后备力量的必要，而不应当脱离经济发展的正确比例。如果不估计到这些情况而规定一种过高的速度，结果就会反而妨碍经济的发展和计划的完成，那就是冒险主义的错误。党的任务，就是要随时注意防止和纠正右倾保守的或"左"倾冒险的倾向，积极地而又稳妥可靠地推进国民经济的发展。③

大会通过的《中国共产党第八次全国代表大会关于发展国民经济的第二个五年计划（1958—1962）的建议》亦指出："国务院各部门和各地区在拟定第二个五年计划草案的时候，必须把各项计划指标放在既积极而又稳妥可靠的基础上，既要充分估计到各种有利条件，反对那种看不到各种潜在力量、低估群众社会主义积极性的右倾保守的偏向；又要充分估计到各种不利的因素和可能发生的困难，反对那种缺乏实际根据、不考虑可能

---

① 金冲及主编：《周恩来传（1949—1976）》，中央文献出版社1998年版，第279页。

② 周恩来：《关于发展国民经济的第二个五年计划的建议的报告》，《人民日报》1956年9月19日。

③ 《中国共产党第八次全国代表大会关于政治报告的决议》，《人民日报》1956年9月28日。

条件、不注意国民经济有计划、按比例发展的急躁冒进的偏向。"①

　　由于贯彻了既反保守又反冒进的方针，从而保证了 1956 年国民经济的健康发展。这一年，全国工业总产值达到 1286 亿元，比上年增长 28.2%，超过了"一五"计划规定的 1957 年的水平。钢产量为 447 万吨，比上年增长了 56.8%，煤 1.1 亿吨，比上年增长 12.2%。生铁、钢材、纯碱、水泥等 27 种产品的产量已经达到或者超过"一五"计划规定的 1957 年的水平。粮食产量达到了 3855 亿斤，比上年增长了 4.8%，棉花产量为 2890 万吨，比上年下降了 4.8%，基本建设实际投资 148 亿元，比上年增加了 59.1%。

---

① 《中国共产党第八次全国代表大会关于发展国民经济的第二个五年计划（1958—1962）的建议》，《人民日报》1956 年 9 月 29 日。

第二章
"大跃进"的序幕

在莫斯科会议上，毛泽东首次公开提出十五年赶超英国的目标，并预言，在十五年以后，社会主义阵营将在和平竞赛中把资本主义阵营远远地抛在后面。从此，"超英赶美"便成为"大跃进"运动的著名口号和重要目标。

1."共产党是促进委员会"

1956 年 5 月刘少奇主持中共中央会议，确定既反保守又反冒进的方针时，毛泽东没有在北京。《人民日报》那篇题为"要反对保守主义，也要反对急躁情绪"的社论，他只批了"不看了"三字，这说明他对于周恩来、刘少奇等人主张的反冒进，是有所保留的，但由于中央领导层中赞成反冒进者占多数，他不便对反冒进公开反对。此后一段时间，他的主要精力放在中共八大的筹备上，亲自审改了一系列的重要文件，其中也包括刘少奇的政治报告、周恩来关于"二五"计划建议的报告和邓小平关于修改党章的报告。这些报告都贯彻了既反保守又反冒进的方针，对此他"服从了政治局的大多数，服从了中央已定的决议，赞成这样写，并对这些报告作了较高的评价"，对这个方针没有提出异议。[①]

中共八大刚刚结束，社会主义阵营又发生了波兰事件和匈牙利事件，这两个事件都与苏联有关，而事件发生后苏共中央及其领导人一时慌了手脚，多次急电中共中央请求帮助。为此，中共中央派出了刘少奇、邓小平等人组成的代表团，前往莫斯科协助苏共中央处理波匈事件，毛泽东本人也在北京对此给予了高度关注。因此，从八大之后至1957年年初，毛泽东的主要注意力和精力，都放在国际形势的观察和社会主义阵营事务的处理上，没有更多地顾及国内的反冒进问题。尽管如此，毛泽东对于反冒进一事始终有着自己的看法。

1956年11月，八届二中全会召开。11月10日，周恩来在会上作了关于1957年国民经济计划的报告，其中提出过去设想的远景规划、发展速度是不是可以放慢一点的问题。他说："经过八大前后的研究，我们觉得可以放慢一点。比如，原来设想钢产量在第三个五年计划的最后一年要达到年产3000万吨，肯定地说，照现在这个速度是不可能实现的。八大的建议已经把这个要求改变了。我们设想第三个五年计划的指标定在2000万到2500万吨上，将来如果执行得好，有可能超过，但是现在不能定到3000万吨。因为定到3000万吨，其他就都要跟上去。那就会象我们常说的，把两脚悬空了，底下都乱了，不好布局，农业、轻工业也会影响，结果还得退下来。要达到原来远景规划设想的生产指标，肯定时间要更长一些，有可能要四个五年计划，或者在第四个五年计划期间。""这样一个大国，数量上的增长稍微慢一点，并不妨碍我们实现工业化和建立基本上完整的工业体系。"

报告中，周恩来还提出八大关于"二五"计划数字和全国农业发展纲要四十条两个文件的修改问题。他说：八大建议的数字只是个建议，有某些达不到的指标是不是可以修改？我觉得是可以的。过去说计划就是法律，这实际上行不通。当然，计划成为废纸也不对。计划不合实际就得修改，实际超过了计划也得承认，计划不能一成不变。建议中有些数字当时

---

①　石仲泉：《我观周恩来》，中共党史出版社2008年版，第244页。

觉得是恰当的，现在发现还有矛盾需要解决，那就应该解决，我想这是许可的。

关于全国农业发展纲要四十条问题，周恩来说，（纲要）草案现在执行快一年了，事实证明有些是需要重新研究的，这些并不是不可以修改的。比如扩大耕地面积，要求十二年内开垦 1.4 亿亩显然是有困难的。如果每年开垦 1000 万亩，就要投资 5 亿元。这 5 亿元的投资，明年无论如何也挤不出来，今后也不是每年都可以挤出来的。

周恩来接着说："这两个文件经过我们研究以后觉得可以修改。上不去，就不能勉强，否则把别的都破坏了，钱也浪费了，最后还得退下来。凡是不合实际的都可以修改，这样就把我们的思想解脱了，不然自己圈住了自己。"①

周恩来在讲话中还认为，第一个五年计划基本上是正确的，成绩很大，但是错误不少。1953 年小冒了一下，今年就大冒了一下。冒了的，就要收缩一下，使整个国民经济协调发展，不然就站不稳，就会影响我们的货币、物价、劳动工资等各方面。应该认识到，不要使中国也发生"波兹南事件"，几万人或者几十万人站在街上请愿，那问题就大了。②

五天后，毛泽东在会上也作了讲话，并且一开始就讲"上马"与"下马"的辩证法问题。他说："我们对问题要作全面的分析，才能解决得妥当。进还是退，上马还是下马，都要按照辩证法。世界上，上马和下马，进和退，总是有的。那有上马走一天不下马的道理？我们走路，不是两个脚同时走，总是参差不齐的。第一步，这个脚向前，那个脚在后；第二步，那个脚又向前，这个脚在后。看电影，银幕上那些人净是那么活动，但是拿电影拷贝一看，每一小片都是不动的。《庄子》的《天下篇》说：'飞鸟之景，未尝动也。'世界上就是这样一个辩证法：又动又不动。净是不动没有，净是动也没有。动是绝对的，静是暂时的，有条件的。"③ 从表面来看，毛泽东在谈哲学问题，其实用意并不在此。

① 《周恩来经济文选》，中央文献出版社 1993 年版，第 339—341 页。

② 转引自石仲泉：《我观周恩来》，中共党史出版社 2008 年版，第 244 页。

③ 毛泽东：《在中国共产党第八届中央委员会第二次全体会议上的讲话》，1956 年 11 月 15 日。

毛泽东还说，我们的计划经济，又平衡又不平衡。平衡是暂时的，有条件的。暂时建立了平衡，随后就要发生变动。上半年平衡，下半年就不平衡了，今年平衡，到明年又不平衡了；净是平衡，不打破平衡，那是不行的。我们应当告诉干部，告诉广大群众：有进有退，主要的还是进，但不是直线前进，而是波浪式地前进。虽然有下马，总是上马的时候多。我们的各级党委，各部，各级政府，是促进呢？还是促退呢？根本还是促进的。社会总是前进的，前进是个总的趋势，发展是个总的趋势。

对于第一个五年计划如何评价，毛泽东说，第一个五年计划根本正确。至于错误，确实有，这也是难免的，因为我们缺少经验。总的来说，现在看不出第一个五年计划有什么大错，有什么根本性质的错误。他还讲到保护干部群众积极性的问题，提出要保护他们的积极性，不要在他们头上泼冷水。要在保护干部和人民群众积极性的根本条件下，批评他们的缺点，批评我们自己的缺点，这样，他们就有一股劲了。群众要求办而暂时办不到的事情，要向群众解释清楚，也是可以解释清楚的。

毛泽东在上述讲话中，没有直接批评反冒进，但他与周恩来在冒进与反冒进问题上的态度显然是有差异的。在1958年1月的南宁会议上，毛泽东说，1956年1月至11月反冒进。二中全会我讲了七条，是妥协方案，解决得不彻底。

1957年1月，中共中央召开各省、自治区、直辖市党委书记会议。1月18日，陈云在会上作了《建设规模要和国力相适当》的发言，其中讲到1956年的经济建设时，认为成绩是主要的，但也发生了一些缺点错误，这主要表现在财政和信贷方面多支出了近30亿元，生产资料和生活资料的供应都紧张。陈云在讲话中着重提出，建设规模的大小必须和国家的财力物力相适应。像我们这样一个有6亿人口的大国，经济稳定极为重要。建设的规模超过国家财力物力的可能，就是冒了，就会出现经济混乱；两者合适，经济就稳定。当然，如果保守了，妨碍了建设应有的速度也不好。但是，纠正保守比纠正冒进，要容易些。因为物资多了，增加建设是比较容易的；而财力物力不够，把建设规模搞大了，要压缩下来就不那么容易，还会造成严重浪费。他还说，1956年安排基本建设的时候，只和当年财力物力勉强平衡，既没有瞻前也没有顾后，结果造成基本建设投资猛长，在1957年不得不减下来。这是1956年计划执行的重要教训之一。[①]

同一天，毛泽东也在会上作了发言，直接对1956年的反冒进作了批评。他说，农业合作化究竟是有希望，还是没有希望？是合作社好，还是个体经济好？这个问题也重新提出来了。去年这一年，丰收的地方没有问题，重灾区也没有问题，就是那种灾而不重、收而不丰的合作社发生了问题。这类合作社，工分所值，原先许的愿大了，后头没有那么多，社员收入没有增加，甚至还有减少。于是议论就来了：合作社还好不好，要不要？这种议论也反映到党内的一些干部中间。有些干部说，合作社没有什么优越性。有些部长到乡下去看了一下，回到北京后，放的空气不妙，说是农民无精打采，不积极耕种了，似乎合作社大有崩溃灭亡之势。前年反右倾，去年反冒进，反冒进的结果又出了个右倾。我说的这个右倾，是指在社会主义革命问题上，主要是在农村社会主义改造问题上的右倾。我们的干部中间刮起了这么一股风，像台风一样，特别值得注意。话语之中，不难看出毛泽东对反冒进是不满意的。

尽管如此，此后一段时间毛泽东并没有再对反冒进提出不同意见，因为1957年从年初直到秋季，他的主要精力放在指导全党整风和由整风运动引发的反右派运动上。

1956年社会主义改造完成之后，国内也出现了以往很少发生的新情况。如实现农业合作化后，一些以往自由惯了的农民，入社后感到不自由，对集体生产劳动不习惯；加之乡社干部缺乏经验，工作方法简单，存在强迫命令现象，引起社员反感；合作化后分配上出现了平均主义问题，一些社员对此有意见；在合作化运动中为动员农民入社，曾向农民许诺只要入了社就能提高收入、改善生活，但农民入社之后有的收入不但没有增加反而下降；如此等等。这些情况引起了农民的不满，一部分农民要求退出合作社，而当其退社要求得不到满足时，于是有的地方发生了农民打骂乡社干部、哄抢集体财物的事件。又如由于一部分学生不能及时升学或就

---

① 《陈云文选》第三卷，人民出版社1995年版，第49、52、54页。

业，一部分复员转业军人不能及时安排工作，也引发了他们的不满情绪，发生了学生罢课或其他闹事事件。与此同时，社会上对政府的批评意见和对现实不满的声音，也多了起来。这都是以往很少发生的。

人们原本以为，在社会主义改造取得了巨大胜利、社会主义制度建立后，全社会就一定会出现欣欣向荣、人人满意的新气象，但结果反而引来以往很少有的不满和批评之声。这种现象的产生，引起了毛泽东的高度重视，联想到此前刚刚平息的波兰、匈牙利事件，他认为，如果这些矛盾处理不好，就难以避免波兰匈牙利事件在中国重演。他认为，中国之所以也发生农民退社、工人罢工、学生罢课，其根源主要在于干部身上的官僚主义、主观主义和宗派主义。为了解决这个问题，有必要在党内进行一次彻底的整风运动，以转变干部作风，化解社会矛盾，然后集中力量进行经济建设，改变中国贫穷落后的面貌。

经过几个月的酝酿准备之后，中共中央于 1957 年 4 月发出《关于整风运动的指示》。中共中央指出，为了适应我们的国家已经从革命的时期进入了社会主义建设时期的新形势，为了克服近几年来党内新滋长的脱离群众和脱离实际的官僚主义、宗派主义和主观主义以及特权思想，必须按照"从团结的愿望出发，经过批评和自我批评，在新的基础上达到新的团结"的方针，在全党进行一次普遍的、深入的反官僚主义、反宗派主义和反主观主义的整风运动。关于整风的方式，《指示》强调，这次整风运动应该是一次既严肃认真又和风细雨的思想教育运动，应该是一个恰如其分的批评和自我批评的运动；应该采用同志间谈心的方式，而不要开批评大会或者斗争大会；应该放手鼓励批评，坚决实行"知无不言，言无不尽，言者无罪，闻者足戒，有则改之，无则加勉"的原则；欢迎非党员参加，但必须完全出于自愿，并且允许随时自由退出。

开展整风运动的愿望是良好的。当时毛泽东和中共中央对于搞好这次整风，确实下了很大的决心。但是，由于整风运动发动后采取了开门整风的方式，接着又不恰当地运用了"大鸣、大放、大字报、大辩论"作为发动运动的手段，结果在整风运动中，既提出了许多善意的批评、中肯的意见，同时也难免出现了一些尖刻的话语甚至个别的反党反社会主义的言论。这原本也是正常现象，但由于建国以来各项事业基本上是一路高歌猛进，使得党的各级干部已经习惯于听赞扬之声，而对各种尖锐的批评意见甚至反对意见，往往缺少充分的思想准备和心理承受能力。这样一来，使人们对整风运动后的形势，产生了失真的判断，误认为现在社会上已经出现了一股强大的反党反社会主义风潮，已经形成了一群人数不少、能量不小的资产阶级右派，必须对其加以反击，于是作出了反击资产阶级右派的决定，使整风运动转向为反右派运动，这就不可避免地造成了严重的后果。

1957 年 9 月，中共扩大的八届三中全会在北京召开。出席这次全会的有中央委员 91 人，候补中央委员 62 人。不是中央委员和候补中央委员的各省、直辖市、自治区的党委第一书记，部分地委第一书记，直辖市的区委书记以及中央各部门党组负责人 416 人也参加了这次会议。会议听取和讨论了邓小平作的关于整风运动的报告，陈云作的关于改进国家行政管理体制问题和关于农业增产问题的报告，周恩来作的关于劳动工资和劳保福利问题的报告。会议基本通过了《1956 年到 1967 年全国农业发展纲要（修正草案）》、《关于改进工业管理体制的规定（草案）》、《关于改进商业管理体制的规定（草案）》、《关于改进财政体制和划分中央与地方对财政管理权限的规定（草案）》，以及有关工人、职员的劳动工资和劳保福利问题的规定草案。讨论整风运动和反右派斗争的方针政策和具体部署，是这次大会的主要任务。

八届三中全会既是一次对反右派运动进行总结的会议，也是一次开启"大跃进"运动的会议。会议的最后一天，毛泽东作了《做革命的促进派》的讲话。讲话改变了中共八大关于主要矛盾的论断，认为无产阶级和资产阶级的矛盾，社会主义道路和资本主义道路的矛盾，毫无疑问，这是当前我国社会的主要矛盾。毛泽东说："现在是社会主义革命，革命的锋芒是对着资产阶级，同时变更小生产制度即实现合作化，主要矛盾就是社会主义和资本主义，集体主义和个人主义，概括地说，就是社会主义和资本主义两条道路的矛盾。'八大'的决议没有提这个问题。'八大'决议上有那么一段，讲主要矛盾是先进的社会主义制度同落后的社会生产力之间的矛盾。这种提法是不对的。"

毛泽东在讲话中还对反冒进作了措辞较为严厉的批评。他说:

做事情,至少有两种方法:一种,达到目的比较慢一点,比较差一点,一种,达到目的比较快一点,比较好一点。一个是速度问题,一个是质量问题。不要只考虑一种方法,经常要考虑两种方法。比如修铁路,选线路要有几种方案,在几条线路里头选一条。可以有几种方法来比较,至少有两种方法来比较。

去年这一年扫掉了几个东西。一个是扫掉了多、快、好、省。不要多了,不要快了,至于好、省,也附带扫掉了。好、省我看没有哪个人反对,就是一个多、一个快,人家不喜欢,有些同志叫"冒"了。本来,好、省是限制多、快的。好者,就是质量好;省者,就是少用钱;多者,就是多办事;快者,也是多办事。这个口号本身就限制了它自己,因为有好、省,既要质量好,又要少用钱,那个不切实际的多,不切实际的快,就不可能了。我们讲的是实事求是的合乎实际的多、快、好、省,不是主观主义的多、快、好、省。我们总是要尽可能争取多一点,争取快一点,只是反对主观主义的所谓多、快。去年下半年一股风,把这个口号扫掉了,我还想恢复。有没有可能?请大家研究一下。

还扫掉农业发展纲要四十条。这个"四十条"去年以来不吃香了,现在又"复辟"了。

还扫掉了促进委员会。我曾经谈过,共产党的中央委员会,各级党委会,还有国务院,各级人民委员会,总而言之,"会"多得很,其中主要是党委会,它的性质究竟是促进委员会,还是促退委员会?应当是促进委员会。我看国民党是促退委员会,共产党是促进委员会。去年那股风扫掉的促进委员会,现在可不可以恢复?如果大家说不赞成恢复,一定要组织促退委员会,你们那么多人要促退,我也没有办法。但是,从这次会议看,大家都是想要促进,没有一篇演说是讲要促退的。至于某些东西实在跑得快了，实在跑得不适合，可以有暂时的、局部的促退，就是要让一步，缓一步。但是，我们总的方针，总是要促进的。

毛泽东还讲到如何对待苏联经验及争取比苏联更快的经济建设速度问题。他说，苏联的建设经验是比较完全的。所谓完全，就是包括犯错误。不犯错误，那就不算完全。学习苏联，并不是所有事情都硬搬，教条主义就是硬搬。我们是在批评了教条主义之后来提倡学习苏联的，所以没有危险。在革命这方面，我们是有经验的。在建设这方面，我们刚开始，只有八年。我们建设的成绩是主要的，但不是没有错误。错误将来还要犯，希望少犯一点。我们学习苏联，要包括研究它的错误。研究了它错误的那一方面，就可以少走弯路。我们是不是可以把苏联走过的弯路避开，比苏联搞的速度更要快一点，比苏联的质量更要好一点？应当争取这个可能。比如钢的产量，我们可不可以用三个五年计划或者更多一点的时间，达到 2000 万吨？经过努力，是可能的。那就要多开小钢厂。我看那个年产三五万吨的钢厂，七八万吨的钢厂要多开，很有用处。再有中等的，三四十万吨的钢厂，也要开。

讲话中毛泽东还提出，要通过精耕细作，使中国"变成世界第一个高产的国家"。他说，有的县现在已经是亩产 1000 斤了，半个世纪搞到亩产 2000 斤行不行呀？将来是不是黄河以北亩产 800 斤，淮河以北亩产 1000 斤，淮河以南亩产 2000 斤？到 21 世纪初达到这个指标，还有几十年，也许不要那么多时间。我们靠精耕细作吃饭，人多一点，还是有饭吃。我看一个人平均三亩地太多了，将来只要几分地就够吃了。

那么，毛泽东为什么突然在八届三中全会上旧话重提，在中央全会上公开对反冒进进行批评呢？

通过加快经济建设速度来巩固社会主义制度，是毛泽东对反冒进进行批评的最主要目的。改变中国的贫穷落后面貌，把中国建设成为一个伟大的社会主义强国，一直是中国共产党人孜孜以求的目标，不论是毛泽东，还是周恩来，这一点是共同的。毛泽东作为党和人民的领袖，更为中国经济落后的现状感到焦虑不安，尽管他以诗一般的语言说过，中国一穷二白，一张白纸，可以画最新最美的图画，但在他心里，根本不希望中国老是一穷二白，而是衷心希望画出最新最美的图画来。在毛泽东看来，中国地大人多，应该对人类作出较大的贡献，但这种贡献，在过去一个时期里，太少了。强烈的使命感和责任感，强烈的忧患意识，使他感到必须加快新中国的经济建设速度。

1956年发生的波兰、匈牙利事件和1957年的反右斗争，进一步刺激了毛泽东加快中国经济发展的迫切心情。他在《一九五七年夏季的形势》一文中说："必须懂得，在我国建立一个现代化的工业基础和现代化的农业基础，从现在起，还要十年至十五年。只有经过十年至十五年的社会生产力的比较充分的发展，我们的社会主义的经济制度和政治制度，才算获得了自己的比较充分的物质基础（现在，这个物质基础还很不充分）。我们的国家(上层建筑)才算充分巩固，社会主义社会才算从根本上建成了。"在毛泽东看来，波兰、匈牙利之所以发生反革命事件，右派之所以在这时向共产党和社会主义制度发动进攻，表明共产党的执政地位和社会主义制度还没有巩固。没有巩固的原因，关键在于经济不发达，物质基础不牢固。要发展经济，四平八稳不行，一般速度也不行，唯有较高速度，唯有在相对短的时间里超过英美。如果仍是低速度，形势就会危急，社会主义制度能否巩固就成问题。

1957年9月18日的《人民日报》社论，对毛泽东的这种思想作了充分的发挥。社论说："在经济战线上，在生产资料所有制方面的社会主义革命的胜利，使我们有更好的条件来进行政治战线上和思想战线上的社会主义革命；而政治战线上和思想战线上的社会主义革命的胜利，又将反过来促进和加强经济战线上的社会主义革命，加速现代化的工业基础和现代化的农业基础的建立。目前我国社会主义的物质基础还很不充分，这是右派还敢于进攻和中间派还在动摇的一个客观原因。只有建立了比较充分的物质基础，我们的国家，我们的社会主义经济制度和政治制度，才算充分巩固。"①

---

① 《这是政治战线上和思想战线上的社会主义革命》，《人民日报》1957年9月18日。

在 1957 年的整风运动中，一些党外人士曾对 1956 年经济建设的急躁冒进提出过批评，本来这些批评不少是善意的，但在随后的反右派运动中，由于其中的一些人被划为右派分子，因而他们的言论包括对冒进的批评也被当做了右派言论。在毛泽东看来，反冒进在先，右派进攻在后，反冒进的人说 1956 年经济工作中存在急躁冒进，右派也说经济建设中的主要危险不是右倾保守，而是冒进，是好大喜功，急功近利，因此，反冒进与右派进攻是有联系的。1958 年 3 月，毛泽东在为重印《中国农村的社会主义高潮》一书所写的按语中说："我们没有预料到 1956 年国际方面会发生那样大的风浪，也没有预料到 1956 年国内方面会发生打击群众积极性的'反冒进'事件。这两件事，都给右派猖狂进攻以相当的影响。"[①]本来，毛泽东就对右派进攻的形势作了脱离实际的估计，而右派的进攻在他看来同反冒进又有内在联系，所以，他也不可避免地把反冒进的"促退"作用看得十分严重，对反冒进表露出不满情绪。

除了经济落后会危及社会主义制度这种强烈的忧患意识外，社会主义改造和第一个五年计划的顺利完成，也使毛泽东认为经济的高速发展既是必要的，又是可能的。应该说，三大改造虽然不是尽善尽美，也有一些缺点和后遗症，但它在如此短的时间里，在社会基本没有大的震荡的前提下，以和平的方式得以顺利完成，不能不说这是中国共产党的一大杰作和创举，这个杰作的总设计师当然是毛泽东。在胜利面前，毛泽东感到中国工业化的规模和速度，科学、教育、文化、卫生等事业的规模和速度，都不能按原来的设想那样做，同样可以加快。

同时，三大改造的快速完成，也进一步增进了毛泽东的自信，他不相信"搞工业、农业，比打仗还厉害"。中国经济落后的忧患与中国经济能快速发展的自信相结合，使毛泽东确信，中国经济的超常规发展是可能的，因而 1956 年的反冒进是错误的，挫伤了干部群众社会主义建设的积极性，导致 1957 年工农业生产的速度要低于 1956 年（1957 年工业发展速度只比上年增长了 10%，而 1956 年则比上年增长了 31%，农业方面虽

---

① 《建国以来毛泽东文稿》第七册，中央文献出版社 1992 年版，第 139 页。

然粮食产量比上年增加 50 亿斤，但也没有达到年度计划指标）。因此，有必要进行反反冒进，通过反反冒进，破除迷信，解放思想，使中国的生产力真正得到解放。应该说，毛泽东批评反冒进的主观动机是好的，问题在于他过分地追求超越生产力发展水平的高速度，对反冒进作了不切实际的批评，并把反冒进同右派的进攻牵强地联系起来，对当时的国际国内形势作了过于严重的估计，认为要迅速巩固刚刚建立的社会主义新制度，只能追求经济建设的高速度。

毛泽东是一位善于发动群众、调动群众积极性的大师。他一贯主张群众的劲"可鼓而不可泄"，他把反冒进提到怎样对待群众路线的高度，认为反冒进给 6 亿人民泼了冷水，使 6 亿人民泄了气。当时，社会主义制度建立不久，刚刚翻身的农民、工人，从新旧两种社会制度的对比中，感到共产党和人民政府是为人民服务的，因而表现出非凡的社会主义革命和建设的积极性。冒进与反冒进的分歧，并不在于是否走群众路线，是否保护群众的积极性上，而是选择什么样的经济发展速度适当的问题。毛泽东把反冒进同给群众泼冷水、打击群众积极性等同起来，反冒进也就只能是偃旗息鼓，转而赞同冒进了。冒进不过是反映人民群众中一时过急的情绪，毛泽东试图以群众运动的方式来搞经济建设，对群众中出现的急躁情绪没有进行冷静的分析和正确的引导。实践证明，脱离实际、违背客观规律的高速度，表面上体现了群众急切改变中国贫穷落后面貌的要求，顺应了群众的积极性，实际上是对群众积极性的严重损害，从根本上损害了群众的利益。

1957 年的反右派运动虽然犯了严重的扩大化错误，但通过这一运动大大地激发了广大人民群众建设社会主义的积极性，却也是一个不争的事实。现在回过头去看历史，可能会发现当年对所谓右派言论的揭发与批判，有许多不实事求是的地方，但在当年人们的印象中，右派与反党反社会主义是画等号的，而当年绝大多数的干部群众对党和社会主义是衷心拥护的，而且也是由衷地相信有了党的领导，有了社会主义道路，就一定能够使国家富强人民幸福。既然右派反对社会主义，就必须用事实来回答社会主义好，就必须使出自己的全身力气来建设好社会主义。因此，反右派运动后，人民群众生产工作的积极确实很高，都希望通过自己的努力在不太长的时间里使中国强大起来。毛泽东自然也具有同样的心情，他同时也希望能够将人民群众的积极性和创造性进一步焕发出来。那么，如何做到这一点呢，他认为1956年的反冒进实际上就是给群众泼了冷水，挫伤了他们的积极性，现在有必要通过反反冒进，将他们的干劲重新鼓起来，把他们的积极性重新调动起来。

2. "大跃进"口号的提出

扩大的八届三中全会通过了《1956年到1967年全国农业发展纲要（修正草案）》，这个修正草案是以1956年1月最高国务会议通过的纲要草案为基础，通过修改、补充后形成的。与原草案相比，基本内容没有太多的变化，但由于已经在全国实现了农业合作化，故而删除了合作化速度的要求，增加了巩固合作社的内容。它在序言中强调："在农业发展的道路上，困难还是会继续出现的。但是，事在人为。对于我们解放了的人民来说，没有什么困难不能克服。不怕困难，是我们劳动人民本来的伟大性格。"

10月13日，毛泽东在最高国务会议第十三次会议上的讲话中，专门讲到了修改后的农业发展纲要问题。毛泽东说：经过两年的实践，基本要求还是那个四、五、八，就是粮食亩产黄河以北400斤，淮河以北500斤，淮河以南800斤。十二年要达到这个目标，这是基本之点。整个纲要基本上没有改，只是少数条文改了。有些问题已经解决了，如合作化问题就基本上解决了，相应的条文就作了修改。有些过去没有强调的，如农业机械、化学肥料，现在要大搞，条文上就加以强调了。还有条文的次序有些调动。这个修改过的农业发展纲要草案，经过人大常委和政协常委联席会议讨论以后，要重新公布，拿到全国农村中去讨论。

毛泽东说，发动全体农民讨论这个农业发展纲要很有必要。要鼓起一股劲来。去年下半年今年上半年松了劲，现在整风又把这个劲鼓起来了。农业发展纲要四十条是比较适合中国国情的，不是主观主义的。原来有些主观主义的东西，现在我们把它改掉了。总的来说，实现这个纲要是有希望的。

毛泽东还说，纲要里头有一个除四害，就是消灭老鼠、麻雀、苍蝇、蚊子。我对这件事很有兴趣，不晓得诸位如何？恐怕你们也是有兴趣的吧！除四害是一个大的清洁卫生运动，是一个破除迷信的运动。把这几样东西搞掉也是不容易的。除四害也要搞大鸣、大放、大辩论、大字报。如果动员全体人民来搞，搞出一点成绩来，我看人们的心理状态是会变的，我们中华民族的精神就会为之一振。我们要使我们这个民族振作起来。

10月26日，中共中央发出《关于组织全民讨论〈1956年到1967年全国农业发展纲要（修正草案）〉的通知》，要求各级党委就纲要四十条"在全民中进行一次讨论，即在农村、工厂、机关、学校、部队和街道居民中展开一次大辩论，目的在认识方向，坚定信心，人人努力，改造中国"。同一天，纲要（修正草案）在《人民日报》全文发表。

第二天，《人民日报》发表题为"建设社会主义农村的伟大纲领"的社论。社论肯定纲要是"建设我国社会主义农村的伟大纲领，它给我国五亿农民指出了今后十年的奋斗目标，规定了实现这些目标的基本方法"，要求"有关农业和农村的各方面工作在十二年内都按照必要和可能，实现一个巨大的跃进"。这是中共中央第一次通过报刊正式发出"大跃进"的号召。

社论要求在开展围绕纲要四十条组织大辩论时，应该集中力量彻底打破粮食产量已经到顶的保守思想，采取必要和适当的措施，进一步提高单位面积产量。社论明确提出要肃清"右倾保守思想"，认为"在去年秋后刮起一阵邪风，放松甚至放弃了四十条纲要的目标，结果是消极因素上升，右倾思想抬头，农业生产就吃了亏。这是值得我们牢牢记住的教训"。

11月13日，《人民日报》又发表《发动全民讨论四十条纲要，掀起农业生产的新高潮》的社论，强调全国农业发展纲要是建设我国社会主义农村和保证我国顺利实现工业化的伟大纲领。实现这个纲领，就将保证我国农业的巨大发展，保证我国农民生活大大超过富裕中农的水平；也将促进和保证我国工业的顺利发展，保证我国工农联盟的进一步巩固和全国人民生活的稳步的和普遍的改善。社论要求立即在全国所有的农村、工厂、机关、学校、部队和街道居民中，广泛地展开一次关于这四十条纲要的大讨论，并使讨论的过程成为挖掘生产潜力、克服各种保守思想的过程，成为制定或修改社、乡、区、县的生产规划的过程，成为今冬明春的农业生产大动员的过程。

社论对反冒进作了公开的批评，其中说道："有些人害了右倾保守的毛病，像蜗牛一样爬行得很慢，他们不了解在农业合作化以后，我们就有条件也有必要在生产战线上来一个大的跃进。这是符合于客观规律的。1956 年的成绩充分反映了这种跃进式发展的正确性。有右倾保守思想的人，因为不懂得这个道理，不了解合作化以后农民群众的伟大的创造性，所以他们认为农业发展纲要草案是'冒进了'。他们把正确的跃进看成了'冒进'。他们不了解所谓'冒进'是没有实际条件，因而是没有成功可能的盲目行动。而我们在 1956 年的跃进却完全不是这样，是有很多可以实现的条件，因而取得了巨大的成绩。否则，就无法说明，为什么 1956 年我国遭受了严重的自然灾害，而粮食产量却超过了大丰收的 1955 年一百多亿斤。"

社论还要求在讨论四十条纲要时，应抓住如下中心问题展开：能不能和如何在十二年内达到农业发展纲要提出的指标？能不能和如何在几年内赶上和超过原来富裕中农的收入？应该怎样争取明年农业的大丰收？显然，这些问题本来已经有了预设的答案，因而这种讨论的结果，只能是口气越来越大，指标越来越高。

这篇社论中关于"跃进"、"大的跃进"的表述，得到了毛泽东的充分肯定。1958 年 5 月 26 日，毛泽东重看了这篇社论，并随即给正在此间参加中共中央政治局扩大会议的与会人员写了一封信，其中说：

> 重看 1957 年 11 月 13 日人民日报社论，觉得有味，主题明确，气度从容，分析正确，任务清楚。以"跃进"一词代替"冒进"一词从此篇起。两词是对立的。自从"跃进"这个口号提出

以后，反冒进论者闭口无言了，"冒进"可反（冒进即左倾机会主义的代名词），当然可以振振有词。跃进呢？那就不同，不好反了。要反那就立刻把自己抛到一个很不光彩的地位上去了。此文发表时，我们一些人在莫斯科，是国内同志主持的，其功不在禹下。如果要颁发博士头衔的话，我建议第一号博士赠与发明这个伟大口号（即："跃进"）的那一位（或者几位）科学家。①

其实，"跃进"一词过去在报刊上也是经常出现的。1949 年至 1956 年的《人民日报》，这个词每年都有几十篇文章使用，有时甚至偶有"大跃进"的表述。在重要文件中首次使用"跃进"一语，是 1957 年 6 月 26 日周恩来在一届人大四次会议上所作的政府工作报告。当时正值反右派运动进入高潮之时，周恩来在报告中批评了认为我国国民经济计划"在 1956 年全面冒进了，在 1957 年又全面冒退了"的观点，指出："我国 1956 年的计划，是在改造和建设的高潮中拟定的。社会主义革命的基本胜利，大大鼓舞了劳动人民建设社会主义的积极性，他们纷纷要求增加生产，提高工作定额。……1956 年的计划就是适应这种情况，采取了跃进的步骤，而且在各方面取得了如前所说的巨大成就。""而 1956 年，伴随着社会主义改造的高潮的到来，我国的社会主义建设有了一个跃进的发展"。② 这也是党和国家领导人第一次明确地使用"跃进"一词。当然，"大跃进"作为一个特殊的用语，还是这篇社论以后的事情。

12 月 12 日，《人民日报》又发表题为"必须坚持多快好省的建设方针"的社论。这篇社论是毛泽东亲自主持起草的，据他自己讲，社论是他在 11 月访苏前就开始写的，因为没有写完，带到莫斯科去了。"闲来无事江边望"，有点闲功夫，就在代表团中间先读一读。回来又经过斟酌，政治局还有一些人看过才发表的。③

社论再次对反冒进作了措辞严厉的批评，认为又多、又快、又好、又

---

① 《建国以来毛泽东文稿》第七册，中央文献出版社 1992 年版，第 254 页。

② 周恩来：《政府工作报告》，《人民日报》1956 年 6 月 27 日。

③ 中共中央文献研究室：《毛泽东传（1949—1976）》，中央文献出版社 2003 年版，第 766 页。

省的发展国民经济的方针，对于我国的社会主义建设事业起了巨大的积极作用。1956 年我国国民经济的跃进的发展，证明这个方针是完全正确的、必需的和行之有效的。总的来说，实行"一五"计划的过程中，基本上是按照多快好省的方针进行建设的，但也有少数有保守思想的人实际上在反对这个方针。"在去年秋天以后的一段时间里，在某些部门、某些单位、某些干部中间刮起了一股风，居然把多快好省的方针刮掉了。有的人说，农业发展纲要四十条订得冒进了，行不通；有的人说，1956 年的国民经济发展计划全部冒进了，甚至第一个五年计划也冒进了，搞错了；有的人竟说，宁可犯保守的错误，也不要犯冒进的错误，等等。于是，本来应该是可以多办、快办的事情，也少办、慢办甚至不办了。这种做法，对社会主义建设事业当然不能起积极的促进的作用，相反地起了消极的'促退'的作用。"

社论接着分析了为什么 1956 年秋天以后，在部分干部中间产生了这种保守倾向的原因，认为主要是那些主张反冒进的人对 1956 年的成绩和缺点作了错误的估计。1956 年的工农业生产和基本建设有一个很大的跃进。而在 1956 年的跃进当中，也发生了某些偏差：基本建设投资多了些，企业、机关的人员和高等学校、中等技术学校的学生招收得多了些，一部分职工的工资增加得多了些，因此引起了生产资料和消费资料供应的某些紧张。加以 1956 年的农业遭受了比较严重的灾荒，而国家的储备物资又有了减少，对下一年度的经济安排造成了一定的困难。但是，总的说来，1956 年的主流是经济上的大跃进，是群众的积极性和创造性的高潮。接着，社论话锋一转，批评起反冒进来：

> 然而，有些人却不这样看。他们只看到 1956 年跃进中的次要的偏差的一方面，而没有看到主流，因而以为今后再不能讲多和快，只要保守一些，就是"充分可靠"，就好过日子了。他们曲解了"充分可靠"的要求，忘记了它的前提应该是调动一切积极因素，加速我国的社会主义建设，而且也只有从积极方面调动群众的力量，发挥生产和建设中的一切潜力，才能克服我们前进

道路上的各种困难。他们的思想仍然停留在三大改造高潮以前的阶段，而没有认识三大改造基本完成后的新形势，没有充分估计在新条件下大大增长了的生产潜力，结果就背离了多快好省的方针，变成了经济战线上的懒汉。

这篇社论的矛头所指是显而易见的。这实际上将党内对于如何进行社会主义建设的认识分歧公开化了，它不但给曾主张反冒进的各级干部以巨大的压力，而且向全社会发出一个信号：凡是主张稳步前进、不赞成冒进的就是右倾保守，搞社会主义只能冒进而不能反冒进，冒进就是跃进，反冒进是保守主义的表现，保守就是右倾，如不改变就会变成右倾机会主义。右倾是人们普遍不敢戴上的帽子，至于右倾机会主义就成为两条路线斗争的另一方了。这篇社论的发表，对"大跃进"的发动起到了直接的推动作用。

3. 批判右倾保守思想

八届三中全会后，各省、直辖市、自治区闻风而动，相继召开党的代表大会或党委全会（扩大）会议，批判右倾保守思想，讨论农业发展纲要四十条，酝酿和发动"大跃进"。

1957 年 10 月 25 日至 11 月 11 日，中共青海省委召开第四次全委（扩大）会议，提出到 1967 年，全省每亩耕地要施肥料 100 担，产粮 1000 斤。会议认为，青海省虽系高原，山脉纵横，气候干寒，降雨量少，无霜期短；但是这里有着丰富的地面水和地下水，全省有大小河溪 214 条可以利用，有很多旱地可以变成水地；同时，这里的土地肥沃，日照长；合作化了的农民有着无穷的潜力可以发挥。更为重要的是，已经有了"许多粮食大大增产的事实和经验"，如大通县新庄乡"九一五"一社由于开辟了水源、增施粪肥、精耕细作，创造了亩产蚕豆 1286 斤的纪录。海南藏族自治州兴海县唐乃亥前进社，在 7 亩多土地上获得小麦每亩平均 1023 斤的产量（这些产量的真实性待考，1958 年农业"大跃进"的一个显著特征，就是大放高产"卫星"，声称亩产数千斤甚至数万斤，这种虚报浮夸风，此时在一些地方已经有了苗头）。"在大量的增产事实的鼓舞下"，会议提出在今后十年内，由当时的 171 万亩水地发展到 600 万亩水地，粮食产量由当时的 12 亿多斤增加到 40 亿斤。①

1957 年 11 月，山西召开全省一届党代会第二次会议，据中共山西省委会后给中共中央的报告："为了实现全省十二年农业发展规划，会议十分强调必须继续反对保守主义。不仅要反对在计划指标的制订上的保守主义，而更重要的是要反对在确定增产措施上的保守主义，提倡千方百计地挖掘生产潜力。目前，保守主义的表现，主要是对于群众的劳动热情估计不足，对于高级农业社的集体力量和潜在力量估计不足，特别是一部分工程技术人员，他们仍然用旧眼光看今天的新生事物。"②

批判右倾保守思想的结果，会议提出的山西省十二年农业发展的指标是：全省到 1967 年粮食平均亩产量，由 1955 年的 127 斤增加到 315 斤，其中晋南地区由 1955 年的 158 斤增加到 420 斤。全省到 1967 年棉花平均亩产量（皮棉），由 1955 年的 38 斤增加到 80 斤，其中晋南地区由 1955 年的 41.5 斤增加到 86 斤。这本来是一个不低的指标了，但参加会议的"解虞县的代表们觉得省委这个指标不够理想"，因为"只要大力发动群众，紧紧依靠群众，就可以创造奇迹"，于是"代表们最后讨论决定，全县 1960 年棉花亩产 100 斤以上。粮食平均亩产量 436 斤"③。

1957 年 11 月 28 日到 12 月 4 日，中共四川省委召开第一届六次全体扩大会议，讨论全国农业发展纲要（修正草案），并拟定了一项"发展四川农业生产的雄伟规划"。按照这个规划的要求，在十二年内，全省粮食总产量将由 1955 年的 404 亿斤达到 780 亿斤，除了高寒山区和地广人稀的少数民族地区外，全省粮食平均每亩产量达到 800 斤。同时，从 1958 年起，争取在四年内使大多数合作社赶上或者超过当地富裕中农的各种农

---

① 《中共青海省委计划到 1967 年全省每亩施肥百担产粮千斤》，《人民日报》1957 年 12 月 2 日。
② 《山西省委关于党代表大会的情况的报告》，1957 年 12 月 9 日。
③ 《他们的劲头哪里来？——中共山西省第一届代表大会第二次会议一斑》，《人民日报》1957 年 12 月 2 日。

作物的生产水平和收入水平。①

1957年12月5日到12日，中共江苏省第三届代表大会第二次会议在南京举行。会议要求第二个五年计划期间淮北新稻区要向800斤的方向努力，淮南的里下河与太湖地区要向900斤、1000斤努力。1958年全省粮食总产量（包括大豆）要求达到285亿斤，比1957年增加14%，1962年达到360亿斤，1967年达到670亿斤。②"而各个地区代表提出的指标，则又大大超过了全省的规划要求"。长江以南的苏州、松江两专区都表示，要在五年之内实现亩产800斤的指标，其中金山、江阴、奉贤、震泽、上海五个县都要求在1958年达到800斤，金山县更要求在十年之内全县平均亩产粮食1600斤。淮河以北的徐州、淮阴等专区则提出，要争取"三年三改制，五年五百斤，十年苦干赛江南"。③

据中共江苏省委会后给中共中央的报告，这次会议着重批判了影响农业生产"大跃进"的三种保守思想：第一种是根本不相信跃进的可能，安于老一套的"稳步上升"；第二种是对跃进半信半疑，对社会主义建设缺乏足够的热情，缺乏"创业"的劲头，其中有一部分虽也赞成跃进，但有严重的依赖思想，没有勇气自力更生，白手起家；第三种是拖后腿的"小脚女人"，妒忌先进，拿工作上的某些缺点来否定主要方面的成绩，以第三者的态度百般挑剔。会议认为，"这些人的右倾保守思想主要是我国小农经济长期缓进和有时停滞后退的反映，他们仍以小农经济的眼光来看待合作化以后的农业生产，因而干劲不足。"会议指出：目前农业生产"大跃进"的社会基础和物质基础已经具备，这就是合作化制度已经基本巩固；几年来大力兴修水利的结果，洪涝灾害大部分消除，灌溉面积逐年增多；我省的工业（包括手工业）支援农业的条件也很优越；而且江苏人口密度大，劳力多。只要能够苦干、实干、拼命地干、创造性地干，提前实现农业发展纲要是完全可以保证的。④

---

① 《中共四川省委制订发展农业生产雄伟规划》，《今日新闻》1957年12月6日。
② 《中共江苏省第三届代表大会第二次会议闭幕》，《今日新闻》1958年12月16日。
③ 《江苏省党代表大会大放大争成效显著》，《人民日报》1957年12月18日。
④ 《中共江苏省委关于召开党的全省三届二次代表大会的报告》，1957年12月29日。

与此同时，安徽也召开了全省党的第一届代表大会第二次会议，"到会代表在通过学习文件和检查右倾保守思想后，认为安徽省农业增产潜力是很大的，对完成农业发展纲要充满着信心"。会议要求全省粮食产量1958 年完成 273 亿斤，争取完成 280 亿斤（比 1957 年增加 33 亿斤到 40亿斤），到 1962 年争取达到 400 亿斤左右。长江两岸水稻产区的庐江、含山、当涂、芜湖、繁昌、南陵、桐城、怀宁、太湖、枞阳、青阳、望江、全椒、舒城等县都计划争取 1958 年就成为 800 斤县，淮北平原的阜南、界首、砀山等县也计划争取 1958 年成为 500 斤县，提前达到农业发展纲要（修正草案）所提的指标。①

1957 年 12 月 10 日，中共河南省委向中共中央报告说：在刚刚闭幕的全省党的一届代表大会第二次会议上，"交流了组织工业生产高潮和农业生产大跃进的经验，更加鼓舞了到会同志的干劲"。"会议在讨论省委关于贯彻执行全国农业发展纲要的规划和 1958 年农业增产任务时，远远超过了省委原来规定的指标。省委 1958 年原方案粮食生产指标 285 亿斤，讨论后提高到 334.9 亿斤。皮棉原指标 4.2 亿斤，讨论后提高到 5.07 亿斤。""会议认为，在工农业生产高潮的面前，领导思想仍然落后于形势，还必须继续反对右倾保守思想，使领导赶上去。"②

1957 年 12 月 17 日，中共广东省委也在给中共中央报告中说，在彻底批判上一年下半年以来的右倾保守思想的基础上，农业生产的劲头已大大鼓起来。一致认为今后五年以至十年的时期内，本省应当继续坚持执行以农业为重点的方针，并特别注意优先发展粮食生产，使农业生产有一个大跃进。会议着重讨论了农业增产的指标与具体措施，认为根据本省条件，只要很好的努力，到 1962 年粮食亩产量可以达到 700 斤，并争取达到 800 斤，到 1967 年可以达到 900 斤并争取达到 1000 斤；甘蔗达到 500亿斤，增产 5 倍；生猪达到 3000 万头，争取 4000 万头；油料、麻类自给有余；水产达到 250 万吨，增产 3 倍；全省实现绿化；消灭旱灾和基本消灭大水灾；基本消灭四害。全省完全有可能在三年内使绝大部分合作社赶

---

① 《中共安徽省党代表大会决定把整风和生产推向新的高潮》，《今日新闻》1957 年 12 月 16 日。
② 《河南省委关于省第一届代表大会第二次会议情况的报告》，1957 年 12 月 10 日。

上和超过富裕中农的生产和收入水平。广东省委特别强调："要搞好农业生产，必须克服右倾保守思想。"①

1957年12月20日到26日，中共吉林省第一届代表大会第二次会议在长春举行。"代表们认为：全省农业合作社两年来在发展生产和战胜自然灾害方面已经显示了巨大的优越性。党内还有一部分干部夸大了过去几年中自然灾害对于完成农业生产计划的影响，往往低估了农业增产的潜力，在群众性农业生产新高潮面前，成为实现农业生产大跃进的主要思想障碍。这种右倾保守思想，在实现农业发展纲要修正草案过程中，突出地表现为'跃进'与'缓进'两种思想和两种工作方法的矛盾。"会议提出，今后必须继续批判右倾保守思想，发扬革命英雄气概和求实精神，群策群力地挖掘潜力，克服困难、艰苦奋斗，争取年年增产，要在十年内争取更多的农业社和地区的单位面积产量超过黄河（即亩产400斤）。②

江西也在此间召开全省一届二次党代表大会，对于会议的情况，中共江西省委在给中共中央的报告中说："全会议认为，我省农业潜力是很大的，特别是经过一年以上的办社，干部都积累了一定的经验，合作化的优越性进一步得到了发挥，加以全民整风的推动，群众社会主义觉悟的提高，以及劳动战线的加强，争取实现生产上的大跃进，条件是成熟的。当前的主要问题，是要不断克服右倾保守思想，要有决心，特别是领导干部要鼓起劲来，不怕困难，不墨守成规，振作精神，顽强地学习，使领导思想跟上客观形势发展的需要，各级领导，要在整社和生产中亲自动手，总结和大力推广先进经验。"③

湖南也在同月召开了全省第一届党代表大会第二次会议，"通过大鸣大放大争，揭露了各种矛盾，交流了经验，批判了右倾保守思想，许多同志感到眼界开阔了，革命干劲大大高潮了。"于是，"各地同志，都重新审查研究了自己的增产规划，一再突破原来计划指标，并提出了较为实际的措施。"会议通过了全省1958年农业规划纲要和1956年到1967年农业发

---

① 《广东省委关于省党代表大会情况向中央的报告》，1957年12月17日。
② 《中共吉林省代表大会批判右倾保守思想争取农业生产大跃进》，《今日新闻》1958年1月1日。
③ 《江西省委关于全省一届二次党代表会议情况向中央的报告》，1957年12月25日。

展纲要，认为 1958 年是这个跃进的第一步，要求粮食产量达到 245 亿斤至 250 亿斤，三十个县、市分别达到平均亩产 600、700、800、900、1000 斤。1962 年粮食产量将达到 359 亿斤，平均亩产 705 斤，五年内增产 55%。1967 年将达到 455 亿斤，平均亩产 890 斤，十年内增产 100%。[①]

1957 年 12 月 9 日至 24 日，全国农业工作会议在北京举行。这是一次批评反冒进、鼓动农业"大跃进"的会议。农业部长廖鲁言在报告中总结了执行第一个五年农业发展计划的基本经验，其中重要的一条就是"要鼓励试验，支持先进，不断地与右倾保守思想作斗争"。廖鲁言还提出要将完成农业发展纲要指标的时间提前两年，并发出"苦战十年，实现四十条"的号召。在会议的过程中，"不少代表在发言中都强调指出，这种右倾保守思想在今年的农业生产过程中表现得特别明显。虽然中央在春耕以前就提出了千方百计争取今年农业大丰收的号召，但是某些地方的领导者还是对往年行之有效的增产措施发生了怀疑、动摇，甚至在'反主观'、'反冒进'的借口下缩减了一些成功的增产措施，从而给今年的农业生产带来不少损失。"

这次会议讨论的结果是，与会代表一致认为："根据全国农业发展纲要（修正草案）的要求，在全国各种不同类型的地区组织农业生产大跃进的各种条件已经具备了。"现在的形势是"万事俱备，只欠东风"，而东风为何？答曰："那就是领导农业生产的革新的精神，顽强的意志，愚公移山的毅力；那就是各级领导要下定决心，不断地与各式各样的右倾保守思想作斗争，坚定不移地领导农民群众利用各种有利因素、克服各种不利因素，来组织和领导农业生产的大跃进；那就是首先要有敢于跃进的先进思想。"[②]

随着这些会议的召开，"大跃进"的气氛进一步浓厚。由于敢不敢、能不能冒进，成为敢不敢、能不能与右倾保守思想划清界限的标志，于是在批判右倾保守思想和批判反冒进的声浪中，各地纷纷提出要提前实现全国农业发展纲要（修正草案）的指标。"大跃进"运动如箭在弦上，其大

① 《中共湖南省委关于第一届党代表大会第二次会议情况向中央的报告》，1957 年 12 月 17 日。
② 《农业生产一定能够大跃进——全国农业工作会议旁听记》，《人民日报》1957 年 12 月 28 日。

潮很快就要到来了。

4. 十五年赶超英国

在可以预见的时间里赶上并超过发达资本主义国家，一直是中国共产党人执政之后的重要目标。确立这样的目标本身无可厚非，问题在于用多长的时期和用什么样的方式实现赶超。1958年开展的"大跃进"运动，就是一场企图在短时间内实现赶超目标的大实验，结果欲速则不达，留下了深刻的教训。

早在1954年6月，毛泽东在中央人民政府委员会第三十次会议上，就曾指出：我们的总目标，是为建设一个伟大的社会主义国家而奋斗。我们是一个六亿人口的大国，要实现社会主义工业化，要实现农业的社会主义化、机械化，要建成一个伟大的社会主义国家，究竟需要多少时间？现在不讲死，大概是三个五年计划，即十五年左右，可以打下一个基础。到那时，是不是就很伟大了呢？不一定。我看，我们要建成一个伟大的社会主义国家，大概经过五十年即十个五年计划，就差不多了，就象个样子了，就同现在大不一样了。

中国原本是一个经济文化都很落后的国家，中国共产党执政后，建立了先进的政治制度，社会面貌发生了很大的变化，各项事业都出现了崭新的气象，但是由于基础差、时间短，因而生产力水平还没有根本性的提高，国家工业化的目标虽然已经提出，但要实现这个目标还有相当长的路要走。毛泽东当然希望尽快改变中国生产力水平低的现状，他在这次讲话说："现在我们能造什么？能造桌子椅子，能造茶碗茶壶，能种粮食，还能磨成面粉，还能造纸，但是，一辆汽车、一架飞机、一辆坦克、一辆拖拉机都不能造。牛皮不要吹得太大，尾巴不要翘起来。当然，我不是讲，能造一辆，尾巴就可以翘一点，能造十辆，尾巴就可以翘得高一点，随着辆数的增加，尾巴就翘得更高一些。那是不行的。就是到五十年后象个样子了，也要和现在一样谦虚。如果到那时候骄傲了，看人家不起了，那就不好。一百年也不要骄傲。永远也不要翘尾巴。"① 在他看来，经过五十年左右的时间，中国的落后面貌就可以改变，就像个样子了。

1955 年 3 月，在中国共产党全国代表会议上，毛泽东又讲到这个问题，他说："一个六万万人口的东方国家举行社会主义革命，要在这个国家里改变历史方向和国家面貌，要在大约三个五年计划期间内使国家基本上工业化，并且要对农业、手工业和资本主义工商业完成社会主义改造，要在大约几十年内追上或赶过世界上最强大的资本主义国家，这是决不会不遇到困难的，如同我们在民主革命时期所曾经遇到过的许多困难那样，也许还会要遇到比过去更大的困难。但是，同志们，我们共产党人是以不怕困难著名的。我们在战术上必须重视一切困难。对于每一个具体的困难，我们都要采取认真对待的态度，创造必要的条件，讲究对付的方法，一个一个地、一批一批地将它们克服下去。"② 不须说，这里的"最强大的资本主义国家"，指的就是美国。

在 1956 年 8 月 30 日的八大预备会议上，毛泽东在讲话时又表达了同样的意思。他说，中国共产党人有义务把国家建设起来，建成一个伟大的社会主义国家，完全改变过去一百多年落后的那种情况，被人家看不起的那种情况，倒霉的那种情况，赶上世界上最强大的资本主义国家美国。他还说："美国只有一亿七千万人口，我国人口比它多几倍，资源也丰富，气候条件跟它差不多，赶上是可能的。应不应该赶上呢？完全应该。"他还分析说，中国现在钢的年产量是四百万吨，相当于美国六十年前的水平，也就是中国比美国落后了六十年。他表示："假如我们再有五十年、六十年，就完全应该赶过它。这是一种责任。你有那么多人，你有那么一块大地方，资源那么丰富，又听说搞了社会主义，据说是有优越性，结果你搞了五六十年还不能超过美国，你像个什么样子呢？那就要从地球上开除你的球籍！所以，超过美国，不仅有可能，而且完全有必要，完全应该。如果不是这样，那我们中华民族就对不起全世界各民族，我们对人类

---

① 《毛泽东文集》第六卷，人民出版社 1999 年版，第 329 页。
② 《毛泽东文集》第六卷，人民出版社 1999 年版，第 392—393 页。

的贡献就不大。"①

1957 年 7 月，在反右派运动的高潮之中，中共中央在青岛召开了一次省市委书记会议。会议期间，毛泽东写了《一九五七年的夏季形势》一文，其中再次讲到了赶超美国的问题。他在文章中写道：只有经过十年至十五年之后，中国的社会主义社会才算从根本上建成了。"十年至十五年以后的任务，则是进一步发展生产力，进一步扩大工人阶级知识分子的队伍，准备着逐步地由社会主义过渡到共产主义的必要条件，准备以八个至十个五年计划在经济上赶上并超过美国。"

用我们今天的眼光看，毛泽东对于中国赶上英美等发达资本主义国家的时间估计，自然是过短也过于乐观了，但在那个年代作出这样的估计还是有理由的。一则执政的中国共产党人具有不怕困难的传统，在民主革命的二十八年时间里，可谓历经艰难曲折，但最终由小到大由弱到强，取得了新民主主义革命的伟大胜利。虽然并非没有完全意识到实现国家工业化，赶超发达资本主义国家并非易事，但在当时的人们看来，那么强大的日本帝国主义和国民党反动派都被战胜了，那么艰难的战争都取得了胜利，搞经济建设难道比打仗还难？二则中国建立了先进的社会主义制度，这一制度本身具有资本主义所不能比拟的优越性，发展的速度一定会大大地超过资本主义国家，何况中国是一个有六亿人口的大国，社会主义制度的优越性加上人多力量大的优势，在不太长的时间里把中国建成一个强大的社会主义国家，是完全可能的。

由此看来，"大跃进"运动虽然发生在 1958 年，但"大跃进"运动所体现的"超英赶美"思想早已有之。其实，确立"超英赶美"的目标无甚不对，社会主义制度的优越性最终必须体现在生产力水平、人民生产水平都大大超过资本主义国家上，如果没有这样的信心和决心，没有这样的历史责任感和使命感，社会主义在同资本主义的对比和较量中，将长期处于劣势地位。

1957 年 11 月 2 日，毛泽东来到莫斯科，这是他第二次也是最后一次

---

① 《毛泽东文集》第七卷，人民出版社 1999 年版，第 89 页。

出国。毛泽东此行的任务有两个：一是参加庆祝十月革命四十周年庆典活动，二是出席各国共产党工人党代表会议。这次，毛泽东带来了一个阵营强大的代表团，副团长是宋庆龄，主要成员有邓小平、彭德怀、郭沫若、李先念、乌兰夫、陆定一、陈伯达等。

对于毛泽东的到来，苏联方面给了最高的礼遇。其他国家和党的领导人安排到了列宁山等处，只有毛泽东下榻在克里姆林宫，并住在最豪华的叶卡捷琳娜女王曾住过的寝宫里。

1957 年 11 月 6 日上午，苏联举行庆祝十月社会主义革命四十周年联席会议，参加会议的除苏联党和国家领导人外，前来莫斯科参加庆典活动的各兄弟党代表团都出席了会议。

会上，赫鲁晓夫作了一个翻译成中文长达五万字的报告，其中提到了不久以前通过的关于制订苏联 1959 年至 1965 年国民经济发展远景计划的决议。赫鲁晓夫列举了苏联目前生产水平的数字，来和美国相应的数字比较。他说，在最重要的工业产品中，苏联还在某几项的生产水平上相当大地落在美国的后面。但是，现在对苏联来说，美国的生产水平已经不再像二十五、三十年前某些人看来那样高不可及了。现在，苏联在某些产品方面，例如小麦、采伐木料和糖的产量方面都超过美国的生产水平。在铁矿和煤的开采水平方面，在生铁和钢、某些机器和仪器、棉织品和毛织品的生产方面，距离已经大大缩小了。

赫鲁晓夫在讲话中还特别指出："据估计，在各种最重要的产品产量上，苏维埃国家在最近的十五年内不仅可以赶上、而且可以超过美国目前的各种最重要的产品的总产量。自然，在这个时期内，美国的经济也可能有所发展。但是，只要考虑到苏联工业发展速度比美国快得多这一点，那么就可以认为，在最短的历史时期内在和平竞赛中超过美国这一任务是完全可以实现的。"[1]

当天下午，各兄弟党代表团负责人致辞或讲话。毛泽东是第一个讲话的。他说："世界各国人民从苏联人民所获得的成就中，一天比一天明显

---

[1] 《苏联最高苏维埃举行庆祝大会》，《人民日报》1957 年 11 月 7 日。

地看到自己的将来。苏联的道路，十月革命的道路，从根本上说来，是全人类发展的共同的光明大道。""中国共产党所领导的人民革命，从来就是十月革命所开始的世界无产阶级社会主义革命的一个组成部分。中国革命有自己民族的特点，估计到这些特点是完全必要的。但是不论在革命事业中和社会主义建设事业中，我们都充分地利用了苏联共产党和苏联人民的丰富经验。"①

在毛泽东讲话过程中，一次又一次响起长时间的掌声。代表团成员之一的杨尚昆在其日记中写道："今天主席出席在纪念会上，大受欢迎。主席一出场，全体即起立致敬。下午大会时，主席第一个讲话，全场起立。讲话中不断的鼓掌，讲完了全场又起立，为纪念会致最高敬意的表现。其余各兄弟党代表讲话，都是鼓掌没有起立。"②

毛泽东原本早有用五十年左右的时间赶超美国的设想，现在苏联领导人明确表示十五年后苏联将超过美国，于是他开始考虑十五年后中国在钢产量和其他主要工业产品产量方面能否超过英国的问题，以作为苏联赶超美国的回应与支持。11月8日和9日，毛泽东同英国共产党主席波立特、总书记高兰两次举行会谈，其间他非常仔细地询问了英国的经济情况。毛泽东说："苏联在十五年后，将会在总产量方面和按人口平均的产量方面超过美国。中国在十五年后将超过英国。我们今年的钢产量是520万吨，第二个五年计划之后将是1200万吨，第三个五年计划之后将是2000到2500万吨，第四个五年计划之后，也就是十五年之后，将是4000到4500万吨。"他问波立特："英国现在的钢产量是2000万吨。你们看，十五年后能增加到多少？顶多3500万吨吧！"高兰回答说："十五年后，顶多增加到3000万吨。"③ 毛泽东由此感到十五年钢产量超过英国是有把握的。

1957年11月14日，社会主义国家共产党和工人党代表会议召开，毛泽东出席了会议并作了发言，中心内容是"以苏联为首"的问题。毛泽

---

① 《在苏联最高苏维埃庆祝十月革命四十周年会议上毛泽东同志的讲话》，《人民日报》1957年11月7日。

② 《杨尚昆日记》上，中央文献出版社2001年版，第287页。

③ 《毛泽东传（1949—1976）》，中央文献出版社2003年版，第735页。

东说：

"我想谈一谈'以苏联为首'的问题。我们这里这么多人，这么多党，总要有一个首。就我们阵营的内部事务说，互相调节，合作互助，召集会议，需要一个首。就我们阵营的外部情况说，更需要一个首。我们现前有相当强大的帝国主义阵营，它们是有一个首的。如果我们是散的，我们就没有力量。即使党的一个小组，如果不举出一个小组长，那么这个小组也就开不成会。我们面前摆着强大的敌人。世界范围内的谁胜谁负的问题没有解决。还有严重的斗争，还有战争的危险。要防备疯子。当然，世界上正常人多，疯子少，但是有疯子。偶然出那么一个疯子，他用原子弹打来了你怎么办？所以，我们必须有那么一个国家，有那么一个党，它随时可以召集会议。为首同召集会议差不多是一件事。

"既然需要一个首，那么，谁为首呢？苏联不为首哪一个为首？按照字母？阿尔巴尼亚？越南，胡志明同志？其他国家？我们中国是为不了首的，没有这个资格。我们经验少。我们有革命的经验，没有建设的经验。我们在人口上是个大国，在经济上是个小国。我们半个卫星都没有抛上去。这样为首就很困难，召集会议人家不听。

"苏联共产党是一个有四十年经验的党，它的经验最完全。它的经验分两部分：最大的基本的部分是正确的；一部分是错误的。这两部分都算经验，都有益于全人类。有人说，只有好的经验就好，坏的经验就无用。我觉得这样看不妥。缺点作为教训对各国也很有帮助。有些同志因为苏联在斯大林时期犯了一些错误，对苏联同志的印象就不大好。我看这恐怕不妥。这些错误现在没有害处了。从前是有害处的，但现在它的性质转变了，转变得有益于我们了。它使我们引以为戒。至于大量的正确的经验，大家都知道，我就不需要多讲了。"①

毛泽东此时反复强调"以苏为首"的问题，颇为耐人寻味。因为自从共产国际建立和社会主义阵营形成以来，都是以苏为首的，这似乎是一个不言自明的问题。

---

① 《建国以来毛泽东文稿》第六册，中央文献出版社1992年版，第625—628页。

1957 年 11 月 16 日，又召开了各国共产党和工人党代表会议，出席会议的有 64 个国家的共产党和工人党代表团。11 月 18 日，毛泽东在会上发表了长篇讲话。在讲到有关国际形势问题时，他提出了著名的东风压倒西风的观点。

毛泽东一开头就说：现在我感觉到国际形势到了一个新的转折点。世界上现在有两股风：东风，西风。中国有句成语：不是东风压倒西风，就是西风压倒东风。我认为目前形势的特点是东风压倒西风，也就是说，社会主义的力量对于帝国主义的力量占了压倒的优势。

他又说：去年，最近这几年，西方世界非常猖狂，利用我们阵营中的一些问题，特别是匈牙利事件，在我们阵营的脸上擦黑，我们的天上飞起许多乌云。今年，1957 年，形势大为不同了。我们的天上是一片光明，西方的天上是一片乌云。我们很乐观，而他们呢，却是皇皇不安。他接着列举了十件大事，如苏联打败希特勒，中国革命，朝鲜战争，越南战争，叙利亚事件，苏联抛上了两个卫星，英国退出亚洲、非洲很大一片土地，荷兰退出印尼，法国退出叙利亚、黎巴嫩、摩洛哥、突尼斯，在阿尔及利亚没有办法等，来论证"究竟是他们行还是我们行，究竟是东风压倒西风，还是西风压倒东风"的问题。

1957 年 11 月 17 日，毛泽东在邓小平、彭德怀、乌兰夫、陈伯达、杨尚昆、胡乔木和中国驻苏联大使刘晓等陪同下，来到莫斯科大学礼堂，接见等候在这里的 3500 多名中国留学生。毛泽东发表了热情洋溢的讲话，他说："我们的目的就是让全国六亿四千万人一起动手，人人振奋，移风易俗，改造我们的国家。要做到这一点，当然不是很轻易的，问题很复杂。你们看过农业发展纲要四十条没有？现在新的四十条出来了。我们要在第二个五年计划内使全部合作社在生产和消费上都超过富裕中农。我曾和不少的省委书记、地委书记谈过话，问他们能否做得到？他们都说完全可能，有的还说能超过。我们现在生产力还很低，钢只有 520 万吨。过了第二个五年计划后，将有 1200 万吨。再过一个五年计划，钢的产量可以到 2200 到 2400 万吨。到第四个五年计划完成时，就会有 4000 多万吨。我问过波立特同志，再过十五年英国的钢产量可以到多少？他说现在是

2000 万吨，再过十五年顶多达到 3000 万吨。那么，再过十五年，苏联超过美国，中国超过英国，那时候世界的面貌就要大大改变了。要完成这个任务还需要十五年，或者为了保险起见，再加一个小尾巴，说：再经过三个五年计划或者再多一点的时间，我们要在钢产量上超过英国。"① 这是毛泽东首次公开提出十五年赶超英国的目标。

在第二天举行的各国共产党和工人党代表会议上，毛泽东再次提出了中国要用十五年左右的时间在钢产量等方面赶上英国的问题。他说："同志们，我讲讲我们国家的事情吧。我国今年有了 520 万吨钢，再过五年，可以有 1000 万到 1500 万吨钢，再过五年，可以有 2000 万到 2500 万吨钢；再过五年，可以有 3500 万到 4000 万吨钢。当然，也许我在这里说了大话，将来国际会议再开会的时候，你们可能批评我是主观主义。但是我是有相当根据的。我们有很多苏联专家帮助我们。中国人是想努力的。中国从政治上、人口上说是个大国，从经济上说现在还是个小国。他们想努力，他们非常热心工作，要把中国变成一个真正的大国。赫鲁晓夫同志告诉我们，十五年后，苏联可以超过美国。我也可以讲，十五年后我们可能赶上或者超过英国。因为我和波立特、高兰同志谈过两次话，我问过他们国家的情况，他们说现在英国年产 2000 万吨钢，再过十五年，可能爬到年产 3000 万吨钢。中国呢？再过十五年可能是 4000 万吨，岂不超过了英国吗？那么，在十五年后，在我们阵营中间，苏联超过美国，中国超过英国。"② 从此，"超英赶美"成为"大跃进"运动的著名口号和重要目标。

1957 年 11 月 21 日，毛泽东离开莫斯科回国。11 月 25 日，《人民日报》为各国共产党和工人党莫斯科会议通过《莫斯科宣言》发表题为"伟大的革命宣言"的社论，把中国将用十五年的时间超过英国的信息在国内透露出来。社论说："赫鲁晓夫同志在庆祝十月革命四十周年的演说中说，在十五年以后，苏联将在按人口计算的产量方面超过美国。可以预期，在同一期间，或者稍多一点时间，中国可能在钢铁和其他重要工业产品的产量方面赶上或者超过英国。到那个时候，社会主义阵营将在和平竞赛中把

① 《毛泽东传（1949—1976）》，中央文献出版社 2003 年版，第 757—758 页。
② 《毛泽东外交文选》，中央文献出版社、世界知识出版社 1994 年版，第 296 页。

帝国主义阵营更远地抛在后面。"

十天后，刘少奇在中国工会第八次全国代表大会上，代表中共中央正式向全国人民公布了十五年超过英国的设想。

1957 年 12 月 2 日，中国工会第八次全国代表大会开幕，毛泽东出席了大会的开幕式，刘少奇代表中共中央致祝词。刘少奇在祝词中说："我国工人阶级和我国人民在今后十年到十五年内的基本任务，就是要在优先发展重工业的基础上，实行工农业同时并举的方针，把我国建成为一个具有现代工业、现代农业和现代科学文化的社会主义强国。为此，就必须把社会主义革命进行到底，在经济战线上和在政治、思想战线上都取得社会主义对资本主义的彻底胜利；同时，必须继续有计划地全面地推进社会主义建设，实现国家工业化和农业现代化。在十五年后，苏联的工农业在最重要的产品的产量方面可能赶上或者超过美国，我们应当争取在同一期间，在钢铁和其他重要工业产品的产量方面赶上或者超过英国。那样，社会主义世界就将把帝国主义国家远远地抛在后面。"[1]

1957 年 12 月 7 日，李富春在会上作了《关于我国第一个五年计划的成就和今后社会主义建设的任务、方针》的报告，强调："把我国建设成为一个具有现代工业、现代农业和现代科学文化的伟大的社会主义国家，从新中国成立的时候算起，大约需要二十年左右的时间。""当我国经过三个五年计划或者更多一点的时间建成一个社会主义强国，并且进一步完成第四个五年计划的时候，我国就有可能在钢铁和其他重要工业产品的产量方面赶上或者超过英国。"

报告接着说，根据大体计算，我国到 1972 年，钢的产量有可能达到 4000 万吨左右，即比 1957 年的产量增长 6.6 倍左右。英国在 1956 年钢的产量已经达到 2100 万吨左右，但是根据英国工业发展速度慢，资源有限和市场难以扩大甚至日益缩小的情况，即使抛开其必然要发生的经济萧条和经济危机不说，在 1972 年钢的产量也不易达到我国同年的水平。而在煤炭、机床、水泥、化学肥料等工业品的产量方面，十五年后我国肯定能

---

[1] 《在中国工会第八次全国代表大会上，刘少奇代表中共中央致祝词》，《人民日报》1958 年 12 月 3 日。

够超过英国的水平。

报告分析了为什么中国有可能高速度地推进社会主义建设，在今后十年到十五年的时间内建设成一个社会主义强国，及为什么在今后十五年后在钢铁和其他重要工业产品产量方面能赶上或者超过英国的根据：第一，我国在政治上和经济上社会主义制度的确立，为生产力的充分发展铺平了道路；第二，我国拥有大量的人口，不仅有极丰富的劳动力资源，能够在相同的技术条件下更多更快地发展社会主义建设事业，而且使我国具有最广大的国内市场，市场需要的不断增加和大量增加就提供了迅速发展社会生产力的条件，同时也有可能较大量地增加社会主义的积累；第三，我国拥有丰富的自然资源，这就使中国有可能加速工业的发展；第四，有建国已经四十年的强大的苏联的支援，还有其他各个社会主义国家的支援；第五，在以苏联为首的社会主义各兄弟国家的帮助下，在许多方面可以直接采用现代的科学技术成就，缩短以至避开摸索的过程；第六，也是最根本的条件，在于中国有久经锻炼的中国共产党的领导，有毛泽东的领导，能够对发展社会生产力采取正确的路线、方针和政策。[①]

1957 年 12 月 4 日，国家计划委员会召开会议，传达毛泽东关于第二个五年计划的指示。指示共分三个部分：

（一）关于怎样贯彻多快好省的问题。从 1956 年冬天到 1957 年大半年，多快好省和农业发展纲要很少有人提了，有的人认为不行了。这就是没有看到 1956 年的主流是社会主义改造和生产建设的大高潮、大跃进，虽然执行中有某些缺点，但总的方针路线是正确的。"充分可靠"，不能片面地理解为越少越好，应当是在调动一切积极因素条件下的充分可靠。生产与基建在好省的基础上尽可能越多越快越好。中国的国情是"一穷二白"，但不应该认为穷就什么都不能干了。今天提出"穷白"正是为了明天的不穷不白。要掀起新的生产建设高潮。

（二）十五年赶上或超过英国的问题。十五年，苏联要赶上和超过美

---

① 《关于我国第一个五年计划的成就和今后社会主义建设的任务、方针的报告》，《人民日报》1957 年 12 月 8 日。

国，中国要赶上和超过英国。根据这一目标，在工业方面也应搞出一个像农业四十条那样的纲要来，作为工业的奋斗目标。

（三）保证重点的方针仍很重要，不能百废俱兴，分散力量。第二个五年的重点，根据把我国建设成为一个具有现代工业、现代农业和现代科学文化的伟大社会主义国家的目标和要求，重点是煤、电、油等动力工业和冶金、化工等原材料工业。机械工业方面发展农业机械，另一方面要以发展原子能、飞机和无线电及精密机械工业为重点。轻工业要跟农业走。某些方面要少做，才能保证重点方面多做。具体要注意三点：第一，生产性的多搞，非生产性的少搞；第二，基本建设要有所作为，事业费要少有作为；第三，军、政费要减。[①]

1957 年 12 月 8 日，毛泽东在同民主党派负责人和无党派民主人士谈话时，再次谈到了十五年超过英国的问题。他说，英国 1957 年已达到 2100 万吨钢，我们 1957 年是 520 万吨；第二个五年计划到 1200 万—1500 万吨；到 1972 年可能超过 4000 万吨，英国是不可能达到这个水平的。在 1957 年整风运动中，党外人士张奚若在中共中央统战部召开的座谈会上，曾提出应改正"好大喜功、急功近利、鄙视既往、迷信将来"四种偏差的问题。这几句话给毛泽东留下了深刻印象，在这次座谈会上，毛泽东还说，好大喜功要分类，有反革命的好大喜功，有革命的好大喜功；革命的还有合乎实际的和不合乎实际的两种。合乎实际的功是可以好大的，否则帝国主义打不倒，蒋介石不能推翻。[②]

十五年超过英国目标的提出，从一个侧面反映了当年人们尽快把中国建成一个强大的社会主义国家的强烈愿望。在那个年代，人们对工业化的理解还比较肤浅，将钢铁产量的多少看成是工业化水平高低的主要标志，认为只要一个国家的钢铁产量上去了，这个国家的经济实力和工业化水平就提高了。当时美国和英国分别是资本主义世界的第一和第二强国，其钢铁产量分别是资本主义国家的第一位和第二位，在苏联提出要在十五年赶超美国的情况下，中国领导人也就自然而然地将赶超的目标锁定在英国，

---

① 马齐彬等：《中国共产党执政四十年》，中共党史出版社 1991 年版，第 135 页。

② 石仲泉：《我观周恩来》，中共党史出版社 2008 年版，第 246 页。

并将钢铁产量超过英国作为主要的指标。当时,世界形势虽然有所缓和,但社会主义阵营和资本主义阵营尖锐对立的局面并没有改变,存在着两种社会制度的比较与较量,要显示社会主义制度的优越性和社会主义阵营的强大,客观上要求社会主义国家的生产力水平能够迅速地赶上并超过资本主义国家,中苏两国在社会主义阵营的特殊地位,也使得两国领导人感到在两个阵营的对立中必须承担更多的责任。

第三章
批评反冒进

为了进一步克服党内的右倾保守思想，毛泽东在讲话中指名道姓地批评了主张反冒进的周恩来等人。由于周恩来是 1956 年反冒进的主要领导人，而刘少奇对反冒进亦采取了支持的态度，两位领导人都不得不在会上就此作了自我批评。

1."不要提反冒进这个名词"

时间转眼进入了 1958 年。这是第二个五年计划的开局之年，也是实现十五年赶超英国目标的头一年。新年伊始，《人民日报》照例发表元旦社论，这年的元旦社论题为《乘风破浪》，内容充满着"大跃进"的豪情。

社论在回顾 1957 年的国际形势和国内的主要工作后，强调指出，第一个五年计划的完成，仅仅是把我国建设成为社会主义强国的万里长征中的第一步。在我国建立一个现代化的工业基础和现代化的农业基础，从现在算起，还要十年到十五年的时间。只有经过十年到十五年的社会生产力的比较充分的发展，我们的社会主义经济制度和政治制度，才算有了自己的比较充分的物质基础（这个基础现在还很不充分），我们的国家（上层建筑）才算充分巩固；社会主义社会才算从根本上建成。

社论向全国人民提出一个超英赶美的具体时间表：在十五年左右的时间内，在钢铁和其他重要工业产品产量方面赶上和超过英国；在这以后，还要进一步发展生产力，准备再用二十年到三十年的时间，在经济上赶上并且超过美国，以便逐步地由社会主义社会过渡到共产主义社会。社论号召全国人民应该利用整风运动的伟大成就和第一个五年计划的胜利完成以及其他一切有利条件，调动一切积极的因素，根据勤俭建国的方针，又多又快又好又省地进行各项建设工作，为第二个五年计划创造一个胜利的开端，争取1958年工农业生产的大跃进。

现在看来，提出这样的时间表是多么的不现实，建成社会主义和实现共产主义必然要经过一个相当长的历史过程。但那是一个充满激情和充满自信的年代，人们相信有了"一五"计划胜利完成的经验，有了先进的社会制度，有了整风运动后六亿人民冲天的干劲，再加上地大物博的优越条件，这个目标是完全能够实现的。而这个目标的提出，又进一步激发了人们的"大跃进"热情，并以更加急切的心情盼望这个目标的早日实现。"大跃进"运动固然给历史留下了许多的遗憾与深刻的教训，但这场运动的发生与发展，确也反映了领袖与群众迅速改变我国贫穷落后面貌，把中国建设成世界上最先进最强大的国家，尽早实现美好的共产主义社会的强烈愿望。

作为"大跃进"运动的主要发动者，毛泽东此时的心情很好，他在这年1月写的《工作方法六十条（草案）》序言中的一段话，便是很好的说明。他说：

> 我国人民，在共产党领导下，1957年在社会主义所有制方面取得了基本的胜利，1957年发动整风运动，又在思想战线和政治战线方面取得了基本的胜利，就在这一年，又超额地完成了第一个五年建设计划。这样，我国六亿多人民就在共产党的领导下，认清了自己的前途、自己的责任，打击了从资产阶级右派分子方面刮起来的反党反人民反社会主义的妖风，同时也纠正了和正在继续纠正党和人民自己从旧社会带来的和由于主观主义造成

的一些缺点和错误。党是更加团结了，人民的精神状态是更加奋发了。党群关系大为改善。我们现在看见了从来没有看见过的人民群众在生产战线上这样高涨的积极性和创造性。全国人民为在十五年或者更多一点时间内在钢铁及其他主要工业生产品方面赶上或者超过英国这个口号所鼓舞。一个新的生产高潮已经和正在形成。①

毛泽东认为，反右派运动和仍在进行的整风运动，不但取得了社会主义革命的胜利，而且改变了人民群众的精神状态和各级干部的工作作风，带来了干部群众空前的社会主义建设积极性，中国经济上的落后和被动局面一定能够很快改变。

1957 年 12 月 31 日，《浙江日报》发表社论《是促进派，还是促退派》。社论说，中共浙江省第二届代表大会第二次会议热烈讨论了全国农业发展纲要（修正草案），认为纲要所规定的粮食生产指标和其他各种主要指标，在浙江不仅可以实现，而且可以争取在第二个五年计划或稍多一点的时间内提早实现。社论指出，农业发展纲要四十条，是我们建设社会主义新农村的伟大纲领。它能不能提早实现，是否有勇气促进农业生产在现在的基础上来一个"大跃进"，在人们思想上存在着积极和消极两种对立思想的斗争。促进派能够全面地看问题，既看到困难的一面，也看到有利的一面，因而能够充分发挥积极因素，克服困难；促退派则往往只看到困难，夸大困难，在困难面前束手无策，消极畏难。社论强调，共产党人在革命和建设事业中都应当是促进派，而不应当是促退派。毛泽东对这篇社论甚为满意，并在批语中写道："此篇很好，可转载，并可广播。"1958 年 1 月 5 日，《人民日报》转载了这篇社论。

1958 年 1 月 1 日，《光明日报》发表了王佩琨写的《十五年后赶上或超过英国》一文。文章总结了英国经济的特点：资源缺乏，依赖外国原料；依赖外国市场；工业在国民经济中占绝对优势；对外贸易入超。文章经过

---

① 《毛泽东文集》第七卷，人民出版社 1999 年版，第 344 页。

一番分析后认为，1913 年以来，英国有的产品产量不但没有增加，反而下降了；有的产品虽然是增长的，但增长速度很慢。文章通过对中英两国在钢铁、水泥、煤炭、机床、化肥生产等方面差距的比较，最后得出的结论是，钢、金属切削机床我国将在第四个五年计划内赶上并超过英国，水泥在第二个五年计划内即可完成任务，煤和化肥都可在第二个五年计划内赶上和超过英国。这篇文章也得到了毛泽东的肯定，认为文章写得"很好"。

为了进一步克服党内的右倾保守思想，将"大跃进"引向高潮，进入1958 年后，毛泽东先后主持召开了一系列的以批评反冒进为中心内容的会议。

1 月 3 日和 4 日，毛泽东在杭州召集部分省、市委书记参加的工作会议，主要讨论领导生产建设的方法问题、敌我矛盾与人民内部矛盾问题、政治与业务的关系问题和技术革命的问题等。在此前的 1957 年 12 月 16日至 18 日，毛泽东曾在杭州召集过一次类似的工作会议，但那次会议据他自己讲，是无结果而散，没有议出什么名堂。①

在 1 月初的杭州会议上，毛泽东作了两次讲话，其中涉及反冒进的问题。他说，治淮（河）原来计划低了，后来超过了，批评了右倾保守，就很舒服，愈批评愈高兴。（农业发展纲要）四十条到第二个五年计划第三、四、五年就要修改，愉快地批判右倾。1956 年的工业产值增 31%，没有1956 年的突飞猛进，就不能完成五年计划。今年 3 月比一次，夏季比一次，到 10 月开党代表会再比一次。他在讲话中还指名道姓地批评了主张反冒进的周恩来等人。

杭州会议刚刚开完，毛泽东于 1 月 6 日又来到了广西省会（广西省于同年 3 月改设广西壮族自治区）南宁，并准备在这里召开一次规模更大一些的中央工作会议。他亲自起草了一份会议通知，确定了参加会议的人员名单。毛泽东手写的名单是这样的：

---

① 《毛泽东传（1949—1976）》，中央文献出版社 2003 年版，第 767 页。

吴冷西，总理，少奇，李富春，薄一波，黄敬，王鹤寿，李先念，陈云，邓小平，彭真，乔木，陈伯达，田家英，欧阳钦，刘仁，张德生，李井泉，潘复生，王任重，杨尚奎，陶铸，周小舟（已到），史向生，刘建勋，韦国清，毛泽东，共26（27）人，于11日、12日两天到齐，在南宁开十天会，廿号完毕（中间休息二天到三天，实际开会七天到八天）。①

毛泽东拟定的这份名单没有按职务高低排列，其中除刘少奇、周恩来、陈云、邓小平是中央政治局常委，彭真是中央政治局委员和中央书记处书记，李富春、李先念、薄一波是分管计划、财政、经济工作的国务院副总理外，吴冷西是新华社社长兼《人民日报》总编辑，黄敬是国家技术委员会主任、第一机械工业部部长，王鹤寿是国家建设委员会主任、冶金工业部部长，胡乔木是中共中央书记处候补书记，陈伯达是中共中央政治局候补委员、中央政治研究室主任，田家英是中共中央政治研究室副主任，欧阳钦是中共黑龙江省委第一书记，刘仁是中共北京市委第二书记，张德生是中共陕西省委第一书记，李井泉是中共四川省委第一书记，潘复生是中共河南省委第一书记，王任重是中共湖北省委第一书记，杨尚奎是中共江西省委第一书记，陶铸是中共广东省委第一书记，周小舟是中共湖南省委第一书记，史向生是中共河南省委书记处书记，刘建勋是中共广西省委第一书记，韦国清是中共广西省委书记处书记。

据薄一波回忆，毛泽东原本只打算找部分省市委第一书记参加南宁会议，但周恩来对毛泽东说，1月份要召开一届人大五次会议，时间已经迫近，是否先在党的会议上讨论一下1958年的预算和年度计划。这样，毛泽东同意陈云、李富春和薄一波也到会，但陈云因病未出席会议。②因故没有到会的还有邓小平和潘复生。

南宁会议于1958年1月11日召开，会议由毛泽东亲自主持，主题原本是讨论1958年的预算和经济计划，以及正在酝酿形成的《工作方法

① 《建国以来毛泽东文稿》第七册，中央文献出版社1992年版，第11页。
② 薄一波：《若干重大决策与事件的回顾》下卷，中共中央党校出版社1993年版，第637页。

六十条（草案）》。

会议一开始，就印发了二十二个参考文件，其中有三个文件是作为多快好省的对立面即反冒进的材料而印发的。这三个材料是：李先念1956年6月15日在一届人大三次会议的报告中关于反冒进的一段话，1956年6月20日《人民日报》的社论，周恩来1956年11月10日在八届二中全会上《关于1957年计划的报告》的节录。这三个材料一印发，就预示会议的主题已经变成了反冒进了，会议的气氛也就紧张起来。

果不其然，11日晚，毛泽东作了第一次讲话，一开始就对国务院的工作和反冒进作了批评。毛泽东说：

> 关于向人代会的报告，我两年没有看了（为照顾团结，不登报声明，我不负责）。章伯钧说国务院只给成品，不让参加设计，我很同情，不过他是想搞资产阶级的政治设计院，我们是无产阶级的政治设计院。有些人一来就是成品，明天就开会，等于强迫签字。只给成品，不给材料。要离开本子讲问题，把主要思想提出来交谈。说明为什么要这样办，不那么办？财经部门不向政治局通情报，报告也一般不大好谈，不讲考据之学、辞章之学和义理之学。前者是修辞问题，后者是概念和推理问题。

> 党委方面的同志，主要危险是"红而不专"，偏于空头政治家，脱离实际，不专，也就会慢慢地褪色了。我们是搞"虚业"的，你们是搞"实业"的，"实业"和"虚业"应当结合起来。搞"实业"的，要搞点政治；搞"虚业"的，要研究点"实业"。搞"实业"的人不同政治结合，脱离了政治，那就会成为灰色的或白色的，就会成为迷失方向的实际家、科学家、经济家或文艺家。思想政治是统帅、是灵魂。红安县搞试验田的报告，是一个很重要的文件，我读了两遍，请你们都读一遍。红安县报告中所说的"四多"、"三愿三不愿"（按："四多"是指骑自行车的多，打篮球的多，穿大衣的多，吃食堂的多；"三愿三不愿"是指：愿坐在屋里开会办公，不愿下乡领导生产；愿到先进社，不愿到落后社；愿和乡、

社干部打交道，不愿做深入的群众工作），是全国带普遍性的毛病。就是对"实业"方面的事不甚了解，而又要领导。这一条不解决，批评别人专而不红，就没有力气。党委领导要有三条：工业、农业、思想。省委也要搞点试验田，如何？不然，空头政治家也就会变色。①

毛泽东还说，管"实业"的人，当了大官、中官、小官，自己早以为自己红了，钻到那里边去出不来，义理之学也不讲了。如反冒进。1956年冒进，1957年反冒进，1958年又恢复冒进。看是冒进好，还是反冒进好？他还举例说，河北省1956年兴修水利工程1700万亩，1957年兴修水利工程2000万亩，1958年2700万亩。治淮河，解放以后七、八年花了12亿人民币，只做了12亿土方，今年安徽省做了16亿土方，只花了几千万元。②

毛泽东还用带着警告的语气说，不要提"反冒进"这个名词好不好？这是政治问题。一反就泄了气，六亿人民一泄了气，不得了。十个指头问题要搞清楚，伸出手看看，究竟有几个指头生了疮？不过一个指头有毛病，不过多用了一些钱，多用了一些人；就"库空如洗"呀，"市场紧张"呀。只讲一个指头长了疮，就不会形成一股风。吹掉了三个东西：一为多快好省，二为四十条纲要，三为促进委员会。这些都是属于政治问题，而不属于业务。一个指头有毛病，治一下就好了，原来"库空如洗"，"市场紧张"，过了半年不就变了吗？钱多花了，计划大了，要批评，我也批评过，如广东、河北通县专区产量定得过高。我是"抱着石头打泡泅（湖南方言，游泳之意）"，做事历来是稳当的。

毛泽东还讲到如何看待工作的成绩与缺点的问题，他将之比喻为九个指头与一个指头的关系，认为这是关系六亿人的问题。他说：对于我们共产党，对于我们的事业来讲，总是九个指头是好的，不过一个指头有毛病。那就是究竟成绩是主要的，还是错误是主要的？是保护热情，鼓励干

---

① 李锐：《"大跃进"亲历记》，上海远东出版社1996年版，第70—71页。
② 《毛泽东传（1949—1976）》，中央文献出版社2003年版，第768—769页。

劲，乘风破浪，还是泼冷水，搞泄气，使整个工作受到很大损失的问题。这一点被右派抓住了，来了一个全面"反冒进"。陈铭枢批评我"好大喜功，偏听偏信，喜怒无常，不爱古董"。张奚若（未划右派）批评我"好大喜功，急功近利，轻视过去，迷信将来"。陈叔通也讲过："我看方针是冒进为主，保守为副"。过去北方亩产一百多斤，南方二三百斤；蒋委员长积二十年之经验，只给我们留下 4 万吨钢（年产）。"好大喜功"，看什么大，什么功，是反革命的好大喜功，还是革命的好大喜功。不好大，难道好小？中国这样大的革命，这样大的合作社，这样大的整风，都是大，都是功。①

12 日，毛泽东第二次发表讲话，并对反冒进再作批评。毛泽东说："在杭州会议上，我当着恩来发了一通牢骚。《中国农村的社会主义高潮》一书的序言，对全国发生了很大的影响，是'个人崇拜'，'崇拜偶像'？不管什么原因，全国各地的报纸、大小刊物都登载了，发生了很大的影响。这样，我就成了'冒进的罪魁祸首'"。"财经工作有很大成绩，十个指头只有一个不好，讲过一万次不灵。工作方法希望改良一下子。这一次，千里迢迢请同志们来一趟，是总理建议的。本来我不想多谈，有点灰心丧志。"② 他还说，三中全会，我讲去年砍掉了三个东西，没人反对，我得彩了。又复辟了，就又有勇气找部长谈话了。这三年有个曲折，右派一攻，把我们一些同志抛到和右派差不多的边缘，只剩了五十米，慌起来了。什么"今不如昔"，"冒进比保守损失大"。研究一下，究竟哪个大？

毛泽东接着说：我要争取讲话。1956 年 1 月至 11 月反冒进。二中全会我讲了七条，是妥协方案，解决得不彻底。省市委书记会议，承认部分钱花得不当，未讲透，那股反冒进的风就刮普遍了。廖鲁言（农业部长）向我反映，四十条被吹掉了，似乎并不可惜。对此可惜的人有多少？一口气的人有多少？一下吹掉了三个东西。有三种人：第一种人说："吹掉了四十条，中国方能得救"；第二种人是中间派，不痛不痒，蚊子咬一口，拍一巴掌就算了；第三种人叹气。总要分清国共界限，是国民党是促进的，还是共产党是促进的？

---

① 李锐：《"大跃进"亲历记》，上海远东出版社 1996 年版，第 62—63 页。
② 《毛泽东传（1949—1976）》，中央文献出版社 2003 年版，第 769 页。

毛泽东还说：反冒进的人为党为国，忧虑无穷，脱离了大多数部长和省委书记，脱离了六亿人民。请看一篇文章，宋玉的《登徒子好色赋》，此文使登徒子两千年不得翻身。宋玉的方法是，攻其一点，不及其余。九个指头不说，只说一个指头，就是这种方法。我们就怕六亿人民没有劲。不是讲群众路线吗？六亿人民泄了气，还有什么群众路线？看问题，要从六亿人民出发，要分别事情的主流、支流，本质、现象。[①]

南宁会议召开时，周恩来因为工作关系留在北京，没有参加会议，没有直接听到毛泽东上面那些批评分散主义和反冒进的讲话。1月13日，周恩来乘飞机到达南宁。当天晚上，毛泽东同刘少奇、周恩来谈话，直到深夜。

1958年1月14日，会议继续举行，毛泽东作第三次讲话，主要讲工作方法问题，总共讲二十四条，并继续对反冒进和国务院的工作做了措辞比较尖锐的批评。说反冒进就是讲平衡，"却不知道反冒进伤了许多人的心，兴修水利、办社、扫盲、除四害都没劲了"。他再次强调，要注意九个指头与一个指头的区别，不要采取"攻其一点，不及其余"这种做法，历史上教条主义这样搞过，因小失大。[②]

2. "右倾是我们的主要危险"

从1958年1月15日起，南宁会议的主要内容是听取各省市委第一书记和国务院分管经济工作的负责人汇报1958年的工作安排。当天，负责经济工作的副总理薄一波在会上作了《关于一九五八年计划（草案）的汇报提要》的发言。

薄一波说，1958年计划的中心是调动一切可能调动的积极因素，大力组织工农业生产高潮，迎接新的大跃进的一年，为第二个五年计划高速度地发展生产建设铺好道路。积极发展重工业，主要是增加燃料原材料、化学肥料、重型机械、农用动力机械和电力设备的产量，为工业生产进一

---

① 李锐：《"大跃进"亲历记》，上海远东出版社1996年版，第64—65页。
② 《毛泽东传（1949—1976）》，中央文献出版社2003年版，第770页。

步高涨准备条件，为农业的技术改革准备条件，按照物力、财力的可能，尽可能地首先扩大基本建设投资，在继续保持市场物价的基础上，适当改善人民的物质生活，并且稳步地发展文化、教育、卫生等项事业。工业生产总产值有较大的增长，计划为747.47亿元，比上年增长15.1%，其中主要包括：发电量达到220亿度，比上年增长15%多；煤炭1.5亿吨，增长16%弱；生铁720万吨，增长22%弱；钢620万吨，增长17%弱；水泥765万吨，增长12%；木材2850万立方公尺，增长9.4%；金属切削机床2600台，增长3.2%；等等。农业生产总值642.5亿元，比上年增长6.5%。粮食生产3920亿斤，比上年增加220亿斤，增长5.9%；棉花生产3500万担，比上年增长220万担，增长6.7%。以上各项都超过往年增长水平。

上述1958年工农业生产的主要计划指标，不但不保守，而且已经有"跃进"的成分了，但为了避免计划指标被说成保守，薄一波在讲话中特地提出了"两本账"的问题。他说，工业增长速度我们认为还可以更提高一些。因为有高涨的群众生产积极性，材料上大体有保证，国家也需要。经委一直在和各部、省、直辖市、自治区商量增产指标，现在定15.1%的速度，已经比去年12月计划会议上所定的10.4%的速度提高了。现在还在继续商量。因此，准备实行两本账的办法：国家一本账，这是必成数；企业一本账，这是期成数。但毛泽东对他的这个发言并不太满意，批评薄是"中间派"，"假使不是偏右的话"。①

1957年12月25日，上海市委第一书记柯庆施在中共上海市第一届代表大会第二次会议上，作了《乘风破浪，加速建设社会主义的新上海》的长篇发言。柯庆施在报告第一部分着重谈到国内的主要矛盾，认为在中华人民共和国成立以后，无产阶级同资产阶级的矛盾、社会主义同资本主义两条道路的斗争，成了国内的主要矛盾。1956年年初达到高潮的资本主义工商业、农业、手工业三大改造运动，标志着我国经济战线上（在生产资料所有制方面）的社会主义革命取得了决定性胜利，无产阶级同资产阶级在这方面的矛盾基本上解决了。但是，社会主义革命是经济上、政治

---

① 薄一波：《若干重大决策与事件的回顾》下卷，中共中央党校出版社1993年版，第638页。

上、思想上最彻底、最深刻、最广泛的革命；所有制的基本改变，不但还没有完全解决经济战线上的问题（所有制还没有完全改变，社会主义的物质基础即社会主义的现代工业和现代农业的发展还很不充分），尤其还没有完全解决政治战线和思想战线上的社会主义革命问题。因此，阶级斗争还没有结束，社会主义同资本主义谁战胜谁的问题还没有完全解决，斗争还是长时期的、曲折的，有时甚至是很激烈的。无产阶级同资产阶级的矛盾，社会主义同资本主义两条道路的斗争，在整个过渡时期，仍然是国内的主要矛盾。柯庆施关于社会主义社会主要矛盾的论述，实际上是毛泽东在八届三中全会上关于国内主要矛盾问题观点的发挥。

柯庆施还在报告中说，国家第一个五年计划所规定的上海经济和文化建设的各项指标，已经完成和超额完成，随着全国经济建设的发展，随着上海经济的改造，上海制造了大批的新产品，机器制造工业也从过去只能进行装配变为可以独立制造，许多产品的质量达到了国际水平，这就使上海这个工业基地能够供应全国人民更多的生产资料和生活资料，能够为发展国内外贸易供应更多的物资，能够为国家积累更多的建设资金。郊区农业合作化的胜利，加上上海的有利条件，为争取郊区提前实现《全国农业发展纲要（修正草案）》所规定的任务准备了条件。文化教育战线和其他各个战线也有了很大的成绩，等等。可是，"有一部分同志曾经认为我们上海的各项工作都'冒进'了。在对上海工业方针的争论中，就突出地表现了这一点"。"这种意见，是不符合实际情况的"。

柯庆施认为，一年来上海工作的发展是正常的。问题是对于什么叫正常、什么叫冒进，有完全不同的认识。接着，他引用了毛泽东在《中国农村的社会主义高潮》序言二关于批判右倾保守思想的那段话，说明"现在的问题是经过努力本来可以做到的事情，却有很多人认为做不到"。然后，他用大段文字说明干社会主义革命、干社会主义建设，干这种前无古人的事业，干这种同帝国主义争时间、比速度的事业，那就必须有一股革命的干劲，应该坚决贯彻执行多、快、好、省的勤俭建国方针，"好"社会主义之"大"、"喜"社会主义之"功"，批判右倾保守观点，改正各种不正常现象，以便迎接新的建设高潮，促进建设事业的新高涨。

报告根据十五年赶超英国的目标，提出了上海关于提前和超额完成第二个五年计划的十二条任务，其中包括：大力发展工业生产，上海工业总产值，在第二个五年计划期末，比第一个五年计划期末增长 100% 以上，其中一般轻工业、纺织工业、机电工业、化学工业部门要根据具体情况，争取若干质量较低的主要产品在第二、第三两个五年计划期间逐步地赶上或者超过英国或美国同类产品的质量水平。争取全国农业发展纲要（修正草案）的提前实现，在五年内，粮食每亩平均年产量达到 1500 斤到 2000 斤，皮棉每亩平均年产量达到 150 斤到 200 斤；争取在五年内，高级知识分子中的左派和中左分子能占 60% 以上；争取在五年内，基本上普及小学教育，扫除青壮年文盲，在十年内培养出一批又红又专的技术干部、科学家、文学家、艺术家、编辑、记者、教授、教员和马克思主义理论家，在五年内能够培养出三百个有实际斗争经验的、有大学讲师以上水平的社会科学工作者；争取三年内使上海市区和郊区基本上无蚊、无蝇、无鼠、无雀、无臭虫、无蟑螂、无钉螺，五年内彻底做到，并坚持到子孙万代；等等。

报告最后说："中国有一句著名的古话，叫作'乘风破浪'。我想很可以用这句话来描写我们目前的形势和任务。我们的前面有浪，这就是我们在建设社会主义事业中所必然遇到的各种困难。但是我们的后面有风，这就是广大的党员群众和人民群众的日益高涨的革命积极性。这是一股具有无限潜力的风，这是一股不可抗拒的风。只要我们坚决依靠群众的这种革命积极性，我们就一定能够克服我们前进道路上的任何困难。让我们用乘风破浪的革命气概勇敢前进！我们一定能够加速建设社会主义的新上海，一定能够加速完成党中央交给我们的一切任务，一定能够在建设强大的社会主义祖国的事业中作出更大的贡献。胜利一定是属于我们的！"这段文字极具文采也极有激情。1958 年《人民日报》元旦社论取题为"乘风破浪"，大概就是受其影响。

毛泽东对柯庆施的这个报告十分欣赏，他在 1 月 15 日的会上说："这一篇文章把我们都压下去了。上海的工业总产值占全国的五分之一，有一百万无产阶级，又是资产阶级最集中的地方，资本主义首先在上海产生，历史最久，阶级斗争最尖锐，这样的地方才能产生这样一篇文章。这样的文章，北京不是没有也，是不多也。"① 第二天，他在大会上再次拿出柯文，当众对周恩来说："恩来同志，你是总理，你看，这篇文章你写得出来写不出来？"周恩来回答说："我写不出来。"毛泽东接着说，上海是中国工人阶级集中的地方，没有工人阶级建设社会主义的强烈激情，是写不出这样的好文章的。"你不是反冒进吗？我是反反冒进的！"②

1 月 25 日，《人民日报》发表了柯庆施的这个报告，并加按语说："柯庆施同志的这个报告，虽然大部分是关于上海的情况和问题，但是这些情况和问题的性质，特别是报告的第一部分和第四部分，是具有普遍意义的。柯庆施同志在报告的第一部分中，根据党中央的指示，对于国内的主要矛盾，对于人民内部矛盾及其正确的处理，都作了详细的分析和阐明。这一部分中还谈到了对 1956 年工作的评价，批判了那种认为 1956 年各项工作都'冒进'了的错误的说法，说明了多、快、好、省勤俭建国的方针的正确性。这是值得大家重视的。报告的第四部分分析了党内干部的思想状况，提出了发扬革命朝气，打掉官气，实行劳动锻炼、深入基层、联系群众的制度，以及培养又红又专的红色专家等重要措施。"

毛泽东一方面借柯庆施的报告批评周恩来，另一方面又表扬了周恩来在 1957 年 6 月一届人大四次会议的政府工作报告。认为这个报告"是一篇马克思主义的文章"，"问题是如何说成绩与缺点。省委书记要研究理论，培养秀才，都要研究文法、考据、词章，一人每年搞个把篇文章，事情就好办了"。③

毛泽东在听取汇报中多次插话，批评许多省委、部委整天忙于事务性工作，昼夜奔忙，考据之学、词章之学、义理之学不搞，也不下去跑一跑，思想僵化。他提出领导干部要学理论，读点书，还要学习一点外文。毛泽东说：没有理论，凭什么做领导工作？领导干部要自己动手，集体创作，开动脑筋，不搞出点理论问题不行。他还要求破暮气，讲朝气。他

---

① 《毛泽东传（1949—1976）》，中央文献出版社 2003 年版，第 771 页。

② 薄一波：《若干重大决策与事件的回顾》下卷，中共中央党校出版社 1993 年版，第 639 页。

③ 《毛泽东传（1949—1976）》，中央文献出版社 2003 年版，第 771 页。

说，暮气，就是官气，我们都相当地有一些。世界大发明家，往往不是大知识分子，都是青年。现在我们这一班人，容易压制新生力量。要讲革命朝气，保持旺盛的斗志。①

陈云曾积极参与了1956年的反冒进，南宁会议虽然他因病未能出席，但也受到了毛泽东的批评。薄一波回忆说："当时，大家心里在纳闷，这到底是批评谁？少奇同志说：主席的批评是针对管经济工作的几个人的。1958年1月17日晚上，毛主席约富春、先念同志和我谈话，明确讲到批评主要是对陈云同志的。"②

1958年1月17日，会议听取了李先念的汇报，毛泽东又对反冒进作了批评，他拿着《人民日报》那篇《要反对保守主义，也要反对急躁情绪》社论，念一段，批一段。说这是一篇反冒进的社论，既要反右倾保守，又要反急躁冒进，好像"有理三扁担，无理扁担三"。实际重点是反冒进的。③

由于周恩来是1956年反冒进的主要领导人，而刘少奇对反冒进亦采取了支持的态度，毛泽东在南宁会议上对反冒进再三批评后，在19日召开的全体大会上，两位领导人都不得不在会上就此作了自我批评。

周恩来检讨说："反冒进是一个问题、一段时间（1956年夏季到冬季）带方针性的动摇和错误。反冒进是由于不认识或者不完全认识生产关系改变后生产力将有跃进的发展，因而在放手发动群众进行社会主义革命和建设中表示畏缩，常常只看见物不看见人，尤其是把许多个别现象夸大成为一般现象或者主要现象，这是一种右倾保守主义思想。""反冒进结果损害了三个东西：促进、四十条、多快好省，使1957年的工农业生产受到了一些影响，基本建设减少了一些项目。""而且最重要的损失在于方针一偏，群众和干部的劲头就得不到支持，反而受到束缚，使我们建设走群众路线这一方针受到某些损害。""因此，这个方针是与主席的促进方针相反的促退方针。实行这个方针，不管你主观想法如何，事实上总是违背主席的方

---

① 《毛泽东传（1949—1976）》，中央文献出版社2003年版，第772页。
② 薄一波：《若干重大决策与事件的回顾》下卷，中共中央党校出版社1993年版，第639页。
③ 李锐：《"大跃进"亲历记》，上海远东出版社1996年版，第64页。

针的。""这一反冒进的错误，我要负主要责任。"

刘少奇说：《人民日报》反冒进的社论，基本方针上是错误的，经过我发表的，我负主要责任。对于当时社会主义建设方针有所动摇，没有感到是方针问题。有这个错误感到沉重，对主席的意图体会不深，感到很难过。沉重又高兴，看到群众高潮高兴了。解放以来，我们党领导革命领导建设，右倾是我们的主要危险。[①]

3. 工作方法六十条

通过批评反冒进和提出十五年赶超英国的口号，毛泽东感到全国人民的"大跃进"热情正在高涨，一个新的生产高潮正在形成，而中央和地方各级领导干部的工作方法，还有许多与"大跃进"不相适应的地方。为指导各级干部的工作，使他们掌握正确的工作方法，毛泽东在杭州会议期间，就工作方法问题作了一些思考，初步形成了十七条内容。在南宁会议期间，他在发表讲话和别人汇报作插话时，又多次讲到工作方法问题。1月21日，毛泽东亲自写了《南宁会议上的结论提纲》共42条，并在这一天作了总结讲话，集中讲解工作方法问题。1月下旬，他根据讲话提纲、会议记录等，形成了《工作方法六十条（草案）》。

对于《工作方法六十条（草案）》的形成情况，毛泽东说："这里所说的几十条，并不都是新的。有一些是多年积累下来的，有一些是新提出的。这是中央和地方同志1958年1月先后在杭州会议和南宁会议上共同商量的结果，这几十条，大部分是会议上同志们的发言启发了我。由我想了一想写成的；一部分是直接记录同志们的意见；有一个重要条文（关于规章制度）是由刘少奇同志和地方同志商定而由他起草的；由我直接提出的只占一部分。"他还说："我们现在的主要目的，是想在工作方法方面求得一个进步，以适应已经改变了的政治情况的需要。"[②] 2月19日，中共中央将六十条草案作为中央文件下发。

---

① 《毛泽东传（1949—1976）》，中央文献出版社2003年版，第773—774页。
② 《毛泽东文集》第七卷，人民出版社1999年版，第344—345页。

《工作方法六十条（草案）》曾是一个对 1958 年"大跃进"运动产生了重大影响的文件。当然，其中有许多的内容即使在今天看来，也是正确的或比较正确的。例如：

——关于红与专、政治与业务的关系。毛泽东认为，一定要批判不问政治的倾向。一方面要反对空头政治家，另一方面要反对迷失方向的实际家。他强调，政治和经济的统一，政治和技术的统一，这是毫无疑义的，年年如此，永远如此。这就是又红又专。将来政治这个名词还是会有的，但是内容变了。不注意思想和政治，成天忙于事务，那会成为迷失方向的经济家和技术家，很危险。思想工作和政治工作是完成经济工作和技术工作的保证，它们是为经济基础服务的。思想和政治又是统帅，是灵魂。他还说，政治家要懂些业务。懂得太多有困难，懂得太少也不行，一定要懂得一些。不懂得实际的是假红，是空头政治家。要把政治和技术结合起来，农业方面是搞试验田，工业方面是抓先进典型、试用新技术、试制新产品。

——关于以真正平等的态度对待干部和群众。毛泽东说，必须使人感到人们互相间的关系确实是平等的，使人感到你的心是交给他的。人们的工作有所不同，职务有所不同，但是任何人不论官有多大，在人民中间都要以一个普通劳动者的姿态出现。绝不许可摆架子。一定要打掉官风。对于下级所提出的不同意见，要能够耐心听完，并且加以考虑，不要一听到和自己不同的意见就生气，认为是不尊重自己。这是以平等态度待人的条件之一。他要求全党要鼓起干劲，打掉官风，实事求是，同人民打成一片，尽可能地纠正一切工作上、作风上、制度上的缺点和错误。

——关于抓两头带中间。毛泽东说，任何一种情况都有两头，即是有先进和落后，中间的状态又总是占多数。抓住两头就把中间带动起来了。这是一个辩证的方法，抓两头，抓先进和落后，就是抓住了两个对立面。

——关于开会的方法。毛泽东认为，应当是材料和观点的统一。把材料和观点割断，讲材料的时候没有观点，讲观点的时候没有材料，材料和观点互不联系，这是很坏的方法。只提出一大堆材料，不提出自己的观点，不说明赞成什么反对什么，这种方法更坏。要学会用材料说明自己的观点。必须要有材料，但是一定要有明确的观点去统率这些材料。

——关于概念、判断、推理的形成过程。他说，概念、判断、推理的过程，就是调查和研究的过程，就是思维的过程。人脑是能够反映客观世界的，但是要反映得正确很不容易。要经过反复的考察，才能反映得比较正确，比较接近客观实际。有了正确的观点和正确的思想，还要有比较恰当的表达方式告诉别人。概念、判断的形成过程，推理的过程，就是"从群众中来"的过程；把自己的观点和思想传达给别人的过程，就是"到群众中去"的过程。任何英雄豪杰，他的思想、意见、计划、办法，只能是客观世界的反映，其原料或者半成品只能来自人民群众的实践中，或者自己的科学试验中，他的头脑只能作为一个加工工厂而起制成完成品的作用，否则是一点用处也没有的。人脑制成的这种完成品，究竟合用不合用，正确不正确，还得交由人民群众去考验。

——关于如何形成文章与文件。毛泽东说，文章和文件都应当具有这样三种性质：准确性、鲜明性、生动性。准确性属于概念、判断和推理问题，这些都是逻辑问题。鲜明和生动性，除了逻辑问题以外，还有词章问题。现在许多文件的缺点是：第一，概念不明确；第二，判断不恰当；第三，使用概念和判断进行推理的时候又缺乏逻辑性；第四，不讲究词章。看这种文件是一场大灾难，耗费精力又少有所得。一定要改变这种不良的风气，重要的文件不要委托二把手、三把手写，要自己动手，或者合作起来做。

——关于秘书的使用。毛泽东说，不可以一切依赖秘书，或者"二排议员"。要以自己动手为主，别人帮助为辅。不要让秘书制度成为一般制度，不应当设秘书的人不许设秘书。一切依赖秘书，这是革命意志衰退的一种表现。

在《工作方法六十条（草案）》中，还提出了要从1958年起，将党的工作重点放到技术革命上去的重要观点。毛泽东说："这八年中（按：指新中国成立以来），革命一个接着一个，大家的思想都集中在那些问题上，很多人来不及学科学，学技术。从今年起，要在继续完成政治战线上和思想战线上的社会主义革命的同时，把党的工作的着重点放到技术革命上去。这个问题必须引起全党注意。各级党委可以在党内事先酝酿，向干部讲清楚，但是暂时不要在报上宣传，到 7 月 1 日以后我们再大讲特讲，因为那时候基层整风已经差不多了，可以把全党的主要注意力移到技术革命上面去了。"① 他要求各级干部"要学新本领，要真正懂得业务，懂得科学和技术"，还要求县以上各级党委要抓社会主义建设工作，抓社会主义的工业工作，抓社会主义的农业工作，这实际上要求全党将工作重点再次转移到社会主义建设上来，这在当时都是具有积极意义的。

但是，由于《工作方法六十条（草案）》是在反保守、批评反冒进，发动"大跃进"的特殊背景下形成的，其中自然也有许多不切实际的内容。例如，第五条说："五年看三年，三年看头年，每年看前冬。这是一个掌握时机的方法。时机上有所侧重，把握就更大了。"第十三条提出："十年决于三年。争取在三年内大部分地区的面貌基本改观。其他地区的时间可心略为延长。口号是：苦战三年。方法是：放手发动群众，一切经过试验。"第十二条要求在今后五年内或者六年内，或者七年内，或者八年内，完成农业发展纲要四十条的规定，并要"各省委、直属市委、自治区党委对于这个问题应当研究一下"，认为就全国范围来看，五年完成四十条不能普遍做到，六年或者七年可能普遍做到，八年就更加有可能普遍做到。这样的要求显然过急过高，难以实现。但既然中央作了这样的要求，而一旦提出异议又很有可能被看做右倾保守，因而导致各级层次加码，想当然提出更高也更难实现的目标。"大跃进"浪潮就是在这些过高过急任务的压力下，一浪高过一浪形成大潮的。

《工作方法六十条（草案）》还提出了生产计划三本账的问题。这三本账是指中央两本账，一本是必成的计划，这一本账公布；第二本是期成的计划，这一本账不公布。地方也有两本账。地方的第一本账就是中央的第二本账，这在地方是必成的；第二本账在地方是期成的。如此一来，一级一级地将工农业生产指标拔高，1958 年"大跃进"的一个显著特点就是高指标，而高指标很大程度上是这三本账造成的。当那些不切实际的高指

---

① 《毛泽东文集》第七卷，人民出版社 1999 年版，第 350—351 页。

标提出后，按照要求，"组织干部和群众对先进经验的参观和集中地展览先进的产品和做法"，普遍组织各种各样的检查评比，使浮夸风和形式主义作风迅速滋长起来。

毛泽东还讲到平衡与不平衡的关系问题，认为不平衡是普遍的客观规律。他说，从不平衡到平衡，又从平衡到不平衡，循环不已，永远如此，但是每一循环都进到高的一级。不平衡是经常的，绝对的；平衡是暂时的，相对的。我国现在经济上的平衡和不平衡的变化，是在总的量变过程中许多部分的质变。从哲学意义上，这个观点是有道理的，但在实际运行过程中，由于片面的强调不平衡的普遍性，只看到不平衡在事物发展中的作用，而没有看到平衡在事物存在和发展中同样是不可缺少的，忽视国民经济的综合平衡，甚至提出"以钢为纲"口号，为了全力保钢不惜让其他工作"停车让路"，造成国民经济比例严重失调。

在《工作方法六十条（草案）》中，毛泽东还提出了一个重要的思想，这就是第二十一条所论述的"不断革命"。毛泽东说，我们的革命是一个接一个的。从 1949 年在全国范围内夺取政权开始，接着就是反封建的土地改革，土地改革一完成就开始农业合作化，接着又是私营工商业和手工业的社会主义改造。社会主义三大改造，即生产资料所有制方面的社会主义革命，在 1956 年基本完成，接着又在去年进行政治战线上和思想战线上的社会主义革命（按：指 1957 年的整风运动与反右派运动，由于反右派运动是从整风运动引发出来的，所以 1957 年秋季反右派运动基本结束后，中共中央决定继续进行整风运动，只不过八届三中全会后的整风运动重心已放在批判右倾保守和发动"大跃进"上）。这个革命在今年 7 月 1 日以前可以基本上告一段落。但是问题没有完结，今后一个相当长的时期内每年都要用鸣放整改的方法继续解决这一方面的问题。现在要来一个技术革命，以便在十五年或者更多一点的时间内赶上和超过英国。中国经济落后，物质基础薄弱，使我们至今还处在一种被动状态，精神上感到还是受束缚，在这方面我们还没有得到解放。

毛泽东发动"大跃进"，就是他"不断革命"思想的体现，认为这是一场在政治上和思想上的社会主义革命取得决定性胜利之后进行的技术革命。他说："要鼓一把劲。再过五年，就可以比较主动一些了；十年后将会更加主动一些；十五年后，粮食多了，钢铁多了，我们的主动就更多了。我们的革命和打仗一样，在打了一个胜仗之后，马上就要提出新任务。这样就可以使干部和群众经常保持饱满的革命热情，减少骄傲情绪，想骄傲也没有骄傲的时间。新任务压来了，大家的心思都用在如何完成新任务的问题上面去了。"① 可见，毛泽东发动"大跃进"运动的目的，就是要求干部群众始终保持饱满的革命热情，利用现在的和平时间，把钢铁生产搞上去，把粮食生产搞上去，也就是把中国的生产力提高上去，改变中国现在这种经济文化还很落后的现状。

应当说，毛泽东主张"不断革命"的出发点，是希望干部群众在社会主义革命取得胜利后不要松劲，始终保持旺盛的革命斗志，及时将重心转移到技术革命也就是经济建设上来，使中国迅速强大起来。问题是，毛泽东将发展生产力，开展各种建设工作，也作为一场革命运动看待，于是决定用群众运动的方式来进行技术革命。不但没有看到社会主义建设的长期性，也没有认识到用运动的方式搞建设，虽然表面可以轰轰烈烈、万马奔腾，实际上违背了客观经济规律，必然造成一哄而起的混乱局面。

毛泽东在《工作方法六十条（草案）》中还讲到了改革规章制度的问题。这一条是刘少奇提出的，为毛泽东所采纳。其中说："政府各部门所制定的各种规章制度是上层建筑的一部分。八年来积累起来的规章制度许多还是适用的，但是有相当一部分已经成为进一步提高群众积极性和发展生产力的障碍，必须加以修改，或者废除。""应该作出这样一个总的规定，即是在多快好省地按计划按比例地发展社会主义事业的前提下，在群众觉悟提高的基础上，允许并且鼓励群众的那些打破限制生产力发展的规章制度的创举。""中央各部门，各省、市、自治区党委，还应当派遣负责同志到各地的基层单位去，发现那里有些什么规章制度已经限制了群众积极性的提高和生产力的发展，根据那里的实际情况，通过基层党委和群众的鸣放辩论，保存现有规章制度中的合理部分，修改或者废除其中的不合理部

---

① 《毛泽东文集》第七卷，人民出版社1999年版，第350页。

分，并且拟定一些新的适合需要的规章制度。"① 这样的原则要求，原本也是对的，但改革规章制度是一项很复杂的工作，而且改革旧的规章制度必须相应地建立新的规章制度，否则就会出现无政府状态。后来在"大跃进"中，由于一味强调破除旧的规章制度，把许多本来合理的规章制度也废除了，而新的规章制度并未相应地建立起来，致使大量不遵循客观规律的现象随处可见，违背客观实际的胡搞蛮干盛行。

毛泽东在《工作方法六十条（草案）》中还提出了一个重要的观点，即十个指头的问题，也就是九个指头与一个指头的关系问题。他说："人有十个指头，要使干部学会善于区别九个指头和一个指头，或者多数指头和少数指头。九个指头和一个指头有区别，这件事看来简单，许多人却不懂得。要宣传这种观点。这是大局和小局、一般和个别、主流和支流的区别。我们要注意抓住主流，抓错了一定翻跟斗。""说一个和九个指头，这种说法比较生动，也比较合于我们工作的情况。我们的工作，除非发生了根本路线上的错误，成绩总是主要的。"② 用这样的方法去处理和对待工作中的成绩与缺点，在一定的情况下是合理的，但如果将其在所有问题上都去套用，实际上就是将问题绝对化，特别是后来用它去看待"大跃进"，造成了只能肯定"大跃进"的成绩，而不能批评"大跃进"缺点的局面，致使许多本来已经发现并造成严重后果的问题也不能及时纠正，使这场运动延续了三年之久。

《工作方法六十条（草案）》中还介绍了一部分高产典型，其中提到湖北孝感县的联盟农业社，一部分土地每年种一造，亩产 2130 斤；四川仁寿县的前进农业社，一部分土地一造亩产 1680 斤；陕西宜君的清河农业社，这个社在山区，一部分土地一造亩产 1654 斤；广西百色县的拿坡农业社，一部分土地一造亩产 1600 斤。毛泽东认为"这些单季高产的经验，各地可以研究试行"。其实在当年的生产条件下，这样高的产量基本上不可能有。1957 年全国粮食作物每亩的平均产量只有 196 斤，稻谷平均每亩的产量较高，也只有 360 斤，而小麦只有 114 斤。这些高产典型的

---

① 《毛泽东文集》第七卷，人民出版社 1999 年版，第 353—354 页。
② 《毛泽东文集》第七卷，人民出版社 1999 年版，第 357 页。

亩产量，超过了全国平均产量的好几倍，其真实性是有折扣的。推行这些"高产典型""经验"的结果，导致了1958年大放各种各样离奇的高产"卫星"。

《工作方法六十条（草案）》的最后一条，是关于毛泽东自己不做中华人民共和国主席的问题。他解释了不做国家主席的原因："这是因为去掉共和国主席这个职务，专做党中央主席，可以节省许多时间做一些党所要求我做的事情。这样，对于我的身体状况也较为适宜。如果在辩论中群众发生抵触情绪，不赞成这个建议，可以向他们说明，在将来国家有紧急需要的时候，只要党有决定，我还是可以出任这种国家领导职务的。现在和平时期，以去掉一个主席职务较为有利。"[1] 为此，他要求先在各级干部中间，然后在工厂和合作社中间，组织一次鸣放辩论，征求干部和群众的意见，取得多数人的同意。在次年4月召开的二届人大一次会议上，刘少奇当选为中华人民共和国主席。

南宁会议在"大跃进"运动史上有着重要的地位。正如中央文献研究室编写的《毛泽东传（1949—1976）》一书所评价的："南宁会议是一次重要的会议，它对中国后来的发展产生过重大影响。这次会议继承了中共八大以经济建设为中心的正确路线，并且提出要努力开创一个社会主义建设的新局面，迅速改变中国的落后面貌，把中国早日建设成为强大的社会主义国家。在南宁会议上表现出来的毛泽东与中央其他几位领导人的分歧，不是在是否要以经济建设为中心这个问题上，而是在建设速度的问题上。由于毛泽东严厉批评了反冒进，又提出一些超过实际可能性的高指标而被会议一致通过，这就直接导致'大跃进'的开始发动。"[2] 南宁会议之后，"大跃进"运动在全国迅速展开。

---

① 《毛泽东文集》第七卷，人民出版社1999年版，第362页。
② 《毛泽东传（1949—1976）》，中央文献出版社2003年版，第780页。

第四章
为"大跃进"升温

南宁会议结束不久，一届人大五次会议在北京举行。用《人民日报》社论的话说，这是"一次争取大跃进的大会"。

在这次会议上，陈云、李先念和薄一波分别就反冒进问题作了自我批评，承担了各自在反冒进中所犯的"错误"。毛泽东此举的目的，是希望主张反冒进的领导人的思想认识能统一到发动"大跃进"上来，减少"大跃进"的思想阻力。

1. "争取大跃进的大会"

南宁会议结束后不久，即 2 月 1 日至 11 日，一届人大五次会议在北京举行。用《人民日报》社论的话来说，这是"一次争取大跃进的大会"。

在这次大会上，刚刚在南宁会议上因反冒进而受到批评的周恩来，没有讲经济工作问题，而是作了《关于国际形势和我国的外交政策》的报告。周恩来分析了当时的国际形势，认为世界形势达到了一个新的转折点，不是西风压倒东风，而是东风压倒西风。报告讲到了社会主义阵营超英赶美的问题，指出："在工业生产方面，苏联正满怀信心地要在十五年内在各种最重要的产品的产量上赶上和超过美国。中国人民也争取在十五年或者更多一点的时间内在钢铁和其他重要的工业产品的产量方面赶上和超过英国。其他的社会主义国家在同一期间在发展工农业生产方面，无疑地也将取得很大的进展。这样，在一个短短的历史时期内，人们将会看到，不仅在工农业发展的速度方面，而且在生产量方面，社会主义阵营都要把帝国主义阵营远远地抛在后面。这是社会主义制度优越性的必然的结果。"①

薄一波在会上作了《关于1958年国民经济计划草案的报告》。报告全面回顾了1957年工业、农业、交通运输、商业、文教工作所取得的成就，提出要"争取1958年国民经济的新跃进"，并且分析了实现国民经济"有一个跃进的发展"的有利条件。报告提出了1958年的国民经济计划指标：1958年的基本建设总投资额，拟定为145.77亿元，比1957年的预计数增加了22亿元，增长17.8%，"1958年我国基本建设的速度和规模，将比以往任何一年都要大得多"。1958年农业和农副业总产值，拟定为688.3亿元，比1957年增长6.1%，"这个速度，大大地超过了我国第一个五年计划的平均速度"。1958年粮食的指标为3920亿斤，比上一年增加220亿斤，增长5.9%；棉花的指标为3500万担，比上一年增加220万担，增长6.7%，"这些速度都是相当高的"。1958年的工业总产值，拟定为643.7亿元，比1957年数增加81.9亿元，增长14.6%，"这个速度，比1957年要高得多。"② 这个计划被会议所通过。

正如薄一波后来所回忆的："应当说，这个指标还是比较实事求是的，在年景正常的条件下，经过努力是能够达到的。"③ 但是，由于不断地反"右倾保守"，又实行国民经济计划两本账的方针，即将必成的计划作为第一本账，期成的计划作为第二本账，而以中央的第二本账作为地方的第一本账，而地方又搞自己的两本账。结果这次人大会后不久，地方提出的1958年指标，粮食达到4316亿斤，比一届人大五次会议批准的计划增加396亿斤，比1957年增加616亿斤（其中辽宁、内蒙古增长60%以上）；棉花产量4093万担，比第一本账增加593万担，比大丰收的1957年增加

① 周恩来：《关于国际形势和我国的外交政策》，《人民日报》1958年2月11日。

② 薄一波：《关于一九五八年度国民经济计划草案的报告》，《人民日报》1958年2月13日。

③ 薄一波：《若干重大决策与事件的回顾》下卷，中共中央党校出版社1993年版，第687页。

813 万担。

这次人大会的确是一个"争取大跃进的大会"。一些代表在发言中，纷纷表示要提前实现全国农业发展纲要（修正草案）规定的"四、五、八"指标，并论证十五年赶超英国是完全可能的。

河南代表赵文甫说，党中央提出争取在今后十五年或者稍多一点的时间内，在钢铁和其他重要工业产品的产量方面赶上或者超过英国的伟大号召，更加鼓舞了河南人民建设社会主义的积极性。从去年 9 月以来，河南农村在伟大的全民性整风运动的推动下，掀起了以兴修水利和积肥为中心的生产建设新高潮。全省人民以移山填海的大无畏的革命精神，夜以继日地向高山峻岭进军，向深谷陡坡进军，向平原凹地进军，向盐碱沙荒进军。运动的波澜，一波大于一波，一浪高过一浪，参加的劳动力，由 500 多万人发展到 1500 多万人，漫山遍野，人山人海，"白天一片人，夜间遍地灯"。原订计划突破再突破修改又修改，麦收以前要完成灌溉面积 4000 万亩。

赵文甫还说，河南计划在下一年把各种灌溉面积发展到 1.1 亿亩左右，占全省总耕地 1.36 亿亩的 80% 左右，全省基本上实现水利化，消灭普通水、旱灾害，两三年后使稻田发展到 5000 万亩，加上其他各项措施，农业生产将会发生大跃进，到 1962 年粮食就可能达到 600 多亿斤，比 1957 年增加一倍多，提前五年超额完成全国农业发展纲要（修正草案）中所规定的粮食增产指标，对国家社会主义工业化将会作出更多的贡献，人民生活也将会大大提高。[①]

广东代表区梦觉说，1957 年广东全省的粮食比 1952 年增产 65 亿斤，增长了 30%，比解放前增产 85 亿斤，增长了 50% 以上，单位面积产量由 1949 年的 350 斤提高到 510 斤，1956 年全省出现了 6 个粮食千斤县、592 个千斤乡、3699 个千斤社。1957 年又出现了化县那都社两造亩产 2663 斤稻谷的高额丰产田，澄海县更有 2000 亩耕地亩产 3000 斤（包括一造稻谷一造番薯折谷部分）大面积的丰产田。但是，在 1956 年下半年到 1957 年

---

① 《要在 1959 年基本实现水利化》，《人民日报》1958 年 2 月 5 日。

上半年，"农业生产上曾经出现一股右倾保守思想的逆流"，主要表现在：有些人对合作制度的伟大生命力和集体农民的强大力量不够信任，对农业生产发展抱消极态度，缺乏勇于克服困难的革命精神和干劲，不仅对于新生的合作社和农业生产上的巨大成绩不给予鼓励和支持，反而诸多责难、挑剔和夸大缺点，否定成绩，并说是冒进，这种右倾保守思想给1957年的生产和工作所造成的损失，是必须深刻记取的教训。

区梦觉又说，广东省农业建设十二年规划要求粮食每亩平均产量由1955年的440斤到1962年达到800斤，到1967年达到1000斤，实现粮食千斤省，总产量则由218亿斤增加到480亿斤；经济作物由现有700万亩的种植面积，扩大到2600万亩（全部靠开荒和向丘陵、山区发展），主要经济作物：甘蔗将增加5倍多，蚕桑增加十几倍，各种水果均有几倍的增加；生猪由现在的800万头增加到3000万头（全年饲养量4500万头）；水产业由1957年的年产62万吨，发展到250万吨。两年内全省消灭旱灾，五年内消灭普通水灾、完成绿化，还分别规定在若干年内消灭虫害，农业生产逐步实现机械化，建成水陆运输网，消灭四害，扫除文盲，普及小学教育等。①

广西代表覃应机说，1958年全省原计划兴修水利灌溉面积500多万亩，后修订为800多万亩，又一再为群众的干劲所突破，现在全省实际开工的大、中、小型水利已达103691处，灌溉面积1209万亩，超过了第一个五年计划期间兴修水利灌溉面积1021万亩的总和。这是千百年来没有过的事情，国民党统治广西的整个时期，所修建水利灌溉总面积只不过19万亩，还不到我们现在开工灌溉数的2%。今年的水利建设规模空前的巨大，各族人民拿出了高度的革命干劲，千方百计设法把河水拦起来，把山水堵起来，把天水蓄起来，把地水挖出来，把低水抽上来。②

河北代表高树勋说，尽管河北省过去是旱涝灾害频繁的省份，农作物产量低，但我们相信：有着党的领导，有着群众的革命干劲，有充分信心来实现：今年粮食保证完成250亿斤，并争取超过；明年灌溉面积1亿

---

① 《有信心把握实现千斤省》，《人民日报》1958年2月6日。
② 《苦战三年征服千年旱》，《人民日报》1958年2月9日。

亩，两年基本实现水利化；今年积肥 15000 亿斤，亩施万斤肥；三年完成改良土壤；发展高产作物；要求今年粮食亩产 400 斤以上的县市达到 80 个；三年突击，五年完成绿化。到 1962 年，粮食总产量达到 450 亿斤，亩产 500 斤，"跨过黄河"，提前超额完成农业发展纲要（修正草案）的要求，为每人 1000 斤粮食而奋斗。棉花，1958 年总产量 8 亿斤，到 1962 年，达到 17 亿斤，亩产（皮棉）100 斤。花生，1958 年总产量达到 9 亿斤，到 1962 年，达到 25 亿斤，亩产 600 斤。[①]

山西代表陶鲁笳说，山西农民仅仅在几个月的时间所作出来的成绩，就赛过过去的几年、几十年甚至几百年、几千年。人们改造自然、化害为利的斗争，已经发生飞跃的变化。过去想不到办不到的事，现在办到了。我们有决心有信心，使今年全省的粮食单位亩产量，由 1956 年（年成较好）的 156 斤达到 200 斤；棉花亩产(皮棉)，由 1957 年的 40 斤达到 60 斤。并且今年有 14 个县、市粮食亩产要争取达到 400 斤，4 个县棉花亩产要争取达到 100 斤。经过三年苦战之后，粮食亩产达到 300 斤，棉花亩产达到 90 斤。到 1962 年粮食亩产达到 400 斤，争取达到 500 斤；棉花亩产达到 120 斤。[②]

陕西代表苏资琛说，现在我省正在酝酿 1958 年农业生产计划，粮食总产量为 115 亿斤，争取达到 125 亿斤，比 1957 年增加 35 亿斤，比 1956 年空前大丰收增加 17 亿斤。棉花总产量为 235 万担，争取达到 250 万担，比 1956 年增加 58 万担，比 1957 年空前大丰收增加 29 万担。这样不断的增长，就会使每个人对我们的伟大未来充满信心，充满希望，也就会更坚强地发挥他们无穷无尽的力量。[③]

山东代表赵健民说，山东省 1958 年在农业生产方面，粮食总产量保证达到 320 亿斤，争取达到 350 亿斤。棉花总产量保证达到 480 万担，争取达到 535 万担。要培养出 1000 个千斤社，并尽可能争取在今年出现一

---

① 《苦战三年，改变面貌，十年计划，五年完成》，《人民日报》1958 年 2 月 12 日。

② 《陶鲁笳代表谈山西省为实现"苦战三年，争取农业生产面貌基本改观"》，《人民日报》1958 年 2 月 17 日。

③ 《中华人民共和国第一届全国人民代表大会第五次会议汇刊》，中华人民共和国第一届人民代表大会第五次会议秘书处 1958 年编印，第 412 页。

个五百斤专区，一个千斤县，以带动全省各地生产大跃进。此外，还号召全省人民下定决心，进行一切准备，再接再厉，争取在第二个五年计划期间，基本上提前实现全国农业发展纲要（修正草案）的指标要求，争取全省粮食产量比最高年产量的 1956 年翻一番，达到 600 亿斤，使全省人民的平均占有量达到 1000 斤。①

钱昌照代表说，我国工业水平，目前不如英国，就钢来说，我国产量只有英国的四分之一；就煤来说，只有二分之一多一些；就水泥来说，也只有二分之一多一些；就化肥来说，只有五分之一；就金属切削机床来说，还不到一半，但是我国在第一个五年计划期间已经建立了社会主义工业化的初步基础，基本上改变了我国工业过去残缺不全和互不配合的状态，合理地加强了和建立了好几个工业基地；锻炼了相当大的技术力量，充分运用了新的装备和新的技术。英国目前工业水平虽然较高于我，但由于底子旧，在垄断资本组织的控制下，全面性的技术革新几乎是不可能的，最近几年，某些工业确也运用了一些新装备和新技术，乃是个别的，很局部的。对工业建设中几个基本问题作比较，不难想见我国工业进展的速度会大大高出英国，我国在第一个五年计划期间，工业生产每年平均增长率为 18.3%，英国同一时期只有 3.9%，是个很好的证明。

钱昌照还分析了十五年赶上英国的可能性。他说：我国钢的产量到 1972 年可能达到 4000 万吨，英国 1956 年的钢产量为 2099 万吨，即使偏高估计，按照 1938 年到 1956 年英国钢产量的每年平均增长率 3.9% 推算，到 1972 年也只有 3860 多万吨，那时候已经赶上了英国。我国煤的产量到 1962 年可能达到 23000 万吨，英国 1956 年的煤产量为 25514 万吨，四十多年来，英国的煤产量常呈下降趋势，1956 年比 1913 年就少了 6600 多万吨，由于底子旧，技术革新极不容易，由于市场没有把握，到 1962 年也许还停留在 1956 年差不多的水平，那时候我们可能已经赶上了英国。我国水泥的产量到 1962 年可能达到 1250 万吨，再过五年，到 1967 年，即使按照每年增长率 10% 的偏低估计，也在 2000 万吨左右，英国 1956

① 《中华人民共和国第一届全国人民代表大会第五次会议汇刊》，中华人民共和国第一届人民代表大会第五次会议秘书处 1958 年编印，第 510—511 页。

年的水泥产量为 1297 万吨，即使偏高估计，按照 1938 年至 1956 年英国水泥产量的每年平均增长率 2.8% 推算，到 1967 年也只有 1760 多万吨，那时候已经超过了英国。其他重要工业相信在十五年或者稍多一点的时间内其产量也一定可以赶上或者超过英国。①

1958 年 2 月 12 日，《人民日报》发表《一次争取大跃进的大会》的社论，祝贺一届全国人大五次会议闭幕。社论认为，全民整风运动和反右派斗争的胜利，为争取我国国民经济来一个新的跃进，完成并且超额完成 1958 年度的国民经济计划，创造了极其有利的政治条件。经过整风运动，许多人过去认为根本办不到的事情，现在很快地就办好了；许多过去长期不能解决的问题，现在很快地解决了；许多原来想不到的好办法，现在群众都想出来了；许多过去没有被发现的潜在力量，现在不断地被发掘出来了。第一个五年计划的完成和超额完成，社会主义工业化初步基础的奠定，给国民经济的新跃进创造了比以往更好的物质技术条件。社论特别提出了"苦战三年，争取在三年内使全国大部分地区的面貌基本改观"的号召，并且认为三年看头年，必须千万百计地努力争取我国国民经济在 1958 年内打一个大胜仗。

一届人大五次会议期间，《人民日报》还发表了一系列的社论，为进一步发动"大跃进"作舆论动员。

1958 年 2 月 2 日，发表题为"我们的行动口号——反对浪费，勤俭建国！"的社论。社论根据南宁会议的精神，提出了国民经济"全面大跃进"的口号。社论说，把我国建设成为一个具有现代工业、现代农业、现代科学文化的社会主义强国，是我国人民多年以来梦寐以求的理想，是我国人民的最高利益。我国现在还是一个又穷又白又大的国家。穷，就是经济落后，人民的生活水平很低。白，就是文化落后，文化科学水平很低。大，就是幅员大，人口众多，需要很大。穷、白、大，要求我们多多地建设、快快地建设，只有这样才能在比较短的时间内赶上经济发达的国家，才能够满足六亿人民日益增长的需要。我们国家现在正面临着一个全国大跃进

---

① 《在工业建设的几个基本问题上我国情况和英国情况的比较》，《人民日报》1958 年 2 月 5 日。

的新形势，工业建设和工业生产要"大跃进"，农业生产要"大跃进"，文教卫生事业也要"大跃进"。

第二天，《人民日报》又发表了经毛泽东审定、以批评1956年反冒进为主题的社论。这篇题为"鼓起干劲，力争上游"的社论说，打开最近各地的报纸，真个叫人心花怒放。跃进的消息一个接着一个，革命的干劲洋溢在字里行间。从前看来不可能的许多事情，现在都成为可能的了。但在这春色满园、气象万千的大好时光里，也不是没有一些工愁善虑的人担心跑得这样快，会不会出"乱子"？有些人对于落后的状况安之若素，既不去分析研究变化中的实际情况，寻找挖潜力的途径，也不去发动群众，调动一切积极因素，他们的目光只注意在事情的困难方面，从不打开脑筋，找出战胜困难的有利条件，右倾保守的思想还缠绕着这些人的脑筋。

社论又说，有许多事情，明明是跃进，却被有些人当做"冒进"来反对。跃进是从旧的阶段跳到新的阶段，既然是新的东西，自然不会十全十美，不会万无一失，会有一些这样或者那样的缺点和过失，但这绝不是"冒进"。1956年我国各项事业的大发展，尽管其中有个别的缺点，但仍然是一个基本上健康的"大跃进"。正确的态度应当是肯定跃进，肯定好的东西，同时采取适当的方式来调整和克服其中个别的缺点。但是有些人却分辨不出九个好指头和一个坏指头的区别，把个别当做一般，把支流当作主流，对整个形势作出了错误的估计，名为反"冒进"，实际反跃进。惩前毖后，我们不应当再用这种错误的态度来对待当前的新的跃进。

1958年2月4日，该报发表了广东高产区潮汕专区争取1958年粮食亩产达到900斤以上，山东低产县郯城县争取当年粮食亩产达到500斤的消息，并就此配发《高产区能再跃进，低产区也能跃进》的社论，着重批判高产区的"生产到顶论"和低产区的"不能跃进论"，强调在高产的地区，能够做和应该做的事情仍然很多，提高产量以至争取跃进仍然大有余地，认为产量达到一定高度就不能再提高、再跃进，是完全不合事实的；只要能够克服保守思想，排除困难，锐意求进，条件不好的地区也是可以跃进的。

1958年2月7日，又发表《发动群众打破陈规》的社论。社论根据《工作方法六十条（草案）》中改革不合理的规章制度的精神，结合该报当天发表的北京铁路管理局改革三项不合理的制度的报道，认为不合理的规章制度需要积极改革；改革不合理规章制度的好办法，就是放手发动群众，一切经过试验。社论说，在全国范围内出现了一个社会主义建设高潮的新形势，为社会主义革命所解放出来的生产力和为整风运动所激发的群众的生产热情，正以千军万马之势，勇猛前进。许多工作都打破了旧日的"常规"，它们的发展由渐进变为跃进。这就更加迫切要求及时改革那些同社会主义的经济基础不相适应、限制生产力发展、束缚群众积极性的规章制度。

2. "这个冒进好"

南宁会议结束后，毛泽东乘飞机经广州回到北京。1 月 28 日，他在中南海颐年堂召集最高国务会议第十四次会议，并在会上作了讲话，他说：

"七八年来，都看出我们这个民族有希望，特别是在去年一年，使得广大群众感觉到光明的前途。几亿人口，精神发扬起来。经过大鸣、大放、大辩论，把一些问题搞清楚，任务也提得适当了，比如十五年赶上英国，又多、又快、又好、又省之类。四十条农业纲要重新发布，给群众很大的鼓励。许多认为做不到的事情，现在群众觉得做得到。

"我们这个民族在觉醒起来，好像我们大家今天早晨醒来一样，在逐步觉醒。因为觉醒了，才把帝国主义、封建主义打掉；因为觉醒了，才把私有财产制度废除；因为觉醒了，才进行整风，批评右派。现在还要革掉一个东西：我们是又穷又白。白纸好写字，穷就要革命，要干，就有一股干劲。现在的生产节约，各种社会风气的改革，就是希望我们的国家成为一个大国，一个强国。"①

毛泽东又一次讲到了十五年赶超英国的问题。他说，现在的生产与我

① 《毛泽东传（1949—1976）》，中央文献出版社 2003 年版，第 781 页。

们的地位完全不相称。历史甚久，但钢铁生产比不上比利时，它有700多万吨钢，我们只有520万吨，群众热情甚好，完全有把握十五年赶上英国。十五年看五年，五年看三年，三年看头年，头年看头月，更看前冬，去年中共三中全会就在水利、积肥上做了布置。现在群众热潮好像原子能，发出了热力。十五年后，要搞4000万吨钢，5亿吨煤，4000万千瓦电力。农业发展纲要四十条，看起来八年可以完成。为达到这个目的，要有干劲，要鼓起勇气，力争上游。

毛泽东在讲话中还提出要打掉干部身上的官气。他说，官风官气也是一种迷信，要破除迷信。部长也好，总理也好，主席也好，只能以一个普通劳动者的姿态在人民中出现，要使普通劳动者感到在我们面前是平等的，自己感觉平等是靠不住的，要使对方感到平等。湖北红安县的干部，1956年上半年官气十足，农民很不高兴，下半年他们改了，穿草鞋到乡下去，农民欢迎。山东干部下放农村，农民说"八路军又来了"。这几年官气大涨，共产党要改，各党派也要改。共产党的负责人除了病老的以外，每年要有四个月的时间离开北京，向劳动人民取经，回来加工制造。这样可以打掉官气。

1958年2月18日，中共中央在北京召开政治局扩大会议，主要内容是传达南宁会议精神，继续批评反冒进。会议召开前一天，毛泽东给刘少奇写信说："想了一下，我想在今日或明日召集一次政治局会议，谈一下'工作方法六十条'如何分组研究征求意见的问题（这种研究，实际上是中央内部的整风），你以参加这一次会议再出去为宜。如何，请酌定。陈云同志可能在会议上讲他的意见。"[①]

在18日的会议上，毛泽东作了讲话。他首先对已经初步发动起来的"大跃进"形势表示肯定："今年是一个很大的生产高潮。以前没有解放，一部分上层建筑，一些环节，有错误、缺点，生产关系上不完善。因为整风，就改善了，攻破了，破坏了不好的，建立了比较好的，人与人之间的关系比较平等了，能讲话了，可以贴大字报了，老爷气少了，这样，群众

---

① 《建国以来毛泽东文稿》第七册，中央文献出版社1992年版，第83页。

就高兴了，就来了一个生产高潮。现在这个高涨的群众情绪，自从盘古开天地，三皇五帝到如今，没有见过。1956年春季是有一个高涨，但是没有现在这一次高涨。"

接着，毛泽东又将反冒进的问题提出来作了一通批评。他说：

"我赞成这个冒进。这个冒进好嘛！这使农民的水利多了嘛！工人的气刚刚上来，1956年夏季就来一个巴掌。11月二中全会以后就好一些了，因为二中全会也算挡了挡。没有几个月情况就改变了。冒是有点冒，而不应该提什么反冒进的口号。有一点冒是难免的。同志们，今年下半年，你们就会看到，要有一个大冒了。我看是比哪一年冒进还要厉害，为了对付这个情况，我们怎么办？处在这个大的群众高潮面前，中共中央，共产党要采取态度。

"以后反冒进的口号不要提，反右倾保守的口号要提。反冒进这个口号不好，吃亏，打击群众。反右倾这个口号为什么不会打击群众呢？反右倾所打击的就是一部分人的那些气（官气、暮气、骄气、娇气），一些主观主义、官僚主义、宗派主义，这些东西应该加以打击。"

打掉干部身上的官气，改进其工作作风，是毛泽东在发动"大跃进"时十分关注的一个问题。他认为官僚主义与社会主义制度是不相容的，与"大跃进"的精神是背道而驰的，干部身上有官气，就不能以平等的态度对待群众，就不充分发挥群众的积极性。因此，他在讲话中着重地讲了打掉官气、以平等的态度待人、改进领导方法的问题。毛泽东说："要以普通劳动者的姿态出现。不论你官多大，无非是当主席，当总理，当部长，当省长，那么大的官，但是你只能以一个劳动者的姿态出现。这样，你的官更好做，得到更多人民拥护。"

毛泽东又说："在北京做官，官气比较重，下去的时候很要注意，不要学'巡按出朝，地动山摇'那一套。"他还说：要消灭官僚主义，消除资产阶级作风，要使得大家感到，现在是真正地解放了，建立起真正平等的关系。以前，我们的相互关系，如在基层、厂长、党委书记、工会主席和职工之间，并不平等，群众把他们称为"官"，党、政、工、团是"四大领袖"。而现在，经过大鸣大放、大辩论，情况就改变了。群众看到，这些人可以批评，他们也真改正缺点。于是群众也纷纷起来改进工作，落后的职工批判了自己过去只为人民币服务、只为"五大件"（按：指手表、自行车、收音机、缝纫机和毛料衣服）服务的错误态度。经过运动，他们认识到应该为人民服务了。于是劳动热情高涨，干劲十足。这样，我们解决"相互关系"这个中间问题，就进一步巩固了所有制，同时也使得分配问题容易得到解决。群众中间有一个很大的革命热情。所以，我们中央委员会、政治局要适应这种情况。工作方法要改变，不改变就不能继续前进。[①]

在 1958 年 1 月的南宁会议上毛泽东批评反冒进时，陈云是被批评的对象之一，但陈云因病没有与会，而在重庆疗养。南宁会议一结束，中共四川省委第一书记李井泉就赶到重庆向陈云详细地传达了会议的情况。随后陈云到了上海，柯庆施也向他传达了南宁会议的要点。得知毛泽东对反冒进的批评后，陈云自然不能安心疗养了，于是从外地回到北京，准备检讨反冒进的问题。

这次中共中央政治局扩大会议召开时，周恩来正率中国政府代表团在朝鲜访问，而且他在南宁会议上已经就反冒进问题作过检讨，陈云作为 1956 年反冒进的另一个主要当事人，就不能不在反冒进问题上表态了。在这天的会议上，陈云作了发言，重点检讨反冒进的问题。他说，南宁会议中间讨论的，一个时期在反冒进问题上的"方针性错误"，"我有这个错误"。对工业的基本建设投资多用了一点，职工多用了一点，工资多支出了一些，有错误的看法，没有弄清楚这些缺点、错误、毛病是九个指头与一个指头的问题。与此相关，我在这个时期的前后，在 1957 年省市委书记会议上的报告中，对平衡的看法有右的错误。一定程度的平衡是要的，因为我们搞计划经济，但是只注意到物资的平衡，没有去看积极的方面，从增产方面，从群众中间，千方百计来达到平衡，这个错误属于消极的方面。这个方针性的错误，在财政、贸易、物资供应这些部门反映得多，就是在我管的方面反映得多。所以，应该说，在这个问题上，我要负主要的

---

① 《毛泽东传（1949—1976）》，中央文献出版社 2003 年版，第 786—788 页。

责任。①

在这天的会上，李先念和薄一波也就反冒进问题作了自我批评，承担了各自在反冒进中所犯的"错误"。

在陈云检讨反冒进时，毛泽东多次插话。其中说：右派把你们一抛，抛得跟他相距不远，大概五十米远，这个时候我就高兴。为什么我高兴呢？是不是幸灾乐祸呢？我的高兴是这样，一抛抛得跟右派相距不远，我们的同志就会生气，噢，你右派把我抓得跟你差不多呀！果然生了气。毛泽东还对国务院的工作再次作了批评。他说：老在国务院讨论，总拿不出来，千呼万喊不出来。千呼万喊出来了还算好，他就不出来。为什么不出来呢？说没有搞好，等到梳妆打扮一跑出来的时候，我们说不行，时间迟了！我说，这些人是不是有意封锁呢？也不能这样讲，但事实上是一种封锁。你事先不拿出来嘛，你不让我们参与设计过程嘛，你只拿成品嘛。②

会议结束时，毛泽东再次作了讲话，首先对《论十大关系》中涉及的经济方面的几个关系，作了进一步的说明和解释，然后又讲回到反冒进问题，但语气已经缓和了许多，并且再次肯定周恩来在一届人大四次会议的政府工作报告。他说：虽然总理有那篇报告，但是这个问题人们还不那么了解，所以南宁会议还是要放一炮的。这个炮，我看不过是小炮而已，害得一些同志紧张。何必那么十分紧张。南宁会议我们就讲了的，就是这么一件事，一个时期，一个问题。1956年反冒进，这是个什么事情呢？这是大家都在正确的路线之下，在个别问题上意见不一致，这么一种性质。③ 毛泽东还说，今后还是靠你们这些人办事，此外没有人。④ 很显然，毛泽东批评周恩来、陈云等人反冒进的目的，是希望反冒进的领导人在思想认识上能统一到发动"大跃进"上来，减少"大跃进"的思想阻力。

---

① 金冲及、陈群主编：《陈云传》，中央文献出版社2005年版，第1124—1125页。
② 金冲及、陈群主编：《陈云传》，中央文献出版社2005年版，第1128页。
③ 《毛泽东传（1949—1976）》，中央文献出版社2003年版，第789页。
④ 薄一波：《若干重大决策与事件的回顾》下卷，中共中央党校出版社1993年版，第639—640页。

3. "苦战三年改变面貌"

进入 1958 年后，随着反右倾保守、批评反冒进的展开，"大跃进"的气氛日浓。为了紧紧跟上"大跃进"的步伐，避免戴上右倾保守的帽子，各地纷纷提出要提前实现全国农业发展纲要（修正草案）规定的指标，苦战三年，改变面貌。

1958 年 1 月 23 日，山东省委召开全省地、市委书记会议，省委第一书记舒同代表省委宣布五年基本实现农业发展纲要的指标。舒同要求各级领导永远站在运动前面，不断地促进运动继续发展。在原定计划被突破的情况下，领导要及时地修订原计划，要从当地运动发展的形势与条件来考虑生产进度，不要满足已定下来的自认为比较先进的指标。应本着多快好省的精神，凡是能够提前办到的事，就尽量提前办；凡能提前实现的指标，就尽量提前实现。山东省争取提前五年实现全国农业发展纲要指标的关键，在于切实贯彻"五年看三年，三年看头年"的精神，争取完成今年生产粮食 350 亿斤，超额完成棉花、花生等农作物的生产计划。全省已有十五个县（十个产粮县，五个产棉县）、一万个社要争取实现全国农业发展纲要粮、棉指标。为了争取"过长江"，今年要培养出 1000 个千斤社。

根据这个新目标，山东省委对扩大灌溉面积、蓄水排涝、山区水土保持、养猪积肥、改革耕作制度和改进耕作技术、增产高产作物等方面的措施，都提出了具体要求：扩大灌溉面积，由原定 1000 万亩，增加到 2000 万亩，争取达到 3000 万亩；发展生猪由 1000 万头增加到 1500 万头，争取达到 2000 万头；每亩施肥量分别增加到 4000 斤、5000 斤、6000 斤，高额丰产田达到万斤肥；扩大控制水土流失面积由原定 6000 平方公里，增为 2 万平方公里。①

1958 年 1 月下旬，福建召开中共一届党代表大会第二次会议，认为原定的第二个五年计划的指标太低了，应当以跃进的思想重新加以修订，

---

① 《为五年基本实现农业发展纲要指标山东力争今年大跃进大丰收》，《人民日报》1958 年 1 月 26 日。

以乘风破浪的革命干劲，组织并实现全省工农业生产的大跃进。于是，"会议根据主席'抓工业、抓农业、抓思想'的指示和我省具体情况，商讨了以提前五年即在 1962 年实现四十条为中心的大跃进的规划"。新的规划提出，在农业生产方面，要继续贯彻以粮食为主全面发展生产的方针，1958年的粮食总产量要达到 100 亿斤以上，比 1957 年增产 14% 以上，平均每亩产量达到 500 斤以上；1962 年总产量达到 160 亿斤，平均每亩产量达到 800 斤以上，并争取成为千斤省。会议认为，福建省目前的右倾保守思想，主要表现在不能跃进、不必跃进、不敢跃进三个问题上。有少数人至今还未从右倾保守思想束缚下解放出来，他们害怕冒进，不敢跃进，怕犯错误，怕吃批评；他们把跃进看做冒进，在反冒进的借口下反对跃进。因此，"必须向这些同志大叫一声，使他们从昏睡中清醒起来，跟上乘风破浪大跃进新形势的发展。右倾保守思想不仅有它的普遍性，而且还有着顽强的潜伏性和在一定气候条件下的复发性，必须坚持不懈地反对它，坚决彻底地反掉它"。①

1958 年 2 月 2 日，中共河南省委就传达和讨论工作方法六十条问题给中共中央的报告中提出，河南经过修改后的农业规划指标是：粮食要求在 1962 年前超过"四、五、八"，全省平均亩产保证达到 600 斤，争取 900 斤（原定 1962 年达到 400 斤，1967 年达到 580 斤）。棉花要求在1962 年前达到亩产 100 斤皮棉（原定 1962 年达到 60 斤，1967 年达到 90 斤）。农村水利已完成扩大灌溉面积 2300 万亩，超过原定去冬今春 2000 万亩任务的 15%，省委要求在今年麦收前再扩大 2000 万亩，加上原有和改造浅井的数字，全省在今年麦收前达到 8800 万亩，在 1959 年全省完成水利化。文教事业也要大跃进，要求在第二个五年计划全省消灭文盲，并且基本上普及小学初中教育。要大力发展民办学校，提倡劳动教育，今年即在全省推广长葛县第三中学学习与生产结合的典型经验，来一个文化教育的大改革运动。全省三年基本上变成"四无"（无苍蝇、蚊子、老鼠、麻雀）省。②

① 《中共福建省委关于省第一届党代表大会第二次会议情况的报告》，1958 年 2 月 1 日。
② 《河南省委关于传达和讨论工作方法六十条问题向中央的报告》，1958 年 2 月 2 日。

1958 年 1 月底至 2 月初，中共江西省委召开全省农业工作会议和全省地、县、市委书记电话会议，号召全省人民想一切办法加快社会主义建设的速度，争取在五年之内完成全国农业发展纲要（修正草案）所提出的要求。会议"批判了右倾保守思想之后，各地提出了迎头赶上的大跃进目标"。据各县在会议上提出来的计划，全省 82 县中，有 25 个县提出 1958 年粮食单位面积产量达到 800 斤到 1000 斤，有 7 个县达到 700 斤到 800 斤，有 10 个县达到 600 斤到 700 斤。省委第一书记杨尚奎在会议上提出，要快马加鞭全面跃进、十年规划争取五年完成，为了争取提早五年实现规划，需要五年看三年，三年看头年，必须保证今年的农业生产大跃进，争取大丰收。

与此同时，中共安徽省委召开县以上党委书记会议，把 1957 年 12 月初提出的全省十年实现全国农业发展纲要（修正草案）指标的计划，改为要在今后五年到七年内实现。省委第一书记曾希圣在会上说，根据目前群众的干劲，一个冬春即兴修水利 20 亿土方（还可能超过），在以后四年多的时间内，只要逐年稍有增加，五年内完全有可能使兴修水利的土方总数达到 120 亿公方。只要达到这个目标，全省便可基本消灭旱涝灾害，便可大规模实行生产改革。在肥料方面，去冬今春可完成原计划的一倍以上。今后五年继续发挥群众积肥的积极性，把单种套种的绿肥面积由现在的 6000 万亩增加到 7000 万亩左右，即可解决 6000 多万亩田地的肥料问题。如果每户养猪由现在的一头半增加到三头，每头猪供应三亩地施肥，全省 700 多万户农户所养的猪，也可供应 600 多万亩土地施肥的需要。此外，还有人粪、畜粪、土肥、杂肥等。曾希圣说，现在有了解决水利、肥料问题的办法，依靠群众建设社会主义的干劲，使这些办法又有了迅速实现的可能，这就是要提前五年实现全国农业发展纲要上粮食指标的重要根据。①

1958 年 2 月上旬，甘肃召开中共第二届代表大会第二次会议，提出了"鼓起干劲，苦战三年，争取工农业跃进再跃进，六年实现全国农业发

---

① 《力争上游的农业生产大跃进计划》，《人民日报》1958 年 2 月 3 日。

展纲要（修正草案）"的口号。会议提出，到 1960 年甘肃粮食总产量要达到 182 亿斤，亩产量达到 350 斤。棉花总产量达到 240 万担，亩产量达到 80 斤。水地、水浇地要达到 4000 万亩。水土保持面积，要达到 15 万平方公里。复种面积要达到 1.67 亿亩，占总面积的 21%。地方工业总产值（不包括手工业）要达到 24 亿元到 28 亿元。只有达到了上述各项指标，到 1962 年，全省每一农业人口就可以有三亩多水浇地，干旱面貌可以基本上改观。同时，地方工业的产值也可以接近或赶上农业的产值。工业产值按人口平均可以达到 210 元。那时，所有农业社都可以超过富裕中农的生产水平。①

鼓动

在 1957 年 11 月间，中共湖北省委曾提出用十年时间实现纲要四十条，把粮食（不包括大豆）的总产量增加到 430 亿斤，棉花增加到 1000 万担，油料作物总产量增加到 1860 万担，木本油料总产量增加到 1535 万担。到了 1958 年 2 月中旬，"根据去冬今春生产高潮的形势，经过省委书记处和

---

① 《中共甘肃省第二届代表大会举行第二次会议，决定要六年实现全国农业发展纲要（修正草案）》，《今日新闻》1958 年 2 月 17 日。

地委书记、一部分县委书记的几次商量，认为可能在五年内基本上实现粮、棉、油增产的十年规划。具体要求是：争取五年至多七年全省粮食和油料的总产量达到原定的十年规划的指标，争取五年左右全省棉花面积扩大到 1000 万亩，总产量达到 1000 万担。"①

中共陕西省委从 2 月 3 日至 16 日召开了由各地、县委书记参加的省委扩大会议，提出要"苦战三年，改变全省面貌；奋斗六年，达到全国农业发展纲要指标"。会议决定，到 1963 年，粮食总产量将由 1957 年的 90 亿斤增加到 270 亿斤，棉花总产量将由 1957 年的 221 万担增加到 500 万担以上，还要千方百计地发展地方工业，争取五年内工业产值赶上农副业产值。这次会议还向全省提出了"苦战三年，改变全省面貌的二十条奋斗目标"：

（一）全省粮食翻一番（关中地区平均亩产 400 斤，陕北风沙丘陵地区 180 斤，渭北高原地区 250 斤，秦岭、巴山地区 350 斤，汉中盆地 600 斤）；（二）全省棉花产量翻一番，关中皮棉平均亩产达到 100 斤；（三）扩大灌溉面积 3000 万亩；（四）控制水土流失面积 60%；（五）造林 2000 万亩，每户植活 100 棵树；（六）户户有水茅厕，社社制肥、沤肥，县县办肥料厂，每亩平均施粗肥 100 万斤；（七）社社有公猪，队队有母猪，一户两口猪；（八）发展牛驴骡马，争取平均每户有一头；（九）社社有八员（农业技术员、水利技术员、林业园艺员、农械员、接生员、保健员、兽医员、配种员）；（十）村村无闲人，处处无闲地；（十一）提高劳动出勤率，男子平均每年 300 天，妇女平均 150 天；（十二）全民办工业，产值增三倍；（十三）队队有余粮，社社有仓库；（十四）开展多种经营，社社收入翻一番；（十五）乡乡有中学班，社社有小学，队队有读报组；（十六）社社没有青年文盲；（十七）人人讲卫生，控制地方病；（十八）消灭鼠雀蚊蝇，县县争取无"四害"；（十九）养护公路，整修乡村道路；（二十）乡乡通电话，大社安喇叭。②

① 《湖北省委关于争取五年内实现粮、棉、油增产的十年规划》，1958 年 2 月 16 日。
② 《中共陕西省委关于执行"苦战三年，改变全省面貌的二十条奋斗目标"的通知》，1958 年 2 月 25 日。

2 月 25 日，中共河北省委在关于讨论工作方法六十条问题给中共中央的报告中说，依照毛泽东关于社会主义建设的三个十四项的精神，初步确定了全省的跃进计划。在农业生产方面：十年计划，五年完成；五年计划，三年完成。要求三年改变河北省的面貌。三年（1960 年）实现全省水利化，今年扩大灌溉面积累计达到 8000 万亩。今年实现四旁绿化，三年（到 1960 年）实现全省绿化。五年实现耕作基本机械化。1958 年粮食总产量保证 250 亿斤，争取达到 300 亿斤。[①]

经济基础不好的贵州，亦提出了"苦战三年，基本改变贵州经济面貌"的口号，要求在农业方面，争取在五年或者稍多一点的时间内，提前实现全国农业发展纲要（修正草案）的主要指标。苦战三年，

刨开冰层取河泥

使全省农村成为有大量余粮、余肉和丰富木材的富足的农村；在工业战线上，大量地、因地制宜地建设小型厂矿，普遍建立小型水力发电站，想尽一切办法，争取在五年或稍多一点时间内，使全省地方工业的产值增加七倍；三年内，要在全省范围内消灭四害，消灭疟疾。[②]

其他省、直辖市、自治区都在此时制定类似的规划。于是，在"苦战三年，基本改变面貌"的口号之下，各种难以实现的高指标相继提出，而各地的"大跃进"也就伴随着高指标的提出，而逐渐被发动起来。

---

① 《河北省委关于讨论毛主席六十条向中央的报告》，1958 年 2 月 25 日。

② 《人穷志不穷，后进追先进》，《人民日报》1958 年 3 月 19 日。

4. 反浪费反保守运动

　　1957 年的反右派运动是由整风运动引发的，毛泽东发动这场运动的本意，是要整掉干部身上的官僚主义、主观主义和宗派主义，改进工作作风，但反右派运动一来，实际上中断了对干部的整风。尽管如此，毛泽东在领导反右派运动之时，仍然惦记着整风一事。这年 7 月，毛泽东和中共中央将各省、市的党委书记们召集到了青岛，讨论整风与反右的关系。讨论的结果是决定整风运动分为四个阶段，即大鸣大放阶段，反击右派阶段，着重整改阶段，每人研究文件、批评反省、提高自己阶段。到 1957 年 8 月底 9 月初，反右派运动被认为已经取得决定性胜利，按照青岛会议关于整风运动四个阶段的划分，运动转入整改阶段，也就是重点由前一阶段的反击右派回复到整风上。

　　八届三中全会提出，整风运动转入第三和第四阶段以后，要在党内比在党外更加抓紧整风的任务。除了领导干部的官僚主义、主观主义和宗派主义（包括地方主义、本位主义）的错误必须认真改正以外，还要在一般党员中批判右倾思想，批判各种资产阶级的和小资产阶级的思想。全会还认为，反右派本身并不能消除工作中存在的缺点和错误。反映得比较突出的毛病是：许多规章制度不合理，不切实际，相互矛盾；许多领导机关和领导干部有严重的脱离实际、脱离群众的现象。这些现象，不改不行，必须坚决改。

　　根据八届三中全会的精神，全国城乡在批判右倾保守思想的同时，运用大鸣、大放、大辩论、大字报的形式，开展了全民大整风，其中农村的整风主要是进行资本主义道路与社会主义道路，以及围绕全国农业发展纲要（修正草案）开展大辩论；工矿企业整风的主要内容，是围绕如何处理个人和集体、国家的关系问题，生活改善和生产发展的关系问题等展开大辩论；在知识分子中，主要是围绕红与专的关系问题进行大辩论。

　　通过 1 月南宁会议、2 月一届人大五次会议和 2 月中共中央政治局扩大会议，各地在反右倾保守、批评反冒进的声浪中，全国"大跃进"的局面已经初现。为了进一步消除"大跃进"的思想阻力，动员全民参加"大跃进"，1958年2月，中共中央决定将全民整风运动的重点转向反浪费反保守，特别是将反对右倾保守思想作为整改阶段的中心。2月18日，《人民日报》发表《反浪费反保守是当前整风运动的中心任务》的社论。社论说，整风运动在全国的企业、事业单位和国家机关里，目前出现了一个新的洪峰。这就是以反浪费和反保守为中心，掀起了一个新的鸣放高潮和整改高潮。从各地区各企业和各机关的情况看来，这次的反浪费反保守运动，同过去历次的增产节约运动有很大的不同。这次运动实际上已经成为反对思想、政治、经济各方面落后现象的斗争，已经形成了一个广泛地比先进、比多快好省的高潮。

社论指出：以反浪费反保守为纲，带动了各方面的工作，这就是当前整风运动的显著特征。我国全民性的政治战线上和思想战线上的社会主义革命，其最终目的本来就是为了要把社会主义各方面的建设工作大大推进一步。经过前两个阶段的大争大辩，群众的觉悟大大提高了。在十五年赶上英国和苦战三年、改变面貌的伟大号召的鼓舞下，群众不能不要求生产和工作的大跃进，不能不反浪费反保守。灿烂的思想政治之花，必然结成丰满的经济之果，这是完全合乎规律的发展。许多企业、学校和机关已经决定，要把反浪费反保守运动作为整改阶段的中心，这是正确的。希望全国所有的企业、学校和机关，都向他们看齐，争取整风运动的这个新任务的彻底胜利，从而使我国的社会主义事业实现一个全面的大跃进！

1958年2月28日，《人民日报》又发表《打破旧的平衡，建立新的平衡》的社论，文章一开篇就说，最近以来，报纸上陆续发表了许多振奋人心的消息：许多省份不是十年内完成全国农业发展纲要（修正草案）提出的任务，而是决心用五年、六年、七年的时间去完成；许多省市的地方工业，在今后五年内不是计划增长百分之几十，而是增长几倍。比如甘肃省决定全民动手，自力更生，在五年内使地方工业总产值比现在的增长16倍到19倍，赶上或超过全省的农业总产值。这种种消息表明：这些地方和这些部门的领导人员，已经冲破了旧思想的束缚，敢于大胆地提出新任务，敢于放手发动群众，促进社会主义建设事业的跃进。他们的思想现在已经赶上前去，因此旗帜鲜明，干劲十足。这种情况，是符合于当前国内外有利的形势，也是符合于广大人民群众的愿望的。

接着，文章话锋一转，批评起右倾保守思想来，说有些人对于已经到来的工业农业大跃进的局面，对于许多省市和部门大胆提出的任务和指标，却是一则以喜，一则以惧。他们一方面感到高兴，但是另一方面又怀疑许多省市和部门能够达到自己提出的积极指标，并且担心由此而破坏国民经济的平衡，会出现许多不平衡，会弄得一团糟。社论特地引用了毛泽东《关于正确处理人民内部矛盾的问题》中关于平衡问题的论述，强调对于任何事物，不平衡是经常的绝对的，平衡则是暂时的相对的，而且只在一定条件下实现的。这也就是说，任何事物在发展中存在矛盾，出现不平衡，完全是正常的现象，而平衡，矛盾的统一，才是特殊的现象，指责强调国民经济平衡发展的人"陷进形而上学的泥坑"。

社论还对1956年的反冒进作了一通批评，说1956年的工农业生产本来是一个很大成绩的跃进，但"一些人被这种跃进所造成的国民经济迅速发展中的不平衡状态惊呆了"，"对事物发展的客观规律缺乏正确的了解，对党和广大群众克服困难的力量缺乏足够的估计，因此就错误地提出了'反冒进'的口号，给当时正在蓬勃发展的群众高潮泼了一瓢冷水"。社论认为，促进派的态度是采取积极的态度和正确的方法去组织平衡，如果采取消极的态度和不正确的方法去组织平衡，就成为保守派，并且有成为"促退派"的危险。

其实，这种指责是完全站不住脚的，国民经济的综合平衡恰恰是各方面的积极性调动起来之后，必须高度注意的问题。"大跃进"的一个重大后果，就是破坏了国民经济的平衡，导致了以钢铁为中心的重工业的单兵突进，最后不得不下决心进行国民经济的调整。

如果说上面的《人民日报》社论，透露了将开展"双反"运动信号的话，那么，3月3日中共中央作出的《关于开展反浪费反保守的指示》（以下简称《指示》），则是向全国发出了"双反"运动的总动员。

《指示》指出，反浪费、反保守的群众运动，已经在全国各个领域开展起来。这是一个社会主义的生产大跃进和文化大跃进的运动，是在全民整风运动中改进整个国家工作和促进全民大干劲的一个带有决定性的运动。但是，这个运动还存在不平衡的地方，还有很多单位没有开始发动或者还没有充分把群众发动起来。也有不少单位还没有把反浪费、反保守运动同思想作风上的系统整改很好地结合起来。因此，中央决定以两个月到三个月的时间，在全国进一步普遍地开展反浪费、反保守、比先进、比多快好省地建设社会主义的运动。

《指示》特别强调，在开展这场运动时，一方面，必须放手发动群众，采用群众大鸣大放、大字报、大辩论、开现场会议和展览会等形式，揭露和批判浪费、保守的现象和它们的危害性；另一方面，还必须注意，不管过去的浪费和保守现象如何严重，成绩总还是主要的，缺点和错误只不过是十个指头中的一个指头。因此，应该适时地引导干部和群众把最大的注意力和干劲，放在积极地改进工作、发展生产方面，用比先进、比多快好省的具体措施，在实际上清除浪费、保守的现象和思想。

中共中央提醒各级党委，"在运动过程中，会不断出现惊人的奇迹，出现各种平日难以达到的先进的速度和先进的指标，树立起各种先进的典型和旗帜。原来设想和安排好的平衡，也会不断地被万马奔腾的群众运动所突破"。因此，应该欢迎和赞扬群众在各个战线上的跃进，促进落后的部分赶上去，力求在先进的基础上达到新的运动的平衡，并且审订原来的规划。

1958 年 3 月 4 日，这个指示由《人民日报》公开发表。3 月 6 日，《人民日报》为此发表《全民大动员的号角响了》的社论，认为中共中央关于开展反浪费、反保守运动的指示，"是全民大动员的伟大号角。它将动员全国人民在各个战线上进一步发挥革命的积极性和创造性，扫除落后现象，打掉官气、暮气、阔气、骄气和娇气，把现在已经在全国出现的比先进、比多快好省的社会主义建设的高潮推上一个新的水平。"

于是，"双反"运动在全国迅速展开。这场运动的一个重要特点，就是贴大字报、提出高指标。《人民日报》报道说：

首先行动起来的北京市上下水道工程局、北京市检察院和北京市手工业生产合作社联合总社。这三个单位一昼夜就贴出了揭露和批评浪费、保守现象的大字报数百张。①

沈阳全市的工业、财贸、文教和党政机关都卷入这个运动，成千单位到处贴满大字报，有些单位悬挂在走廊上的大字报都堵塞了通道。沈阳市人民委员会所属各单位互相挑战，比大字报的数量和质量。有些单位保证每人至少要贴出 15 张质量好的大字报。税务局只有 80 个工作人员，两天内贴出 600 张大字报。②

到 3 月 3 日统计，中央国家机关内共贴出了 243 万多张大字报，另外各机关还举办了 560 多个形形色色的反浪费展览会，召开了很多鸣放座谈会、鸣放评比会以及鸣放现场观摩会。"现在，这些先进单位简直陷入了大字报的火海之中，浪费现象和保守思想受到了四面八方的围击。"不但如此，通过"双反"，铁道部提出了当年再为国家增产节约 4.5 亿的计划，并把新建铁路平均每公里的造价，由第一个五年计划期间的 56.6 万元，降低到 40 万元，把 1958 年的货运量由 3.1 亿吨增加到 3.3 亿吨。化工部提出在第二个五年计划内，预计可以为国家节约大约 7 亿元的资金。粮食部在 1958 年大约可以为国家节约 3 亿多元。轻工业部预计今后五年国家对盐的投资不变或增加少量投资，建设规模可以由原定 800 万吨提高到 1600 万吨；糖的产量可以由原定 210 万吨提高到四、五百万吨。③

在"双反"运动开展二十多天的时间里，冶金部"鸣放的烈火已烧得满天通红，全部 7000 来人贴出 20 多万张大字报，形成对一切浪费现象和各种保守思想与歪风邪气的总攻击"。结果出现了"层层加码，步步增高"的形势。冶金部确定当年要增产 55 万吨钢、45 万吨生铁。加上中央其他工业部门和地方工业的钢铁增产数字，全年全国钢可增产 76 万吨，钢和生铁的产量将分别达到 700 万吨和 800 万吨，比 1957 年实际完成数字提高 33% 和 35%。④

"双反"运动开始后，上海几家最大的机电工厂"展开了比先进的争

① 《突破落后局面，北京市级机关展开双反运动》，《人民日报》1958 年 3 月 4 日。
② 《沈阳双反运动突飞猛进，比多快好省朝气蓬勃》，《人民日报》1958 年 3 月 5 日。
③ 《双反运动促成中央各部跃进总形势》，《人民日报》1958 年 3 月 7 日。
④ 《年钢铁工业大跃进的目标》，《人民日报》1958 年 3 月 8 日。

夺战"。上海汽轮机厂提出，全年的商品产值由原来的 3700 万元增加到 5300 万元，新产品设计比去年增加 8 倍。与之毗邻相接的上海电机厂不甘落后，提出总产值指标从原来的比去年增长 68% 提高到增长 110%，新产品的试制项目由 42 种跃进到 58 种。这样一来，"一向在运动中走在前列"的上海机床厂坐不住了，立即举行全厂职工誓师大会，提出了全年机床产量比去年增长 1 倍半，新产品设计比去年增加 11 倍半，新产品试制超过过去 8 年的总和。①

交通部通过"双反"运动，"结出了第一串经济之果"：提出在公路工程方面的投资，确定当年节约 33%；航务筑港工程方面的投资节约 32%；海河运输方面增加上缴利润 31.68%；水运和公路运输节约经费和投资 40%，全年为国家增产节约一亿余元。②

煤炭工业部在"双反"运动后，重新制定了全年的增产节约计划，全年要增产节约 2.3 亿元，生产煤炭 1.68 亿吨，比国家规定的计划增加 1700 多万吨，比 1957 年全国实际产量增加 3800 多万吨。而这个增产节约计划，"是在全国煤矿职工反浪费、反保守、比先进、比干劲的热潮风起云涌的形势下制定的"。③

在"双反"运动中，"湖南省绝大多数省级机关的负责人，都做到了亲自挂帅出马，深入发动群众。中层骨干干部，也都能以身作则，带头鸣放"。"在领导干部主动引火烧身的推动之下，湖南省省级机关的'双反'运动已形成鸣放热潮"，几天时间就贴出了 17 万张以上的大字报。④ 天津市开展"双反"运动以后，20 多天就贴出了 1500 多万张大字报。"运动来势之猛，规模之大，内容之丰富多彩，影响之深远，都为历次运动所仅见"⑤。

翻检当年的报刊，这类报道比比皆是。当然，这些数据的真实性，在"大跃进"运动的浮夸风之下，自然要打折扣，但"双反"运动对"大跃进"运动的推动作用却是显而易见的。

---

① 《双反运动越深，生产干劲越大》，《人民日报》1958 年 3 月 15 日。
② 《交通部双反运动旗开得胜》，《人民日报》1958 年 3 月 19 日。
③ 《增产工业食粮，保证各方需要》，《人民日报》1958 年 3 月 24 日。
④ 《十七万张大字报猛攻五气》，《人民日报》1958 年 3 月 24 日。
⑤ 《生产大跃进，作风大转变》，《人民日报》1958 年 4 月 2 日。

第五章
酝酿总路线

"一张白纸，没有负担，好写最新最美的文字，好画最新最美的画图"。在那个特殊的年代里，全国人民确实以前所未有的热情加入到了这场运动中来，表现出了冲天的干劲。

毛泽东要求各级干部破除迷信，解放思想，不但要破除对专家、教授的迷信，也要破除对苏联经验的迷信，对马克思的迷信，但在成都会议上，却有人开始制造对毛泽东本人的个人迷信和个人崇拜。

1. "马克思主义的冒进"

在"双反"运动如火如荼地开展之际，中共中央又于 3 月 9 日至 26 日，在成都召开中央有关部门负责人和各省、直辖市、自治区党委第一书记参加的工作会议，即成都会议。

这是一次进一步发动"大跃进"的会议。参加会议的有刘少奇、周恩来、陈云、邓小平、彭真、李富春、罗荣桓、陈伯达、薄一波、谭震林、胡乔木、田家英、黄欧东（中共辽宁省委第一书记）、吴德（中共吉林省委第一书记）、欧阳钦（中共黑龙江省委第一书记）、张德生（中共陕西省委第一书记)、张仲良(中共甘肃省委第一书记)、汪锋(中共宁夏回族自治区工委第一书记)、王恩茂(中共新疆维吾尔自治区党委第一书记)、林铁(中共河北省委第一书记)、陶鲁笳(中共山西省委第一书记)、乌兰夫(中共内蒙古自治区党委第一书记)、刘仁(中共北京市委第二书记)、黄火青(中共天津市委第一书记)、李井泉(中共四川省委第一书记)、周林(中共贵州省委第一书记)、谢富治(中共云南省委第一书记)、柯庆施(中共上海市委第一书记)、王任重(中共湖北省委第一书记)、陶铸(中共广东省委第一书记)。后来又增加王鹤寿(冶金工业部部长)、彭涛(化学工业部部长)、滕代远(铁道部部长)。

3月9日,会议正式召开,毛泽东首先作了讲话。他提出了二十几个问题,这些问题主要是:协作问题、中心工作与非中心工作如何结合、税制和价格问题、地方工业中的劳动法、第二本账问题、究竟多久完成十年农业计划和工业计划、招工问题、平衡问题、平衡理论问题、粮食包干问题、地方分权问题、上层建筑与经济基础的关系、两种方法的比较、农具改革运动、整风问题、国际形势与外交政策等。

在讲话中,毛泽东再次对反冒进作了批评。他说,两种方法的比较,一种是马克思主义的冒进,一种是非马克思主义的反冒进。南宁会议批判了反冒进的错误。究竟采取哪一种?我看应采取冒进。很多问题都可以这样提。如除四害,一种是老办法,不除(苏联不除);一种是要除掉。如何除?也有两条路线,有快有慢。一说快除,就能除掉,越慢越除不掉。如执行计划,一种方法是十年计划二十年搞完,一种是二三年搞完。又如肥料,1956年比1957年多一倍,1958年要超过1956年一倍。湖北今年积160亿担(1957年70亿担),平均每亩6600斤。肥料多好,还是少好?去年搞"马克思主义",生产不起劲;今年搞冒进,还要超过1956年。哪种办法好?1957年的"马克思主义"好,还是1958年的冒进好?办任何事情都有两种方法比较。苦战三年,改变面貌,但"一天消灭四害","苦战三天",当然不行。这就不是马克思主义了。

毛泽东还提出,要跃进,但不要空喊。指标很高,实现不了。通县原来亩产150斤,1956年提出要一年内就产800斤,没有实现,是主观主义。这也无大害，屁股不要打那样重。现在都跃进，有无虚报、空喊、不切实际的毛病？没有具体措施，工农商文都可能有此情况。现在不要去泼冷水，而是提倡实报、实喊；要有具体措施，保证口号的实现。

在讲到究竟多久完成十年农业计划和地方工业时，毛泽东说，个别合作社已完成，或一年完成，或苦战三年完成，十二个省五年完成，但未把荒年算在内，恐怕落空。湖北五至七年完成（包括二年灾荒），争取五年完成，就比较主动。现在账已公布出来了，完不成要挨骂，有无把握？挨骂不要紧，无杀头之罪，无非是主观主义。我现在又有点机会主义，无非是怕打屁股。地方工业，全国劲头很大。东北农业劲头不大。辽宁工业已占85%，着重搞工业，没有注意农业，没有双管齐下，是"铁拐李"，农业腿短，要接腿。

在讲到招工问题时，毛泽东说，现在又有大招工的一股风，这可不得了。山东要15万人，山西招临时工17万人。1956年工资冒了10多个亿，如果不注意就是真正的浪费。

关于整风问题，毛泽东肯定了正在进行的"双反"运动，认为"双反"抓到题目了。他说，知识分子"红透专深"，这个口号好。刘备招亲，弄假成真。他们有部分人是真的，多数是半真半假，有小部分是假的，可以发展突变的。有去年整风反右为基础，今年又有生产高潮，使资产阶级知识分子有突变可能。他还说，基层整风如何做法？要大鸣大放，大整大改。群众中一些思想错误也要解决，不论工厂或农村。

毛泽东还提出，建国以来八年的经验应加以总结。反冒进是个方针性的错误问题，南宁会议提出的这个问题，有许多同志紧张，现在好了。谈清楚的目的是使大家有共同语言，做好工作，而不是不好混，我绝无要哪个同志不好混之意。

在讲完这些问题之后，毛泽东最后讲到规章制度问题，对经济工作的教条主义作了尖锐的批评。他说，南宁会议谈了制度问题。规章制度从苏联搬了一大批，已经深入人心。如搬苏联的警卫制度，害死人，限制了负责同志的活动。还有其他：一曰化验（食物）；二曰出去前呼后拥；三曰不许参观，不许游水，不许上馆子，不许上街买鞋。陈云同志让自己姐姐做饭，这是好事，警卫部门认为不得了。这是讲公安部。其他各部都有，搬苏联的很多，害人不浅。现在"双反"、整改，大有希望。那些规章制度束缚生产力，制造浪费，制造官僚主义，这也是拿钱买经验。开国之初，没有办法，但也不能认为非都搬不可，没有其他办法。政治上、军事上的教条主义，历史上犯过，但就全党讲，犯这种错误的只是一小部分人，多数人并无硬搬的想法。建党和北伐时期，党比较生动活泼，后来才硬搬。

应当说，毛泽东对有些规章制度的批评，还是很有意义的。"大跃进"的发动，无疑有许多想当然的成分，这场运动中诸多问题的发生，都与脱离实际脱离群众、没有认真调查研究有着密切的关系，那种官僚主义、主观主义作风也是毛泽东极为反感和反对的。由于执政之后将苏联对领导人的那一套严密的警卫制度搬了过来，正如毛泽东所说，确实"限制了负责同志的活动"，使领导人不那么容易地接触群众了解实际了，即使进行调查研究，有关部门从领袖安全的角度考虑，也往往事先作了精心的安排，这样的调查也就很难了解到真实情况。

毛泽东还说："规章制度是繁文缛节，都是'礼'。大批的'礼'，中央不知道，国务院不知道，部长也不一定知道。工业和教育两个部门搬得厉害。农业部门搬的也有，但是中央抓得紧，几个章程和细则都经过了中央，还批发一些地方的经验，从实际出发，搬得少一些。农业上见物也见人，工业上只见物不见人。商业好像搬得少一点，计划、统计、财政、基建程序、管理制度搬得不少。基本思想是用规章制度管人"。"搬，要有分析，不要硬搬，硬搬就是不独立思考，忘记了历史上教条主义的教训。教训就是理论和实践相脱离。理论从实践中来，又到实践中去，这个道理没有运用到经济建设上。马列主义的普遍真理与中国革命具体实际相结合，这是唯物论；二者是对立的统一，也就是辩证法。为什么硬搬，就是不讲辩证法。苏联有苏联的一套办法。苏联经验是一个侧面，中国实践又是一个侧面，这是对立的统一。苏联的经验只能择其善者而从之，其不善者不从之。"①

---

① 《毛泽东文集》第七卷，人民出版社 1999 年版，第 365—366 页。

用中共中央文献研究室编写的《毛泽东传（1949—1976）》中的话说："成都会议期间，毛泽东的心情极为舒畅。一方面，周恩来、陈云等都对反冒进问题作了检讨，承认了错误。另一方面，各地区正在制定新的跃进指标，人民群众的劳动热情被激发起来，一个空前规模的社会主义生产高潮看起来已在各行各业普遍出现。他感到，经过杭州会议、南宁会议，到这次成都会议，情况已经根本扭转过来，'大跃进'已成定局。这使他始终处于亢奋之中。"①

毛泽东讲完后，由内蒙古自治区党委第一书记乌兰夫和山西省委第一书记陶鲁笳发言，其间毛泽东作了一些插话。当陶鲁笳谈到山西提出实行基本农田制度，改广种薄收为少种多收，山西 1550 万人，有 6800 万亩地时，毛泽东插话说，要破除迷信，"人多了不得了，地少了不得了"。多年来认为耕地太少，其实每人 2.5 亩就够了。宣传人多，造成悲观空气，应看到人多是好事，发展到七亿五到八亿时，再控制不迟。现在还是人口少，少数民族和人少地区不节育，其他地方可逐步控制。到赶上英国时，人民有了文化就会控制了。

陶鲁笳在发言中谈到，县办综合工厂要有什么办什么，可充分利用当地资源和季节性人力，可培养技术力量，节约干部和资金等诸多好处，并且介绍该省县办工厂的经验。毛泽东说，现在的中心问题是要大办地方工业，一为农业服务，二为大工业服务，三为城市生活服务，四为出口服务。化肥厂，南宁会议谈到统一由专区办，现在看每县都可办。要全党全民办工业，文章做在全民。过去县以下无人管工业，总是靠城市援助，投资靠国家，要发动群众大办工业，不要搞正规工业那一套。这样，三年或四年产值超过农业，变为工业省。"大跃进"主要是劳动力和技术两个问题。

3 月 10 日，会议继续举行，毛泽东作了第二次讲话，主题是关于坚持原则与独创精神，进一步批评教条主义。他一开头就说，规章制度是一个问题，借此为例，讲一讲思想方法问题。题目暂定为：坚持原则与独创精神。

---

① 《毛泽东传（1949—1976）》，中央文献出版社 2003 年版，第 791 页。

他接着说，学习外国一切长处，永远是原则。但是，学习有两种方法，一种是专门模仿。一种是独创精神。学习应和独创相结合，硬搬苏联的规章制度，就是缺乏独创精神。

在回顾民主革命时期教条主义的情况后，毛泽东讲到解放以后的教条主义问题，说全国解放后（1950 年至 1957 年），在经济工作和文教工作中产生了教条主义，军事工作中搬了一部分教条，但基本原则坚持了，还不能说是教条主义。经济工作中的教条主义，主要表现在重工业工作、计划工作、银行工作和统计工作方面，特别是重工业和计划方面，因为我们不懂，完全没有经验，横竖自己不晓得，只好搬。统计几乎全部是抄苏联的。教育方面搬得也相当厉害，例如五分制、小学五年一贯制等，甚至不考虑解放区的教育经验。卫生工作也搬，害得我三年不能吃鸡蛋，不能喝鸡汤，因为苏联有一篇文章说不能吃鸡蛋和喝鸡汤，后来又说能吃了。不管人家的文章正确不正确，中国人都听，都奉行，总是苏联第一。商业搬得少些，因为中央接触较多，批转文件较多。轻工业工作中的教条主义也少些。社会主义革命和农业合作化未受教条主义影响，因为中央直接抓。

毛泽东接着分析了建国后教条主义产生的原因：一是重工业的设计、施工、安装，自己都不行，没有经验，中国没有专家，部长是外行，只好抄外国的，抄了也不会鉴别。二是对整个情况不了解，对苏联和中国经济情况的不同更不了解，只好盲目服从。三是在精神上有压力。菩萨比人大好几倍，是为了吓人，其形象使人自觉渺小。戏台上的英雄豪杰出来，踱方步，与众不同。斯大林就是那样的人。四是忘记了历史经验教训，不懂得比较法，不懂得树立对立面。不作分析，不动脑筋，不加比较。

毛泽东认为，1956 年后中国开始了摆脱教条主义的束缚，独立探索自己的社会主义建设道路。他说，1956 年 4 月搞出"十大关系"，开始提出自己的建设路线，跟苏联有同与不同，具体方法有所不同，有我们的一套。我们的同志应当认识到，老祖宗也有缺点，要加以分析，不要那么迷信。对苏联经验，一切好的应接受，不好的应拒绝。现在我们已学会了一些本领，对苏联有了些了解，对自己也了解了。1957 年，在《正确处理人民内部矛盾》的报告中，提出了工、农业同时并举，中国工业化的道路，还有农业合作化，节约等问题。这一年发生了一件大事，就是全民整风反右派，广大群众对我们工作中错误的批评，思想的启发很大。1958 年在杭州开小型会，在南宁，现在在成都开中型会，前两次会大家提了很多意见和问题，开动脑筋，总结五年的经验，对思想有很大启发。

毛泽东关于破除迷信、摆脱教条主义的论述，无疑有其合理的地方。中国革命之所以胜利，一个很重要的原因，就在于中国共产党人没有拘泥于十月革命的模式，并在一定程度上破除了对苏联革命经验的迷信，解放了思想，找到了一条适合自己国情的革命道路。建国之后，由于建设经验不足，因而也难免在一些工作中出现了照搬苏联经验的情况，所以 1956 年苏共二十大后，毛泽东提出了"以苏为戒"、走自己的工业化道路问题。从这个意义上来讲，毛泽东是中国特色社会主义道路的最早探索者。但是，由于当时提出解放思想、破除迷信主要是要发动"大跃进"，并且一味地强调要发扬敢想、敢干的精神，对客观规律重视不够，结果一度使解放思想在某些地方变成了胡思乱想，敢想敢干变成了盲目蛮干。

在这次讲话中，毛泽东还提出了关于两种个人崇拜的论点。他说："个人崇拜有两种，一种是正确的崇拜，如对马克思、恩格斯、列宁、斯大林正确的东西，我们必须崇拜，永远崇拜，不崇拜不得了。真理在他们手里，为什么不崇拜呢？我们相信真理，真理是客观存在的反映。另一种是不正确的崇拜，不加分析，盲目服从，这就不对了。反个人崇拜的目的也有两种，一种是反对不正确的崇拜，一种是反对崇拜别人，要求崇拜自己。"[1]

毛泽东关于两种个人崇拜的观点，虽然用意在于提醒人们服从真理，但从根本上讲，个人崇拜本身就是错误的，不存在正确与不正确之分。正由于他将个人崇拜作了这样两种划分，使得本已出现的个人崇拜现象不但未能及时消除，反而使一些人在所谓正确的个人崇拜名义下，强化对毛泽东本人的个人崇拜，造成消极的后果。所以在这次会议上，就有人说：对主席就是要迷信，对主席就是要盲目服从。[2]

---

[1] 《毛泽东文集》第七卷，人民出版社 1999 年版，第 369 页。

[2] 李锐：《"大跃进"亲历记》，上海远东出版社 1996 年版，第 216 页。

从 3 月 10 日至 19 日（其中 16 日休会），会议主要是听取各省、直辖市、自治区党委负责人的发言，其间毛泽东或长或短地作了一些插话。毛泽东在插话中涉及的主要问题有：

（一）关于社会主义建设总路线。他说，中国的社会主义建设路线，是在八年内逐步形成的。八年不算长，还不能算形成，再有五年就差不多了，苦战三年也可能形成。过去革命中损失很大，八年建设中也受了一些损失，但损失不大。同时这个时期也顾不上、抽不出手来抓建设，如去年春季到夏季右派进攻，1950 年到 1953 年抗美援朝，大部分力量在朝鲜，1955 年合作化高潮，也难抓建设。对事物的认识，对客观规律的认识，是在实践中才能认识清楚。现在切实抓一下，苦战三年，建设路线就可以形成。没有陈独秀主义、王明路线，就没有比较。1956 年下半年，斯大林问题发生，我们每天开会，一篇文章写了一个月，又发生了波匈事件，注意力又集中到国际方面。现在才有可能抽出时间来研究建设，开始摸工业。现在要苦战三年，形成一条中国社会主义建设的路线。又说，社会主义建设路线也是逐步形成的，现在还不能说已经形成的，至少还要五年，苦战三年再加二年。如工农业不出大乱子，路线就差不多，就可以说形成了。五年加八年，共十三年，付出一部分代价，无非是浪费一点，群众痛苦，时间延长，苦闷一点，但成绩总是主要的。

（二）关于苦战三年基本改变面貌和超英赶美问题。他说，"苦战三年，基本改变本省面貌；在七年内实现农业四十条，实现农业机械化，争取五年完成"。各省可不可以这样提？特别是农业机械化问题，各省可以议一下。实现四十条，辽宁三年，广东五年，是左派。三年恐怕有困难，可以提三年到五年。十五年赶上英国，二十年赶美国，那就自由了。对工业化不要看得太神秘了，对农业机械化也不要看得太神秘了。毛泽东在插话中还讲到了中国实现共产主义的时间问题，他说，中国实现共产主义不要100 年，可以 50 年。个别行业可以试办，取得一些办法和经验。他还提出了这样一个问题：可不可以由一个省先进入共产主义？

（三）关于农业社的合并问题。毛泽东对此也很关注，在插话中几次提出并社问题。他说，搞农业机械化，小社势必要合并一些；合并后仍然不能搞的，可以搞联社。为了水利综合利用，使用大型机械，会合并一些社。除了地广人稀的地区外，五年之内逐渐合并。"二五"计划期间，平原地区合作社的规模大一些为好，可以办小学，办工厂。

（四）关于农民自留地和家庭副业问题。他说，三年内不要减少自留地和个人的养猪。增加合作社积累，分得少了，应该使农民发展一些副业，增加一些收入。自留地减少，又不要多养猪，两头堵死不好。可惜毛泽东提到的这一点后来在人民公社化运动中并没有坚持下来，而是将社员个人私养的猪羊鸡鸭及自留地，全部收归公社所有，大刮"共产风"。

（五）关于深翻土地问题。毛泽东说，应普遍提高人工翻地，一年翻一部分，三五年翻完，可保持三到五年丰收，这是改良土壤的基本建设。《人民日报》应该把土壤学宣传一下。改良土壤有二法：一为深翻，一为调换。可四至五年轮流深翻一遍。山东莒（南）县大山农业社就是如此。

此外，毛泽东还讲到整风运动中的大字报、地方工业发展、外行与内行的关系、勤工俭学、大社办工厂、知识分子改造、人民内部矛盾、工农业并举、农业机械化、领导干部读书、教育与文化工作、"兴无（无产阶级思想）灭资（资产阶级思想）"等问题。尤其值得一提的是，毛泽东一面提倡破除迷信，反对右倾保守，一面又对那些难以实现的高指标提出疑问。在谈到辽宁三年将实现亩产 400 斤时，他说：不要吹得太大，还是五年计划争取三年完成，这么个快法，我有点发愁。可以提得活动一点，留有余地，再看一看，以免被动。又说，计划不合实际，很值得注意。去年粮食 3700 亿斤，今年 4700 亿斤，靠（得）住靠不住？对那些（指标过高的）也需要压缩空气。

3 月 18 日，陈伯达在会上作了长篇发言，"从相信水利的'大跃进'，谈'一天等于二十年'；谈社会主义建设问题的分歧，主要是关于速度问题的分歧；谈个人崇拜问题；谈社会主义改造中国有新创造，社会主义建设也应当有新创造等问题。其中不少'理论语言'，将反'反冒进'的争论，提到理论高度来认识"。①

---

① 李锐：《"大跃进"亲历记》，上海远东出版社 1996 年版，第 195—196 页。

在这个过程中，毛泽东作了不少插话。在谈到反冒进的问题时，毛泽东说：

> 两个速度分歧：一个是改造速度，同邓子恢；一个是建设速度，冒进派与反冒进派。我是"罪魁祸首"。就是写了这篇序言，又提出几个口号：一个农业四十条，一个促进委员会，一个多快好省。不促进党不变国民党？这是1956年1月党的知识分子大会上，到了一千多人，我在会上放了一炮。说共产党是促进委员会，国民党是促退委员会。多快好省，这四个字形成有个过程，开头只有多快好，"省"字是富春同志加的，那是1955年。四十条是一个积极的农业纲领。农业发展了，工业就有了市场，有了积累，寄很大希望于农业。这四十条也是大家谈出来的，开始只有十五条，十七条。大家都很积极，包括我们总理和陈云同志。1956年预算、基建费搞大了，市场问题一来，有些东西就压缩了一下，是应该压的基建那时不压缩一下也不行。问题在连带把这三个东西都吹掉了。三中全会开会前，在休息室时，我同我们几个常委谈了，把多快好省、促进会、四十条吹掉了。全会讲话时，我就捅出来了。会场那么多人，都不敢讲，不敢提多快好省，可见那时候的空气。我还讲到，只记得郭沫若在哪次讲演中还提到多快好省，我说只剩下这一个知己。我讲完了，会场还是鼓了掌的。鼓掌不是反对，而是赞成嘛。后来也没有一个人写信给我，对我讲的表示反对。所以，我说这三个东西复辟了。复辟了，我就有劲了。有三中全会的合法根据，在杭州、南宁会议上，我就发难，就大讲了一气。①

---

① 李锐：《"大跃进"亲历记》，上海远东出版社1996年版，第204页。

2."敢想敢说敢做"

1958 年 3 月 20 日，毛泽东第三次在会议上讲话。主要内容有：

一是关于改良农具的群众运动。毛泽东说，应将这个运动推广到一切地方去，它的意义很大，是技术革命的萌芽，是一个伟大的革命运动。因为几亿农民在动手动脚，否定肩挑的反面，一搞就节省劳动力几倍、十倍。以机械化代替肩挑，就会大大增加劳动效率，由此而进一步机械化。又说，群众的积极性起来了，每天有新的创造，将来还会有各种新巧发明。现代化、机械化与改良农具是对立的统一，两者应同时进行，请各省市迅速推进。群众性的创造是无穷无尽的，河南、河北已形成群众运动，是自下而上搞起来的。我们发现了好的东西，就要加以总结推广。

二是关于建设的速度问题。他说，河南提出一年实现四、五、八，水利化，除四害，消灭文盲。可能有些能做到，即使全部能做到，也不要登报，两年可以做到，也不要登报，内部可以通报。像土改一样，开始不要登报，告一段落再登。大家抢先，会搞得天下大乱，实干就是了。各省不要一阵风，说河南一年，大家都一年，说河南第一，各省都要争个第一，那就不好。总有个第一，"状元三年一个，美人千载难逢"。可以让河南试验一年，让河南当状元。如果河南灵了，明年各省再来一个运动，大跃进，岂不更好。如果在一年内实现四、五、八，消灭文盲，当然可能缺点很大，起码是工作粗糙，群众过分紧张。我们做工作要轰轰烈烈，高高兴兴，不要寻寻觅觅，冷冷清清。

毛泽东还说，建设的速度，是个客观存在的东西，凡是主观、客观能办到的，就鼓足干劲，力争上游，多、快、好、省，但办不到的不要勉强。现在有股风，是十级台风，也不要公开挡，要在内部讲清楚，把空气压缩一下。要去掉虚报、浮夸，不要争名，而要务实。有些指标高，没有措施，那就不好。总之，要有具体措施，要务实。务虚也要，革命的浪漫主义是好的，但没有措施不好。

三是关于社会主义建设的总路线。毛泽东说，只要路线正确——鼓足干劲，力争上游，多、快、好、省（这几句话更通俗）。那么后一年、二年、三年至五年完成四十条，那也不能算没有面子，不能算不荣誉，也许还更好一些。搞社会主义有两条路线：是冷冷清清、慢慢吞吞好，还是轰轰烈烈、高高兴兴的好？十年、八年搞个四十条，那样慢一些，人人都不舒畅，那样搞社会主义也不会开除党籍。苏联四十年才搞得那么点粮食和东西。假如我们十八年能比上四十年当然好，也应当如此。因为我们人多，政治条件不同，比较生动活泼，列宁主义比较多。

毛泽东又说，社会主义的建设路线，还在创造中，基本观点已经有了。全国六亿人，全党 1200 万人，只有少数人，恐怕只有几百人，感觉这条路线是正确的，可能还有很多人将信将疑，或者是不自觉的。现在已经使得少数人感觉到这条路线是正确的，对于我们来说，在理论上和若干工作的实践上（例如有相当的增产，工作有相当的成绩，多数人心情舒畅），承认这条路线是正确的。但是四十条，十五年赶上英国，这是理论，四、五、八大部分尚未实现，全国工业化尚未实现，十五年赶上英国还是口号，156 项尚未全部建成。第二个五年计划搞 2000 万吨（钢），都来办工业，几万项，在我脑筋中存在问题，是好，大好，中好，不甚好，或出乱子，还是天下大乱？我现在没有把握，所以要开会，一年四次，看到有问题就调节一下。路线已开始形成，但是实现后是一种什么状况，还没有证实。路线反映了群众斗争的创造，这是一种规律，领导机关反映了这些创造，提出了几条。

由于毛泽东在会上再次对 1956 年的反冒进作了批评，陈云在 3 月 21 日的会上，作了一个较长的发言，检讨反冒进的"错误"。陈云说，八届二中全会反冒进，有我的意见，应负主要责任。当时考虑财贸问题多；对合作社、水利，没有怀疑，认为凡个体农民办不到的事，都可以办；关于打井，听到些议论，也没有异议。但是农业其他方面怀疑较多，如种子问题，推广双季稻的速度，定产计划偏高，双轮双铧犁推广，等等。又说，反冒进错误的影响，主要在基本建设、财政投资太大这方面。这是没有分清生产运动高潮中，出现缺点，总是难免的。此前的 3 月 19 日，周恩来在作关于外交问题的报告时，也附带讲了反冒进的问题，说自己属于经验主义，在方针上有所动摇，不懂得建设可以走多快好省的新路线。

1958 年 3 月 22 日，毛泽东第四次发表讲话，主要是讲要有势如破竹、高屋建瓴的气概，要破除迷信，敢想敢说敢做。他说：要提高风格，讲真心话，振作精神，要有势如破竹（破几节之后，迎刃而解）、高屋建瓴的气概。要做到这一点，必须抓住工作中的基本矛盾，同时还要掌握马克思主义的基本理论。但我们的同志并不想势如破竹，反而精神不振，这很不好，是奴隶状态的表现，像贾桂一样，站惯了，不敢坐。经典著作要尊重，但不要迷信。要尊重马恩列斯，但不可迷信，当作神明，不敢触动。马克思主义本身就是创造出来的，要用点思想，不能抄书照搬。一有迷信，就把我们脑子镇压住了，不敢跳出框子想问题。学习马列主义，没有势如破竹的风格，那很危险。斯大林后期有这点风格，也可称势如破竹，只是破得不好，有些破烂了。毛泽东还讲到了家庭问题，说家庭原始共产主义后期产生的，将来要消灭，有始有终。康有为的《大同书》即看到此点。家庭在历史上是个生产单位、消费单位、生下一代劳动力的单位、教育儿童的单位，有几种职能。现在工人不以家庭为生产单位。合作社中的农民也大都变了，农民家庭一般为非生产单位，只剩部分副业。至于机关、部队人员的家庭，更是什么东西也不生产，变成消费单位、生育劳动后备并抚育成人的单位。教育也主要靠托儿所和学校。总之，将来家庭可能变成束缚生产力发展的东西。

接着，毛泽东讲了一大段有创新思想的都是学问不足的青年人的话，意在进一步破除对权威的迷信。他说，怕教授，进城以来相当怕，我也有一点怕；不是藐视他们，而是有无穷的恐惧。看人家一大堆学问，自己好像很少，什么都不行。马克思主义者恐惧资产阶级知识分子，不怕帝国主义，而怕教授，这也是怪事。我看这种精神状态也是源于奴隶制度"谢主龙恩"的残余。我看此事再不能容忍了，当然不是明天就去打他们一顿，而是接近他们，教育他们，交朋友。

毛泽东接着说，从古以来，创新思想、新学派的人，都是学问不足的青年人。他一口气举了孔夫子、释迦牟尼、孙中山、马克思、章太炎、康有为、刘师培、王弼、颜渊、李世民、秦叔宝、岳飞、梁启超为例，说明他们取得成就时，年纪都不甚大，学问都不甚多，但年轻人抓住一个真理，就所向披靡，所以老年人是比不过他们的。

会议期间，冶金工业部部长王鹤寿写了《钢铁工业的发展速度能否设想更快一些》一文。文章说，这个月初，冶金部党组的一些同志，根据主席最近以来的许多指示，联系冶金工业的情形。我们从主席今年年初关于经济建设中许多理论性、方针性的指示，又追溯到农业社会主义高潮的序言，和 1956 年关于十大关系的指示。这样，我们的思想感到开朗了。我们看到了一条中国的社会主义建设道路。在这条社会主义建设道路之下，我们可以设想冶金工业（以及整个工业）发展的速度更快一些。例如十年赶上英国、二十年或稍长一点时间赶上美国。

这篇文章着重谈到了能否设想钢铁工业的发展速度更快些，十年赶上英国，二十年或稍长一点时间赶上美国的问题，认为钢铁工业苦战三年超过八大提出的指标（1050—1200 万吨）、十年赶上英国、二十年或稍多一点时间赶上美国，是可能的。理由是：英国现在的钢产量为 2200 万吨左右，即使它以后每年增长 4%，1967 年也只能达到 3300 万吨左右，而且一般看其年增长速度还达不到 4%。美国现在的钢铁产量是 1.02 亿吨。它的这一水平，估计在今后多年可能不会有大的改变。不论是英国还是美国，如果没有战争，增长速度是很小的，因为在资本主义制度之下，其国内市场需要不可能迅速增长，而且在经济危机的年代，其工业品产量还会低下一段时间。而中国的钢产量 1962 年可达到 1500—1700 万吨，而且有可能争取达到 2000 万吨，因此到 1967 年超过 3500 万吨，也就是超过英国是可靠的。

1958 年 3 月 21 日，化学工业部部长彭涛就发展有机合成化学工业问题，也给毛泽东并中共中央写了一份报告。报告介绍了我国有机合成化学工业的构成和建设构想，认为我国可以在有机化学产品上也来一个"大跃进"，并提出从我国的具体情况出发，应走以电石为主的发展合成化学工业的道路。此前的 3 月 4 日，彭涛给毛泽东并中共中央的一份报告中，提出为了适应农业发展的需要和到 1962 年实现化学肥料生产 700 万吨的规划，除在中央和省两级办化肥厂外，还准备在专署和县两级开办化肥厂，这样，四级同时举办化肥厂，到1962年氮肥产量可达到1800—2000万吨，再加上500—700万吨磷肥和部分钾肥，就可以在数量上把英国远远地抛在后面，在每亩施肥量上，十年内赶上英国，也就大有希望了。

王鹤寿和彭涛的这两份报告，得到了毛泽东的肯定，在这天的讲话中，他特地提到了这两篇文章，说王鹤寿的文章好，敢于批评教条主义。彭涛的文章也好，有说服力，只是尖锐性差一点。

为了鼓励各级干部树立敢想敢说敢做的精神，毛泽东在讲话中还提出要做到"六不怕"。他说，不敢讲话无非是：一怕封为机会主义，二怕撤职，三怕开除党籍，四怕老婆离婚，五怕坐班房，六怕杀头。我看只要准备好这几条，看破红尘，什么都不怕了。难道可以牺牲真理，封住我们的嘴巴吗？我们应当造成一种环境，使人敢于说话。我的企图是要人们敢说，精神振作，势如破竹，把顾虑解除，把沉闷的空气冲破。①

讲话的最后，毛泽东讲到了民歌的问题。他说，印了一些诗（指印发给与会人员的李白的《蜀道难》等古诗），尽是老古董。搞点民歌好不好？请各位同志负个责任，回去以后搜集点民歌。各阶层的人，青年，小孩都有许多民歌，搞几个点试办，每人发三五张纸，写写民歌，不能写的找人代写，限期十天搜集。这样，会收到大批旧民歌，下次会议印一本出来。

他又说，中国诗的出路：第一条，民歌；第二条，古典。在这个基础上，两者结婚产生出第三个新东西来，形式是民族的，内容应当是现实主义和浪漫主义的对立统一。太现实了就不能写诗了。现在的新诗不成形，没有人读；我反正不读新诗，除非给一百块大洋。搜集民歌的工作，北京大学做了很多。我们来搞，可能找到几百万成千万首的民歌，这不费很多的劳力，比看杜甫、李白的诗舒服一些。

对于搜集民歌，毛泽东并不是一时兴起，也不是说说而已。在这年4月中共中央在武汉召开的工作会议上，他又一次提出：各省搞民歌，下次开会各省至少要交一百首。大中小学生，发动他们写，发给每人三张纸，没有任务。军队也要写，从士兵中搜集。4月14日，《人民日报》发表了

---

① 《毛泽东传（1949—1976）》，中央文献出版社2003年版，第798页。

《大规模地收集民歌》的社论。社论说："从已经搜集发表在报刊的民歌看，这些群众智慧和热情的产物，生动地反映了我国人民生产建设的波澜壮阔的气势，表现了劳动群众社会主义的高尚志向和豪迈的气魄。"这实际上透露出毛泽东对待民歌的态度。

由于毛泽东对民歌的提倡，在1958年的"大跃进"运动中，曾一度开展了轰轰烈烈的新民歌运动。各省、市的宣传部门还专门发出搜集民歌的通知。例如，中共云南省委曾指示各地县委宣传部，要求其向县、区、乡党的负责干部说明搜集民歌意义，然后动员水库工地、农业社、工矿企业的干部和群众，发给三至五张纸，写和记录民歌。不能写的可找人代写，少数民族群众口述的民歌，都应加以记录和翻译。各县搜集的民歌应在一个月内送交省委。① 中共江西省委宣传部亦要求全省各地党委宣传部立即组织和动员力量，深入基层搜集山歌，各县在年内须编出民歌选集二本到五本。②

随后，各地纷纷宣称已经收集到了众多的民歌。安徽称在一个多月的时间里，搜集民歌民谣近三万首。山东宣布自4月中旬发出通知到5月底止，全省已搜集民歌五万首。八大二次会议之后，郭沫若和周扬共同署名，编印了一本《红旗歌谣》，并以红旗出版社的名义于这年11月出版。除了《红旗歌谣》，这年全国选印出来的民歌集还有《民歌一百首》、《工矿大跃进民歌选》、《农村大跃进民歌选》、《部队跃进民歌选》等等，仅全国各省市一级以上这年铅印出版的民歌单行本，就有近800种之多，印数达数千万册以上。

1958年3月25日，毛泽东在会上第五次讲话，重点是讲思想方法问题。毛泽东说：

> 会开得很好，重点归结到方法问题，第一是唯物论，第二是辩证法，我们许多同志对此并不那么尊重。反冒进不是什么责任问题，不再谈了，我也不愿听了，不要老是自我批评，南宁听过

---

① 《云南省委宣传部发出通知搜集各族民歌》，《人民日报》1958年4月9日。
② 《大力搜集山歌民歌——中共江西省委宣传部发出通知》，《人民日报》1958年4月21日。

了，北京也听过了，作为方法的一个例子来谈，那是可以的。

唯物论是世界观，也是方法论。我们主观世界只能是客观世界的反映，主观反映客观是不容易的，要有大量事实在实践中反复无数次，才能形成观点。一眼望去，一下抓住一二个观点，但无大量事实作根据，是不巩固的；只有大量的事实，才能认识问题。向上写报告，是反映下面干部和群众的意见的，要经过调查研究。省反映地、县的情况，不详细地听取他们的意见，就冒出一篇报告来，那是危险的。要先听训，才能训人。要老老实实听群众的话，听下级的话，个别交谈，小范围（县、社、工厂）交谈。省委解决问题如此，中央也如此。中央以后遇到大的问题，一定要与若干省委书记谈一谈。反冒进的问题，就是没有征求省委书记的意见，也没有征求各部门的意见，这个方法是不对的。在中央方面，工业部门想多搞，财贸部门想少搞，这不仅脱离了省，也脱离了多数的部。

反冒进也是一种客观反映。反映什么呢？一般，特殊，全面，个别，这是辩证法的问题。把个别的、特殊的东西，误认为一般的、全面的东西，只听少数人的意见，广大人民群众的意见没有反映，把特殊当成一般来反冒进。因此以后我们要注意学习唯物论、辩证法，要提倡尊重唯物论、辩证法。

辩证法是研究主流与支流、本质与现象的。矛盾有主要矛盾和次要矛盾，过去发生反冒进的错误，即未抓住主流和本质，把次要矛盾当做主要矛盾来解决，把支流当做主流，没有抓到本质现象。国务院、中央政治局开会，对个别问题解决得多，没有抓住本质问题。这次会议把过去许多问题提出来，经过商量解决了。①

毛泽东一面批评国务院、中央政治局过去开会没有抓重点、解决本质

---

① 李锐：《"大跃进"亲历记》，上海远东出版社1996年版，第247—248页。

问题，一面又表扬了冶金工业部党组，说冶金工业部党组开会，吸收了部分大厂的十几人参加，空气就不同了。谈了几天，解决了许多重要问题。中央开会有地方同志参加，必要时，除省委书记外，再加上若干地、县委书记，就有了新的东西。中央同志下去只同省委第一书记谈是不够的，也要找地、县委书记、合作社、学校谈谈，要一竿子到底，不要仅仅限于间接的东西。为什么要提出这个问题呢？就是要打掉官气，当了老爷，不愿向别人请教，这种"自以为是"的态度各级都有。

说到这里，毛泽东又讲到了社会主义建设总路线的问题。他说，许多事情我自己就是半信半疑。例如鼓足干劲，力争上游，多、快、好、省地建设社会主义的总路线，究竟对不对？还要看几年。我们的革命路线，在民主革命和社会主义革命中，是已经证明了的，但建设路线还要看看。

毛泽东在不断地批评反冒进，希望借此鼓起干部群众"大跃进"热情的同时，又提醒人们话不要说得太满，做事要留有余地，所以在讲话中他又说，1956年发生的几件事，没有料到，就是国际上的批判斯大林，波匈事件，国内的反冒进问题。今后还要准备发生预料不到的事情。他又说，我认为过高的指标要压缩一下，要确实可靠。大水大旱，有话可说，必须从正常情况出发。做是一回事，讲是一回事。过高的指标不要登报，登了报的也不要马上去改。河南今年四件事都想完成，也许可能做到；即使能做到，讲也要谨慎些，给群众留点余地，也要给下级留点余地，这也就是替自己留点余地。

他还说，今年这一年群众出现很高的热潮，很多落后分子觉悟起来，共产主义精神大大提高。现在不仅先进的起来了，而且广大中间、落后的群众起来了。农村富裕中农不想退社了，城市的职员和落后的工人也积极起来了。我很担心，我们一些同志在这种热潮下面，可能被冲昏头脑，提出一些办不到的口号。一个县、一个地委没有多大关系，中央和省两级必须稳当一点。我并不是想消灭空气，而只是压缩空气，把脑筋压缩一下，冷静一些；不是下马，而是要搞好措施。

毛泽东讲完话后，一些中央和地方负责人先后发言，虽然毛泽东说过，对于反冒进问题，"不再谈了"，"也不愿听了"，但发言的基调仍然是批评反冒进，反对右倾保守思想。有人说，教条主义在内战时期主要表现为"左"，在建设时期主要表现为右。又有人说，南宁会议、成都会议的思想斗争具有深远的原则性的意义，这场斗争，是在建设路线、方针方面的斗争，不是两条道路的斗争，是用什么方法建设社会主义的问题。一种是蓬蓬勃勃，轰轰烈烈，一种是慢慢吞吞，冷冷清清，两种方法关系到我国社会主义建设的兴衰问题。反冒进和其他错误，根源是主观主义，或者教条主义，或者经验主义，克服主观主义就是思想解放运动。我们要有雄心，但心要热头要冷。还有人说，慢性病所造成的损失不亚于急性病，从当前来讲，右倾保守的危险还是主要的。急性病的问题要防止，但也不甚可怕。社会主义建设中，逐步向共产主义过渡的问题，不是截然分开的。[①]

就在这天会议的发言中，一些中央领导人对毛泽东说了不少颂扬的话，比如有人说：我们的水平与主席差一截，应当相信主席比我们高明得多，要力求在自觉的基础上跟上。作为一个高级干部来说，不只是跟上的问题，而是要有创造精神的问题。主席的作用不是当不当主席的问题，不是法律上名誉上的问题，而是实际上的领袖。有人说：主席比我们高明得多，我们的任务是认真学习。主席的许多优点是不是可以学到呢？应当说，是可以学到的，不是"高山仰止"。但是主席有些地方我们是难以赶上的，像他那样丰富的历史知识、那样丰富的理论知识、那样丰富的革命经验，记忆力那样强，这些不是什么人都可以学到的。有人提出：要宣传毛主席的领袖作用，宣传和学习毛主席的思想。高级干部要三好：跟好、学好、做好。还有人说：毛主席的思想具有国际普遍真理的意义。[②]

成都会议上，毛泽东一面要求各级破除迷信，解放思想，不但要破除对教授（即专家）的迷信，也要破除对苏联经验的迷信，对马克思的迷信，要打破教条主义，但另一方面又有人开始制造对毛泽东本人的个人迷信和个人崇拜。上面这些对毛泽东的赞美之词，也许是真诚的，发自内心的，但后果也是不言而喻的。应当说，1958 年对反冒进的批评，不但直接导

---

① 《毛泽东传（1949—1976）》，中央文献出版社 2003 年版，第 801 页。

② 《毛泽东传（1949—1976）》，中央文献出版社 2003 年版，第 802 页。

致了"大跃进"的发生，也致使党内民主生活不正常，而党内民主的破坏，又必须导致个人专断作风的滋长和个人崇拜、个人迷信的发生。

1958年3月26日是成都会议的最后一天，毛泽东第六次在会上作了讲话，这也是对会议作总结。他说：这次会议开得还可以，但事先未准备虚实并举，实业多了一点，虚业少了一点。这也有好处，一次解决大批问题，并且是跟地方同志一起谈的，也就比较合乎实际。今后一段时间内多搞些虚业，或专搞一次虚业会议，以便要引导各级领导同志关心思想、政治、理论的问题，使红与专结合。一年抓四次很重要。三年看头年。由于形势发展快，很多矛盾要很快反映和解决。如果不抓四次，许多问题不能及时解决，拖久了就会影响工作。

毛泽东表示，现在有些问题还是不摸底。对农业了解比较清楚，工业、商业、文教都不清楚。工业方面，除到会的几个部接触了一下外，其余没有摸。煤、电、石油、机械、建筑、地质、交通、邮电、轻工业、商业都没有接触。财经贸易，还有文教，历来没有摸过，林业也没有摸过。今年有些要摸一摸，政治局、书记处都要摸一摸。

接着，毛泽东讲到了两个剥削阶级和两个劳动阶级的问题。他说，我们国内存在着两个剥削阶级、两个劳动阶级：第一个剥削阶级是帝国主义、封建主义、官僚资本主义的残余，地、富、反、坏未改造好的部分，再加上右派（全国右派在这些人中，可能有10万以上，改造好的不算），他们反社会主义，是敌人。第二个剥削阶级是民族资产阶级及其知识分子。劳动阶级是工人、农民，过去被剥削或不剥削人的独立劳动者。

毛泽东讲完话后，为期18天的成都会议就算结束了。

3. 助长"大跃进"的几个文件

成都会议过程中，讨论并通过了39份文件，其中比较重要的有：《关于1958年计划和预算第二本账的意见》、《关于铁路规划问题的意见》、《关于工业产值计算问题的意见》、《关于改革工商税收制度和改变工业品出厂作价办法问题的意见》、《关于发展地方工业问题的意见》、《关于工业企业下放的几项规定》、《关于继续加强对残存的私营工业、个体手工业和对小商小贩进行社会主义改造的指示》、《关于在发展中央工业和发展地方工业同时并举的方针下，有关协作和平衡的几项规定》、《关于改进物资分配体制问题的意见》、《关于调剂和补充职工问题的意见》、《关于把小型的农业合作社适当地合并为大社的意见》、《关于合作社社员的自留地和家庭副业收入在社员总收入中应占比例的意见》、《关于农业机械化问题的意见》、《关于适当扩大某些专署权限问题的意见》、《关于高等学校和中等技术学校下放问题的意见》、《关于在各省自治区和专区建立科学研究机构和地质队伍的意见》等。

在这些文件中，对后来的"大跃进"产生较大影响的有：

——《关于1958年计划和预算第二本账的意见》。这个文件大体同意国家经委党组3月7日报送的《关于1958年度计划第二本账的报告》（以下简称《报告》）。国家经委在《报告》中说，各地方、各部门送来的第一本账，也就是中央的第二本账，我们已经汇总起来，并且做了初步的平衡工作。这本账，比2月上旬全国人民代表大会通过的计划高了很多：工业总产值增加157亿元，农业总产值增加66亿元。这确是一本多快好省的账，它反映了我国国民经济大发展、大跃进的新形势。从这本账来看，南宁会议的反对保守、多快好省、力争上游的精神，已经在我国经济生活中起了巨大的促进作用，我国的解放了的生产力，像原子核分裂一样，产生了巨大的能量，我国的经济形势已经发生了极大的变化。我们的民族确实大有希望。

《报告》说，地方提出的粮食产量指标，达到4316亿斤，比中央第一本账增加396亿斤；比去年的产量增加616亿斤，这大体相当于第一个五年计划期间增产的总和。棉花产量指标，达到4093万担，比中央第一本账增加593万担，比大丰收的去年的产量增加813万担。这样，1958年粮食增加的速度将是16.6%，棉花增加的速度将是24.8%。这是我国历史上前所未有的速度。在工业总产值上指标是904亿元，比上一年实际完成产值680亿元增长224亿元，增长速度是23%，这也是我国历史上前所未有的速度。报告提出的主要工业产品的产量指标如下表：

工业产品名称	第一本账	第二本账比第一本账增加	第二本账比1957年产量增加数
生铁	800 万吨	67 万吨	210 万吨
钢	700 万吨	75 万吨	176 万吨
原煤	16737 万吨	1665 万吨	3875 万吨
发电量	246 亿度	21 亿度	56 亿度
原油	166 万吨	11 万吨	22 万吨
氮肥	99 万吨	9 万吨	32 万吨
排水灌溉机械	270 万马力	211 万马力	
水泥	1010 万吨	244 万吨	341 万吨
木材	3095 万立方米	247 立方米	493 立方米
棉纱	560 万件	40 万件	99 万件

《报告》又说，主席关于尽快使地方工业总产值超过当地农业总产值的号召，把全国各地方发展工业的积极性一下子提起来了。从现在看，各地方的干劲比中央各部门还要足一些，特别是甘肃、陕西、云南、贵州、湖南、安徽、河南七省，都计划把今年的工业总产值比去年提高50%以上。

《报告》最后提出了可以比十五年更快赶超英国的问题。其中说，我国是一个大国，一个省等于人家一个国，甚至一个专区就比欧洲的一个小国大，一旦把各省、各专区和各县举办工业的积极性统统调动起来，万马奔腾，又有大中型工业的协助和国家的统一规划、调整，我国工业化的速度没有理由不比欧洲各国快得多。纵观当前的经济形势后，可以肯定地说，只要我们贯彻执行主席所指示的方针，继续发扬革命干劲，我国社会主义工业化的速度就可能比苏联更快一些。我们就可以掌握时机，在比十五年更短的时间内赶过英国。

——《关于发展地方工业问题的意见》和《关于在发展中央工业和发展地方工业同时并举方针下，有关协作和平衡的几项规定》。成都会议之前，国家经委写出了一份《让中小型工厂遍地开花的一些设想》（以下简称《设想》）的材料，递交成都会议讨论。《设想》提出，花三分的力量搞中央的大工业，把七分的力量搞地方的中小工业，使工业遍地开花，有重大的意义。这就是说，从中央直到乡一级都举办自己的工业，使大型工业和中小型工业、工业和农副业，更加有机地结合在一起，形成一个强大的城乡工业网。这是一条多快好省的社会主义工业化道路，是一条促进我国国民经济迅速发展的道路。

《设想》特地谈到了县办工业如何发展的问题：一是凡蕴藏有煤炭资源的县份，每县根据情况至少建设一个小煤窑，一座小水泥窑，一个小的炼油厂，一个小的电站等。建设这些小型的基本工业，全部投资不过740万—2165万元，而这些工业建成后一年的生产总值，可以超过400万元，大约两至三年就可以收回全部投资。二是那些有铁矿资源的县份，可以至少建设一座年产400—500吨的小高炉，投资只要8000—10000元，两月可以建成，半年可以收回全部投资。三是那些有铜矿资源的县份，还可以至少建设一座年产30吨的小铜厂，投资只需8000元，半年可以建成。此外，有些县份还可以根据当地的农副业原料资源，建设小榨油厂、小制糖厂、小造纸厂、小纺织厂等为农村副业加工的小型工厂。总之，有什么资源就办什么工业，每一个县都不应该有空白。

《设想》认为，县办工业是完全可以做到的，如果一个县把上面全部工业都办起来，全部投资最多也不过是两千万元；如果只办其中的一部分，则投资更少，而这些钱，地方完全有可能自筹，不必向国家要钱。而伴随着县工业化而来的，将是生产技术的大革命、全民科学技术水平的大提高和文化教育事业的大发展。这样，农村的物质、文化生活面貌，就会蔚然改观。到那时，将是"粮食堆满仓，牛羊满山冈；山青春常在，水秀好风光；机器到处响，工厂遍城乡"的繁荣景象。

成都会议明确提出了中央工业和地方工业同时并举的方针，还通过了《关于发展地方工业问题的意见》和《关于在发展中央工业和发展地方工业同时并举方针下，有关协作和平衡的几项规定》两个文件，规定各省、市、自治区要在大力实现农业跃进规划的同时，争取在五年或者七年的时间内，使地方工业的总产值赶上或超过农业总产值；各省、直辖市、自治区兴办的限额以上建设项目，除了提出简要的计划任务书，其中规定产品数量、品种、建厂规模、厂址和主要的协作配合条件需要报送中央批准外，其他的设计和预算文件，一律由各省、直辖市、自治区自行审查批准。这两个文件为各地一哄而起大办地方工业大开方便之门。

——《关于农业机械化问题的意见》（以下简称《意见》）。《意见》

认为，有广大农民参加的群众性的农具改革运动是技术革命的萌芽，是一个伟大的革命运动，全国各地都应当普遍地积极推广，并提出了三至七年内（争取五年内做到）基本上实现农业机械化和半机械化的设想。《意见》指出，农具的改革应当因地制宜，不要千篇一律；农业机器应该以小型的为主，配合以适当数量的大型和中型机械；在推广农业机器的同时，不要放松新式畜力农具和改良农具的推广，农业机械的制造，一般以地方工业为主；实现农业机械化，主要靠农业合作社自己的力量。受这个文件的影响，"大跃进"运动中曾开展全国性的工具改革包括运输工具的改革，大搞所谓"车子化运动"、"滚珠轴承化运动"、"绳索牵引机化运动"等等，虽然也取得了一些成效，但形式主义严重，造成了很大的浪费。

——《关于把小型的农业合作社适当地合并为大社的意见》。早在1955年农业合作化高潮时，毛泽东就认为可以大办社。他在编辑《中国农村的社会主义高潮》一书时，曾写了一篇《大社的优越性》的按语，指出："小社人少地少资金少，不能进行大规模的经营，不能使用机器。这种小社仍然束缚生产力的发展，不能停留太久，应当逐步合并。"可以一乡一个社，少数地方可以几乡一个社，平原、山区都可以办大社。所以1956年合作化后，一些地方建立的合作社规模超大，出现一系列的问题，后来中共中央专门下发过文件，要求缩小合作社的规模。但"大跃进"启动后，一些地方在进行农田水利建设时，又提出农业社合并的问题。《意见》指出："我国农业正在迅速地实现农田水利化，并将在几年内逐步实现耕作机械化，在这种情况下，农业生产合作社如果规模过小，在生产的组织和发展方面势将发生许多不便。为了适应农业生产和文化革命的需要，在有条件的地方，把小型的农业合作社有计划地适当地合并为大型的合作社是必要的。"自此之后，一些地方开始将小社并成大社，成为1958年人民公社化运动的先声。

——《关于继续加强对残存的私营工业、个体手工业和对小商小贩进行社会主义改造的指示》（以下简称《指示》）。《指示》指出，1956年社会主义改造基本完成以后，许多地方自发地出现了一些私营工业、个体手工业和小商小贩，从业人员大约有 140 万人，其中工商各半。这些个体经济虽然对社会主义工商业起着一定的补充作用，但是，它们的生产经营还存在很大的盲目性和资本主义的自发倾向，其中一小部分是资本主义经济，在生产经营中存在着不同程度的违法行为，不仅妨碍国家对市场的管理和危害消费者的利益，而且影响若干手工业、农业合作社和商业合作组织的巩固。因此，要一律把它们管起来，不允许它们未经登记进行非法经营，加强对他们的监督和管理，取缔他们的投机违法行为，对他们采取利用、限制和改造的政策。

成都会议是"大跃进"运动史上继南宁会议后的又一次重要会议。会议对反冒进作了进一步的批评，并且将冒进与反冒进的分歧上升到了马克思主义与非马克思主义的高度，这就使得任何人都不得再对冒进提出异议，不得再提反冒进一事，也就使得本来已经够高的工农业生产指标一再加码，超英赶美和实现全国农业发展纲要（修正草案）的时间一再缩短，急于求成的倾向日趋严重。毛泽东认为，在社会主义建设中存在两条路线，一条是受右倾保守思想束缚的"冷冷清清、慢慢吞吞"路线，另一条是敢想敢说敢干的"轰轰烈烈、干劲十足"路线，并在会议过程中初步形成了社会主义建设的总路线。这条总路线一方面反映全党和全国人民要求改变中国落后面貌的迫切愿望，也体现了毛泽东希望在尽可能短的时间把中国建成一个强大的社会主义国家的雄心壮志，其出发点无疑是好的，但由于这条总路线是在反冒进、不满所谓低速度的背景下形成的，表面上看，"多、快、好、省"兼顾到了速度与质量的统一，实际上它的核心是强调多与快，强调冒进即跃进，也就是高速度，结果使高速度变成了总路线的同一语。

毛泽东在成都会议上一再强调的破除迷信、解放思想的要求，从一般原则看也是正确的，破除对经典作家、苏联经验的迷信甚至对所谓教授的迷信也是有意义的。但联系到他对反冒进和右倾保守思想的批评，不难看出，破除与解放的重点，在于国民经济的按比例平衡发展的观点，在于从反冒进变成"大跃进"，在于使所谓右倾保守变成积极跃进争取高速度，其结果是把"一五"期间在经济建设中积累下来的许多有益经验，把经济建设与人类改造自然必须遵循的一般规律，也当做迷信去破除。这种破除的后果，就容易将规律、科学也破除掉了，变成一些地方和部门在所谓"大办"、"大干快上"名义上的胡搞蛮干。随着成都会议的召开和会议精神的传达，"大跃进"运动被进一步发动起来。

4. "六亿人口是一个决定的因素"

成都会议一结束，毛泽东途经重庆并作短暂停留后，乘船过长江三峡于1958年4月1日到达武汉。到达武汉的当天，他召集华东和中南地区的省委书记们开会，先后听取吴芝圃（中共河南省委第一书记）、曾希圣（中共安徽省委第一书记）、舒同（中共山东省委第一书记）、江渭清（中共江苏省委第一书记）、周小舟（中共湖南省委第一书记）、刘建勋（中共广西壮族自治区委第一书记）、叶飞（中共福建省委第一书记）、杨尚奎（中共江西省委第一书记）、江华（中共福建省委第一书记）汇报本省（自治区）"大跃进"的情况。参加会议的还有李先念、谭震林、李井泉、王任重、吴冷西、田家英等。因会议在武汉召开，故称武汉会议。

这次会议没有开得像成都会议那样紧张，而是半天开会，半天休息，毛泽东主要是听取各省（自治区）党委书记们的汇报，并在听取汇报时作了一些插话。

1958年4月1日下午，毛泽东听取吴芝圃的汇报。河南在"大跃进"运动中是比较积极的省份。在成都会议上，曾印发了一份关于河南"大跃进"情况的材料，即《河南省委吴芝圃同志在电话上谈的几点意见》（以下简称《意见》）。《意见》说：河南省麦收前，可以做到水利化；打算两年实现水利机械化，五年实现农业机械化。在去冬今春兴修水利和积肥运动中，群众发明创造的新式工具有1100多种。全省已经有十几个县普及了高小和初中的教育，有20个县扫除了文盲。扫除文盲的标准是：能识字1500个，能写200字的文章。除"四害"，不能慢，只能快；不能拖拉，只能突击。在这样的新形势下，领导必须做到，既抓住了重点，又照顾了全面。这就是说，要有适应新形势的领导方法。《六十条》解决了这个问题，我们很兴奋。我们的任务是要把《六十条》具体化，将它变为行动。《意见》最后说，只要不遇特大灾害，今年全省粮产量可以比去年增加 50%—100%。实现四、五、八，就是今年或者明年的事情，而不是很远的事情。这份材料曾给毛泽东留下较深的印象，在成都会议的讲话中他特地表扬了河南。

在这天的汇报中，吴芝圃提出粮食产量一年可翻一番，并解释了翻番的根据，还说三年的规划可以一年完成。毛泽东表示不同意河南提出的一年实现绿化，并要河南将指标修改一下，规划调整一下，吴同意不提一年实现绿化、一年消灭"四害"，但仍坚持一年实现"四、五、八"。[①]毛泽东还说，对学习马克思主义也要破除迷信，以为只有外国人才学得好，洋人都是了不起的。中国人算不算洋人，我们叫不叫神仙呢？我问过好多人，都说不算。这也是一种迷信。中国人当奴隶当习惯了，看不起自己，什么东西都是别人行，自己不行。

安徽也是"大跃进"中比较积极的省份。1958 年 4 月 2 日，曾希圣汇报了安徽水利建设的情况，边汇报边将水利建设规划拿给毛泽东看。毛泽东说，你们能三年改变面貌很好，但是我表示怀疑，多搞几年也不要紧，你讲得有道理，我不能完全不信。河南人多，你们恐怕赶不上，不要蛮干。不要过早宣布水利化，否则明年不好办，要留有余地。苦干三年，基本改变面貌，以后不是不战了。我在人民内部矛盾（指《关于正确处理人民内部矛盾的问题》）中提出，不是三年，而是艰苦奋斗几十年，才有希望。宣布写成水利化、绿化、"四无"是危险的，只能宣布基本完成。他还说，大家都听命令，命令主义就来了。

在 4 月 3 日听取舒同的汇报时，毛泽东表示，说苦战三年就水利化，我是怀疑的。我们的子孙将来做什么呢？我看，十年还要来两个水灾，两个旱灾，很有可能。共产党只管地，不管天。我看各省都要有准备。三年基本改变面貌。我看只能是初步改变。三年初步改变面貌的提法比较好，但也不好改了。如果三年来一个大灾，来二个小灾，是基本改变，还是基

---

① 《毛泽东传（1949—1976）》，中央文献出版社 2003 年版，第 808 页。

本未改变？《人民日报》不要轻易宣布什么"化"，人们以后问，你化了几年，为什么还要化？树种下去，稀稀拉拉的还没有活，倒宣布绿化。"化"搞得很滥，动不动就宣布"化"了。话不要讲死，以后每年还有工作可做。苍蝇、蚊子还是会有的，一年如何能搞掉？争取明夏少一点，五年搞掉就是大胜利。粮食到手，树木到眼，才能算数。要比措施，比实绩。

4月4日在听取江渭清的汇报时，毛泽东说，报纸宣传不要尽是规划，宣传工作要深入、细致、踏实。现在宣传注意了多、快，但对好、省注意不够。大话不需讲。好大喜功需要，但华而不实不好。

4月5日在听取周小舟的汇报时，毛泽东说，南宁会议以后的会议，到会的人越来越多，越开越有趣，多快好省更明确。一年四个月迫使大家下去。河南不要说过火了，走火了，只是某些口号要调节，登报时要小心。空气还是那么多，一点不少，反冒进把空气——氧气吹掉了一半。我们不要吹，我们是要氧气增多，要压缩一下。毛泽东在插话中还说：

从前有过高潮（1955年、1956年下半年），有了经验。1956年下半年到1957年，来了个反冒进，搞得人不舒服。这个挫折很有益处，教育了人们。有比较，有反面教育，因为受了损失，是个马鞍形——两个高潮，一个反冒进。为什么又高起来呢？鉴于反冒进不好。

去年粮食搞得这样少，出乎意料之外，三中全会听了很不舒服。以前说1957年比1956年实在些，这话是不合事实的。1957年实际上工作差，许多下面干部抬不起头来。上面骂冒进，下面也骂冒进。后来又说成绩是主要的，没有解决。所以，1957年一年劲头不大。今年又是大劲头了。现在担心又会不会反冒进，这么大的劲头，如果今年得不到丰收，群众会泄气。此事要和地、县委书记讲清楚，如果收成不好，几化完不成怎么办？

4月8日，在听取叶飞汇报中插话时，毛泽东说，干群关系，大鸣大放，全世界社会主义国家都不敢做的事，只有我国才敢实行。不怕发动群众是真正的列宁主义态度。所谓稳妥可靠，结果是既不稳妥，也不可靠，我们这样大的国家，这样稳，会出大祸。对稳妥派，有个办法，到了一定的时候就提出新的口号，使他无法稳。这一派的人数可能比较多，想看一看，如果来一个饥荒，他们还是要喊的："看你们跃的吧！"冒进是稳妥派反对跃进的口号。

4月9日，在听取杨尚奎的发言时，毛泽东说，农民瞒产量是可以原谅，他是没有看清前途，但不能提倡。如果像现在这样搞法，增产七百亿到一千亿斤，我们国家一年只征购八百多斤，这就等于不要征购了。他们何必再瞒产。到那时，全国粮食总产量就有四千多亿，即使多购一点，他们也不伤心。瞒产的原因，主要是干部带头和粮食不足。今后要把底告诉农民，把全国总账告诉他，你再增产国家也只要这么多，今后征购以后的余粮也保存在乡、社。

同一天，在江华发言时，毛泽东插话说，世界上的事，有真必有假，有利必有弊，不可不信，不可全信。百分之百相信，就会上当；不相信，就会丧失信心。我们对各项工作，各种典型，都要好好检查，核对清楚。

从上面这些插话中可以看出，此时的毛泽东亦有冷静的一面，对那些不切实际的各种各样的"化"，那些不着边际的高指标，提出质疑，认为要压缩空气。当然，毛泽东此举并非不要"大跃进"，不要高速度，而是担心这些难以达到的高指标、实现不了的"化"，让那些主张反冒进的人抓到把柄，再来一次反冒进，影响真正的"大跃进"，他所需要的是真正能实现的高指标和高速度，而不是华而不实的这"化"那"化"。可是，由于毛泽东压缩空气的根本前提仍在肯定高速度上，所以上述降温的话，并没有产生太大的实际作用。

4月12日，武汉会议结束。第二天，毛泽东离开武汉前往广州，准备集中精力抓即将召开的中共八大二次会议的筹备工作。

此前的3月20日，中共河南省封丘县委给毛泽东写了一个报告，介绍了该县应举农业社依靠合作社集体的力量，战胜自然灾害，改变落后面貌的事迹。报告说：河南省北部新乡专区封丘县的应举农业社，是一个连年被涝灾袭击的老灾社。全社现有204户，1074人，牲口140头，耕地4150亩。地形低洼，土质盐碱，易涝多灾。解放前，这里是一个"春夏秋三季一头汗，到了冬季去要饭"，"腊八倒粪，掌柜借粮，忙到夏季，一扫净光"的穷地方。解放后，这里的情况发生了根本的变化，特别是在合作化的第一年（即1956年）秋季，该社就经受了严重水灾的考验，90%以上的土地被淹。但由于依靠强大的集体力量，想办法、找门路、搞生产自救，结果到阳历新年已完全战胜了灾荒，每亩竟获得232斤的产量，比合作化前亩产173斤增加了59斤，比解放前亩产137斤增加了95斤。当年每人平均收入比合作化前增加55.1%，比初级社时增加了39.5%，已超过了当地富裕中农的生产水平和生活水平。这一铁的事实，使广大群众不能不认识到合作化的无比优越性。

1957年应举社的灾情更重，是解放后灾情最严重的一年，被淹耕地达到94%，因灾减产八成半。但是干部和群众的思想并不悲观。他们总是相信，在共产党的正确领导下，有合作化的无比优越性，有以往的救灾经验，有防灾的物质基础，战胜灾荒是有把握的。他们响亮地提出了这样的号召："早秋淹，晚秋捞。农业丢，副业找。人人动手割青草，户户储备猪饲料。不破产，不贷款，自给保证三不叫。"（按："三不叫"指人、耕畜和猪都不叫饿。）社员积极地抢种、补种晚秋作物，经过加工施肥，取得了良好收成，增加了收入12300元。加上红薯打粉、养猪、牲口料加工做油、编织、运输等副业收入19500元，两项共收入31800元，超额完成了救灾的计划。同时采干菜4万斤，贮草5万斤，收集猪饲料4万斤。不但没有向政府要求贷款，还归还过去的贷款3500元。在过春节的时候，这个重灾社户户吃上了白馍、猪肉、粉条、饺子，其他年货也可以说是样样俱全。这样的春节在合作化前农民是不可能办到的。

1957年10月，全国农业发展纲要（修正草案）公布后，这个合作社又先后提出了"苦战三、五年，豫北变江南，盐碱地变稻田"和"1958年实现水利化，过黄河，跨长江，变年年受灾为季季丰收，永远摘掉灾区帽子"的口号。几个月来，在党支部的统一领导下，依靠农业社集体力量，依靠群众的智慧和经验，在全社同时掀起了水利运动、积肥运动和副业生产的三个高潮。在水利方面，苦战了3个月，完成大小灌溉渠道110条，共计8万土方。全社的4150亩旱地可以完全利用黄河水灌溉了，盐碱地可以改种稻田了，旱涝灾害也从根本上解决了。由于实现了水利化，今年计划亩产达到800斤。实现这个计划，就将由历年的缺粮社一跃而变为可以卖出 100 多万斤的余粮社。

报告说，这个社之所以能够得到这样的辉煌成就，主要有以下几方面的原因：一是刻苦钻研，大胆创造，战胜困难。二是实行按劳预支，统筹安排全体社员的生产和生活。三是坚持民主办社方针。四是社干部不断改进工作作风，以参加生产来领导生产。

应举农业社这种通过苦战改变落后面貌的精神，正是毛泽东所希望看到的。看了这个报告后，他于 4 月 15 日以十分兴奋的心情，以饱含激情的笔调，亲自写了一篇短文——《介绍一个合作社》。毛泽东写道：

"'一个苦战二年改变了面貌的合作社'这篇文章值得一读。共产主义精神在全国蓬勃发展。广大群众的政治觉悟迅速提高。群众中的落后阶层奋发起来努力赶上先进阶层，这个事实标志着我国社会主义的经济革命（生产关系方面尚未完成改造的部分）、政治革命、思想革命、技术革命、文化革命正在向前奋进，由此看来，我国在工农业生产方面赶上资本主义大国，可能不需要从前所想的那样长的时间了。除了党的领导之外，六亿人口是一个决定的因素。人多议论多，热气高，干劲大。从来也没有看见人民群众像现在这样精神振奋，斗志昂扬，意气风发。"

"除了别的特点之外，中国六亿人口的显著特点是一穷二白。这些看起来是坏事，其实是好事，穷则思变，要干，要革命。一张白纸，没有负担，好写最新最美的文字，好画最新最美的画图。"

"我现在向全国七十几万个合作社的同志们，以及城市里的同志们推荐一个合作社。这个合作社位于河南省封丘县，叫做应举社，很有些发人深省的东西。中国劳动人民还有过去那一副奴隶相么？没有了，他们做了主人了。中华人民共和国九百六十万平方公里上面的劳动人民，现在真正开始统治这块地方了。"①

这年 6 月 1 日，这篇短文连同封丘县委的报告，在新创刊的《红旗》杂志同时发表。一时间，"除了党的领导之外，六亿人口是一个决定的因素。人多议论多，热气高，干劲大"，"一张白纸，没有负担，好写最新最

---

① 《建国以来毛泽东文稿》第七册，中央文献出版社 1992 年版，第 177—178 页。

美的文字，好画最新最美的画图"，成为这个"大跃进"年代人们自豪的语言。在这个特殊的年代里，全国人民确实以前所未有的热情加入到了这场运动中来，表现出了冲天的干劲。

文章中的"由此看来，我国在工农业生产方面赶上资本主义大国，可能不需要从前所想的那样长的时间了"，原来是这样写的："由此看来，我国赶上英美不需要从前所想的那样长的时间了，二十五年或者更多一点时间也就够了。"胡乔木看后综合各方意见，建议说："原说十五年赶上英国，现说不需要从前所想的那样长的时间，二十五年就可以赶上英美，似觉复杂；可否改为：我国赶上英国固然不需要很长时间，就是赶上美国，也不需要从前所想的……?"毛泽东乃将其改成上面的表述。他还针对这段话的修改给刘少奇、邓小平、周恩来、陈云、胡乔木、吴冷西写了一封短信："十年可以赶上英国再有十年可以赶上美国，说'二十五年或者更多一点时间赶上英美'是留了五年到七年的余地的。'十五年赶上英国'的口号仍不变。"[1]

这时，毛泽东对于超英赶美的时间，已经将年初《人民日报》社论提出的十五年赶上和超过英国，再用二十年到三十年的时间赶上并且超过美国，缩短为十年赶上英国，二十年（而不是赶上英国之后再用二十年）赶上美国，只是对外宣传时仍用"十五年赶上英国"的口号，以示留有余地。关于十年赶超英国，二十年赶超美国的问题，他在成都会议时就已经有了类似的提法。4月2日，他接见波兰政府代表时，又说：中国是个很穷的国家，要把它建成一个富强的国家需要几十年。为了十年或者更多一点时间赶上英国，再过二十年赶上美国，把又穷又白的国家变成一个有近代工业、近代农业、近代科学技术的国家，就要努力，要艰苦地努力，不能把生产的东西吃光用光。[2]随着超英赶美时间的缩短，经济建设中的急躁冒进、急于求成情绪就更加凸显出来。

---

① 《建国以来毛泽东文稿》第七册，中央文献出版社1992年版，第179页。

② 顾龙生：《毛泽东经济年谱》，中共中央党校出版社1993年版，第417页。

第六章
"大跃进"的全面发动

八大二次会议是一次全面发动"大跃进"的动员大会。毛泽东虽然没有作工作报告，只是作了几次讲话，而且讲得很随意。然而，这些讲话却是此次会议的主题和灵魂。

这次会议在一定程度上加剧了对毛泽东的个人崇拜，他已经被当成了真理的化身，成了正确路线的代名词。既然毛泽东倡导"大跃进"，要求高速度，那么，党内党外、上上下下群起响应，也就成了顺理成章、理所当然的了。

1. 多快好省总路线

1957 年年底对反冒进开展批评之后，其间经过南宁会议和成都会议，"大跃进"已经被发动起来。1958 年 5 月的八大二次会议，通过了多快好省为主要内容的社会主义建设总路线，并在一片"破除迷信"声中，完成了"大跃进"的全面组织动员。

在中国共产党的历史上，一届全国代表大会召开两次，唯有八大。1956 年 9 月，八大召开第一次会议，这也是我们通常所说的八大。按照八大一次会议通过的党章规定，党的每届全国代表大会每年召开一次，即将党代会改为常任制。八大二次会议就是这种性质的会议，这是党的全国代表大会实行常任制的一个重要尝试。不过，党代会的常任制并没有坚持下来，此后再也没有举行过类似的会议。八大二次会议对于中国历史的影响，其实并不在这里，而在于它是一次全面发动"大跃进"的党代会。

这次会议是 1958 年 5 月 5 日至 5 月 23 日在北京召开的。在此之前，经过 1958 年 1 月的南宁会议和同年 3 月的成都会议对于反冒进的批评，毛泽东关于高速度发展战略的一系列思想和主张，已逐渐为党的领导层所接受，工农业生产的各种高指标已经提出，"大跃进"实际上已经启动。但是，就全党和全国而言，"大跃进"的发动还是初步的，党内党外对"大跃进"的认识也不完全一致，作为"大跃进"指导思想的总路线虽然在成都会议已经提出，但用毛泽东的话来说还"尚待完备"，"不可以说已经最后形成了"。因此，为了统一全党的思想，通过社会主义建设总路线使之成为全党的指导思想，全面发动"大跃进"，中共中央和毛泽东决定召开八大二次会议。

1958 年 5 月 20 日，毛泽东在大会的讲话中，对为何要召开这次大会曾作了这样的解释："为什么要开这个会？我看我们这个常任制是搞对了。过去没有每年开一次代表大会制度，现在每年开一次极好。我们这个会有南宁会议、成都会议的准备，有去年冬天、今年春天水利、积肥、大跃进的事实出现，这个会就好开了。水利、积肥、大跃进，工业大、中、小同时并举，什么都并举，什么都出来了，都明朗了，这个会就好开了。如果不开这样的会，你这样想，他那样想，每个人想法不同，水平不同，事情就不好办，采取比较合理的意见，搞个决议，意见一致，全国人民就有了方向。"这段话，实际上已经把召开八大二次会议的原因说得很明白了。

八大二次会议的主要内容，是讨论、通过刘少奇所作的《中央委员会向第八届全国代表大会第二次会议的工作报告》、邓小平所作的《关于各国共产党和工人党的莫斯科会议的报告》，听取谭震林所作的《关于〈1956年到 1967 年全国农业发展纲要（第二次修正案）〉的说明》，增选中央委员会候补委员。会上，毛泽东多次作了讲话，117 人作了大会发言，145人作了书面发言。"代表们讨论了党的社会主义建设总路线的形成过程中的历史教训，提出了正确的思想方法的巨大意义"；"在发言中，代表们多方面讨论了怎样贯彻执行多快好省地建设社会主义总路线的问题，并广泛地交换了关于工农业生产和其他建设事业的经验"。① 可以说，这是一次全面发动"大跃进"的动员大会。

1958 年 5 月 5 日上午，大会举行预备会议，通过了大会的日程和主席团成员名单，并组成华北、东北、西北、西南、中南、华东、中直、军队等八个代表团。下午大会召开第一次会议，执行主席是毛泽东、刘少奇、周恩来、朱德、陈云、邓小平等。会上，刘少奇代表中央委员会作工作报告，邓小平作关于各国共产党和工人党莫斯科会议的报告。

刘少奇报告最引人注目的地方，就是全面阐述了鼓足干劲、力争上游、多快好省建设社会主义的总路线，这也是八大二次会议取得的最重要成果，正如大会闭幕后《人民日报》发表的题为"把总路线的红旗插遍全国"的社论所言："这次大会的重大历史意义在于确定了鼓足干劲、力争上游、多快好省建设社会主义的总路线。"②

社会主义建设总路线是在成都会议上形成的。在这次会议上，毛泽东曾经指出：社会主义建设有两条路线，一条多、快、好、省；一条少、慢、差、费。他还说，社会主义建设有两种办法，一种是干劲十足，轰轰烈烈，坚持群众路线；另一种是"寻寻觅觅，冷冷清清"，这也是一条路线。在会议讨论的准备提交八大二次会议的报告草稿中，原本有"我们今后的任务，是要为技术革命和文化革命而奋斗"的提法，时任中共中央宣传部副部长、毛泽东秘书的陈伯达将这一句话修改为："我们今后的任务，是要贯彻实行党中央和毛泽东同志提出的多快好省地建设社会主义、鼓足干劲、力争上游的总路线，为技术革命和文化革命而奋斗。"毛泽东又将这段话修改为："我们今后的任务，是要贯彻实行党中央和毛泽东同志提出的调动一切积极因素，正确地处理人民内部的矛盾，鼓足干劲、力争上游、多快好省地建设社会主义的总路线，为技术革命和文

---

① 《中国共产党第八次全国代表大会第二次会议情况》，《人民日报》1958 年 5 月 25 日。

② 《把总路线的红旗插遍全国》，《人民日报》1958 年 5 月 29 日。

化革命而奋斗。"①

刘少奇在工作报告中，首先分析了八大一次会议以来的国际和国内形势，特别是经过反右派运动和整风运动，焕发出了广大劳动群众"社会主义建设事业中的伟大的革命干劲"，"毛泽东同志提出的十五年赶上和超过英国的口号，鼓足干劲、力争上游、多快好省地建设社会主义的口号，要当促进派、不要当促退派的口号，勤俭建国、勤俭持家的口号，苦战三年、争取大部分地区的面貌基本改观的口号，所有这些号召，迅速地被几亿人口组成的劳动大军所掌握，成为极其伟大的物质力量。在劳动中，在工作中，出现了高度的社会主义积极性，势如破竹的锐气，不达目的不止的学习和钻研的精神，无所畏惧的创造精神"。

报告总结了1958年春天全面"大跃进"以来所取得的成绩，如1月到4月的工业总产值，比上一年同期增长了26%；基本建设也已经形成了高潮，在今年施工的限额以上的工程，将近千项，比第一个五年计划期间开工建设的全部限额以上的项目还多；由于各地进行了大规模的工业基本建设，今年地方工业的产量将大大提高；从1957年10月到1958年4月，全国扩大了灌溉面积3.5亿亩，比解放以后八年内增加的灌溉面积总和还多8千万亩，比解放以前几千年间所达到的灌溉总面积还多1.1亿亩；在同一期间，全国农民积肥约3100亿担（包括各种肥料，主要是土肥和泥肥），平均每亩可施肥1.8万斤，按肥效计算比积肥成绩很好的1956年还多两倍以上；等等。报告在总结这些成就后指出："社会生产力的发展要求社会主义革命，要求人们精神的解放；社会主义革命的胜利和人们精神的解放，又推动社会生产力的跃进；这种生产力的跃进，又继续刺激社会主义生产关系的改进和人们思想的前进。人们在不断地改造自然界的斗争中，不断地改造社会和改造人们自己。"

报告接着回顾了社会主义建设总路线的形成和发展过程，对总路线作了系统的论述，并对其基本点作了阐释。

报告指出："党中央认为，鼓足干劲、力争上游、多快好省地建设社

① 薄一波：《若干重大决策与事件的回顾》下卷，中共中央党校出版社1993年版，第663页。

会主义的总路线的基本点是：调动一切积极因素，正确处理人民内部矛盾；巩固和发展社会主义的全民所有制和集体所有制，巩固无产阶级专政和无产阶级的国际团结；在继续完成经济战线、政治战线和思想战线上的社会主义革命的同时，逐步实现技术革命和文化革命；在重工业优先发展的条件下，工业和农业同时并举；在集中领导、全面规划、分工协作的条件下，中央工业和地方工业同时并举，大型企业和中小型企业同时并举；通过这些，尽快地把我国建成为一个具有现代工业、现代农业和现代科学文化的伟大的社会主义国家。"①

报告详细地论述了根据这条总路线党和全国人民在技术革命和文化革命方面的主要任务。其中，技术革命方面的任务是：把包括农业和手工业在内的全国经济有计划有步骤地转到新的技术基础上，转到现代化大生产的技术基础上，使一切能够使用机器的劳动都使用机器，实现全国城市和农村的电气化；使全国的大中城市都成为工业城市，并在那些条件具备的地方逐步建立新的工业基地，使全国的县城和很多乡镇都能有自己的工业，使全国各省、自治区以至大多数专区和县的工业产值都超过农业产值；在全国范围内建立一个以现代工具为主的四通八达的运输网和邮电网。在尽可能地采用世界上最新的技术成就的同时，在全国的城市和农村中广泛地开展改良工具和革新技术的群众运动，使机械操作、半机械操作和必要的手工劳动适当地结合起来。

文化革命方面的主要任务是：扫除文盲，普及小学教育，逐步地做到一般的乡都有中等学校，一般的专区和许多的县都有高等学校和科学研究机关；完成少数民族文字的创制和改革，积极地进行汉字的改革；消灭"四害"，讲究卫生，提倡体育，消灭主要疾病，破除迷信，移风易俗，振奋民族精神；开展群众的文化娱乐活动，发展社会主义的文学艺术；培养新知识分子；改造旧知识分子，建立一支成千上万人的工人阶级的知识分子队伍，其中包括技术干部的队伍（这是数量最大的），教授、教员、科学家、新闻记者、文学家、艺术家和马克思主义理论家的队伍。

---

① 刘少奇：《中国共产党中央委员会向第八次全国代表大会第二次会议的报告》，《人民日报》1958 年 5 月 27 日。

报告认为，积极实现党的社会主义建设的总路线，积极实现技术革命和文化革命，将使我国的社会生产力大大地发展起来，将要大大地提高我国的劳动生产率，使我国工业在十五年或者更短的时间内，在钢铁和其他主要工业产品的产量方面赶上和超过英国；使我国农业在提前实现全国农业发展纲要的基础上，迅速地超过资本主义国家；使我国科学和技术在实现"十二年科学发展规划"的基础上，尽快地赶上世界上最先进的水平。

在大会的讲话中，毛泽东曾对总路线作了解释。他在 5 月 23 日的讲话中，特地讲到了为什么要提"鼓足干劲，力争上游"的问题。他说："鼓足干劲，力争上游"，这个提法很好，是新鲜的提法，反映了人民的干劲。干劲用"鼓足"二字比较好，比"鼓起"好，真理有量的问题。因为干劲早就鼓起来了，问题是足不足，至少要有六七分，最好八九分，十分才足了。干劲各有不同，所以用"鼓足"二字比较好。"鼓足干劲"是个新话。"力争上游"从前也有，不是新话，现在有新意。什么叫力争上游呢？从国内来说，无非就是争四、五、八，争千斤亩，争两千斤亩。鞍山出钢，不仅增加投资，争出钢的炉数，还要提高质量。四十条现在不要十二年了，有的省在有的项目上三年就可以实现了；有的省说可以一年实现，对外宣传要说两年实现，争取一年实现，留有余地；有些项目今年可以做到，有些明年可以做到，有些第三年可以做到，大体上五年差不多。一年抓四次，检查四次，每年下去四个月。用这样的领导方法，可能在五年内实现四十条，这不是上游吗？不是多快吗？但还要好省。

毛泽东还对总路线中为何没有主词作了解释。他说："鼓足干劲、力争上游、多快好省"，外国人看了可能不大懂，没有个主词，鼓什么人的干劲呢？本来考虑加上一句"调动一切积极因素"作为主词。其实不加主词也可以，世界上怪事多得很，就是不要主词，六亿人民就是主词，干劲就是六亿人民的干劲。

对于八大通过的社会主义建设总路线，1981 年十一届六中全会通过的《关于建国以来党的若干历史问题的决议》中已经作出了客观公正的评价。《决议》指出："1958 年，党的八大二次会议通过的社会主义建设总路线及其基本点，其正确的一面是反映了广大人民群众迫切要求改变我国经济文化落后状况的普遍愿望，其缺点是忽视了客观的经济规律。"

如果单从字面上理解，这条总路线的内容无疑是正确的，以"鼓足干劲、力争上游"的精神状态去建设社会主义，把我国早日建设成为一个社会主义现代化强国，并没有什么不对。相反，我国原本是一个经济文化都很落后的半殖民地半封建国家。正因为经济文化的落后，才导致了近代以来屡遭列强各国的侵略；而帝国主义的侵略，又加剧了中国的贫穷落后。新中国成立后，中国人民政治上翻了身，建立了先进的社会制度，但经济文化落后的状况并没有从根本上改变，从党的领袖到普通群众都急切地希望中国早日繁荣富强。这也是总路线之所以能够制定并在当时为人们所广泛拥护的原因所在。不但如此，这条总路线从表面上看，多快好省的经济建设方针，把数量与质量、速度与效益都包含进去了，既强调多与快，又要求好与省。如果经济建设中做到了又多又快又好又省的辩证统一，既有高速度，又有高效益，既有数量，又有质量，当然很好。然而，对于这条总路线所产生的实际作用和历史影响，恰恰不能从字面上去理解和把握。

这条总路线是在 1957 年下半年以后，毛泽东对 1956 年的反冒进的不断批评中提出和确立的。1956 年由周恩来、陈云等主持的反冒进，以及八大一次会议确定的既反保守又反冒进、在综合平衡中稳步前进的经济建设方针，本来是正确的。但是，自 1953 年过渡时期总路线提出，特别是 1955 年在农业合作化运动中开展对所谓"小脚女人"的批评后，毛泽东在社会主义建设问题上急于求成的思想便不断流露出来。他本来就不赞成反冒进，只是由于当时国际共产主义运动内部发生了波匈事件，接着国内又开展了反右派运动，他的主要精力放到了这两件事的处理上，对反冒进采取了容忍和默许的态度。波匈事件平息和反右派运动后，一方面，毛泽东将注意力放到了经济建设上，再次提出要把工作重心转移到经济建设（即技术革命和文化革命）上来。但是另一方面，此时他却把右派的进攻与反冒进联系起来，加之 1957 年经济建设的速度有所降低，出现了他所说的"马鞍形"，这使他坚信，反冒进是错误的，搞建设就是要有超常规的高速度，就是要冒进即跃进。因此，这条总路线的形成与提出的过程，既是不断批判反冒进的过程，也是急于求成的思想升温发热的过程。

2. "速度是总路线的灵魂"

多快好省是社会主义建设总路线的核心。多快与好省是对立统一的，没有好和省的多与快，既没有意义，也不能持久。如果把它们真正有机地统一起来，切实做到又多又快又好又省，自然是一种理想的状态。但是，当时尽管将这四点并列，表面上看四个方面都兼顾到了，但实际上重心是多与快，即高速度。

刘少奇在工作报告中就专门讲到了速度的问题。报告说：建设速度的问题，是社会主义革命胜利后摆在我们面前的最重要的问题。我们的革命就是为了最迅速地发展社会生产力。我国经济本来很落后，我国的外部还有帝国主义，只有尽可能地加快建设，才能尽快地巩固我们的社会主义国家，提高人民的生活水平。在我国这样一个六亿多人口的大国中，尽快地完成社会主义建设事业，又必将大大增强以苏联为首的整个社会主义阵营的优势，有利于社会主义阵营各国的互助合作，有利于世界上一切和平力量的互助合作，有利于世界和平的保障。

报告还对反对高速度的意见作了驳斥：

> 有些人说，提高建设速度，会使人们"过于紧张"，宁可慢一点好。但是，难道慢一点就不紧张么？要知道，六亿多人长期处在贫穷和缺少文化的状况下，用很大的努力才能勉强维持很低的生活水平，不能有效地抵抗自然灾害，不能迅速地制止可能的外来侵略，完全处于不能掌握自己命运的被动地位，那才是一种可怕的紧张局面。为了摆脱那种局面，几万万人鼓起干劲，满怀信心地投入热烈的劳动和斗争中，这是我们应当双手欢迎的一种革命的常规。这种"紧张"完全没有什么可怕。

> 有些人怀疑执行多快好省的方针会造成浪费。当然，如果把多快好省这个统一的方针分割开来，只追求多快而忽视好省，或者只追求好省而忽视多快，必然会造成浪费。多和快是对数量和

时间的要求，好和省是对质量和成本的要求，它们是互相补充、互相制约的。事实证明，全面地执行多快好省的方针，可以把人民群众的积极性和潜在力量高度地发挥起来，可以在整个生产建设事业的发展中造成最大的节约。

有些人又担心执行多快好省的建设方针，会在各个生产部门之间，在财政的收入和支出之间，造成不平衡。不平衡一定会有的，不实行这个方针，不平衡也会永远存在，因为任何平衡总是暂时的和有条件的，因而是相对的，绝对的平衡是没有的。当然，为了适应社会主义经济按比例发展的客观规律，在国民经济各部门之间，需要保持一定时间、一定范围的平衡，而这正是社会主义国家的计划工作的任务。问题是采取什么方法去平衡，是使落后赶上先进，还是让先进迁就落后。要解决财政收支不平衡的问题，积极的方法是发展生产，增辟财源；消极的方法是从片面的财政观点出发，限制建设事业的发展。

因此，那些反对提高建设速度、反对多快好省这个方针的批评，都是站不住脚的。①

从一般意义上讲，这也是对的。但问题在于，此时提出的建设速度，是脱离实际的高速度，而在宣传阐释总路线时，又只注重多和快，也就是速度和数量，忽视效益和质量。

在八大二次上，毛泽东特地谈到了高速度的问题。他在 5 月 17 日的讲话中说，我们的口号是多些、快些、好些、省些。这是不是高明些呢？我看我们的口号是高明些，应当高明些。因为是先生教出来的学生，学生应当比先生强。后来者居上嘛！我看我们的共产主义，可能比苏联提前到来。苏联二十年加上半年是 1800 万吨钢。1917 年是 400 万工人。1913 年是 400 万吨。所谓二十年加半年，是从 1912 年到 1941 年 6 月苏德战争爆发时，搞到 1800 万吨钢，除去底子 400 万吨，净搞 1400 万吨。就拿这

① 刘少奇：《中国共产党中央委员会向第八次全国代表大会第二次会议的报告》，《人民日报》1958 年 5 月 27 日。

些钢打败了希特勒。我们不用这些年，因为有苏联的帮助，有六亿多人口，又从苏联学来了经验。他们四十年的经验就是我们的经验，他们走对的我们继续走，不对的我们就不走了。我现在对几千万吨兴趣不大。到1962年，我们的钢有的说是 3000 万吨，有的说是 3500 万吨，有的说是4000 万吨，这是八年加五年共十三年时间。底子不是 400 万吨，而是 90万吨，主要是日本人搞的，其次是蒋介石搞的。蒋委员长这位老先生真不高明，几十年只搞了 4 万吨，还有满清张之洞的老底子。国民党不亡，是无天理。

在大会的讲话中，毛泽东还几次讲到超英赶美的问题。5 月 8 日，毛泽东在大会第一次讲话中说，我看，大概只要十几年工夫，我们的国家就可以变成工业国。对于这类事情首先要藐视它，然后在具体做的时候要重视它。七搞八搞，我看只要十五年就可以赶上或者超过英国；并且还要赶上美国，照李富春同志的说法，最多二十年也就够了。美国算不算数？也算数，也不算。美国有点工业、科学，因此第一是算数；第二不算数，也能赶上和超过的。现在你厉害，过几年我们赶上了，就比你厉害。争取十五年，打个保险系数多一点时间，二十年是办得到的。今天《人民日报》上登的"让高山低头，河水让路"，我看这个话很好：高山嘛，我们要你低头，你还敢不低头；河水嘛，我们要你让路，你还敢不让路。这样说是不是狂妄呢？不是，我们不是狂人，是实事求是的马列主义者，革命者。我们主张俄国的革命热情与美国的求实精神统一起来。

毛泽东又说，中国应当成为世界上第一个大国，因为中国人口世界第一个多嘛！过去林彪同志在延安曾谈过，将来中国应比苏联强。那时我还有点不大相信，我想苏联也在进步呀！现在我相信了，完全有可能。我们这么多人，现在六亿，再过十年、十五年八亿，人多总要做事，总不能光睡觉嘛！吃了饭就干社会主义，无非是搞工业、农业、文化科学嘛！因此说，十几二十年就可以赶上世界上一切国家，还可能超过美国。在座的有没有新华社的同志，可不要发稿，对外还是十五年赶上英国，美国让苏联赶，大家分工赶，不过我们也能赶上。十五年赶上英国对内给你们讲了，你们是党的负责干部，是党的八大代表；对外就不要讲了，不要登报。

在 20 日的讲话中，毛泽东说，"大跃进"与一般不同，七年赶过英国，再加上八年赶上美国，这是突变。这不是突然来的，是逐渐来的，要有七年，再加八年。工作一年要抓四次，一年三百六十天，这都是量变，其中也有许多小小的质变。如煤，不要七年，两三年就可以赶过英国。在这一点上来说，突变比量变好。但没有量变，就不会有突变。没有量变不行，否定量变，没有根据地去搞突变，是冒险主义，在政治上要犯错误。平衡是由不平衡来的，平衡中就有不平衡，没有不平衡就没有平衡。平衡的破坏是跃进，平衡的破坏优于平衡，因不平衡而大伤脑筋是好事。毛泽东还风趣地说，政治和技术结婚就产生了社会主义，它俩结婚就会生儿子，就产生了七年超英国、再八年超美国这两个儿子。第一个叫超英，第二个叫超美。

在 1958 年 5 月 23 日的讲话中，他又说：从国外来说，同外国比较，争取七年超过英国，十五年超过美国，报纸上还是宣传十五年超过英国。这次大会对这个提法有些修改，把"十五年或者更多一些时间"改成为"十五年或者更短一些时间内超过英国"。这里打了很大的保险系数，实际上七年就可以赶上了，有些项目还不要七年，比如煤炭两三年就可以赶上了。上海和别的地方有些品种已经超过了。

按照大会提出的超英赶美目标，各工业主管部门在向大会提供的工作报告中，纷纷提出了自己的工作赶超计划和时间进度。

冶金工业部部长王鹤寿发言说，根据党的社会主义建设总路线，最近和各省市研究了钢铁工业的发展速度后，得出的结论是：明年钢产量达到1200 万吨以上，1962 年达到 3000 万吨以上，1967 年达到 7000 万吨以上，1972 年达到 1.2 亿吨以上，是完全有把握的。就是说，钢产量明年达到八大提出的指标；五年超过英国；十五年赶上美国。在党的总路线的指导下，我们逐渐认识了客观规律，看出了我国国民经济发展上可能创造的、过去没有人可以设想到的速度。在这次代表大会上提出十五年赶上美国，是有极重大的政治意义的。这是一个世界范围内的兴无灭资的问题。因为在不久的时间内，超过英国已经是很清楚的了。而美国，目前却仍以资本主义世界"天之骄子"的样子在那里"神里神气"，我们以最快的速度赶上和超过它，就预示着资本主义世界灭亡的速度加快。

王鹤寿还说：十五年赶上美国或超过美国，没有什么浪漫主义的成分，是地道的现实主义。十五年赶上美国之所以是现实主义的速度，首先是因为我们看到 1962 年达到钢 3000 万吨的指标，并不是什么渺茫的理想，而是肯定可以实现的事实。3000 万吨的产量，是我们根据正在建设的、将要建设的钢铁厂的具体进度计算出来的，这种计算既没有"凭空估计"的成分，而又比较充分地考虑到可能遇到的一些困难，因而与其说它是先进的奋斗目标，倒不如说它还是多少带有保守性质的指标。1957 年钢的产量是 532 万吨，在这样一个小的基础上，经过五年可以肯定跳到 3000 万吨（每年增长 41.5%），那么从 3000 万吨的基础上，经过五年跃进到 7000 万吨（每年增长 18.5%）；从 7000 万吨这样一个更大的基础上，经过五年跃进到 1.2 亿吨（每年增长 11.3%），就是比较容易的了。因此，我们认为在钢铁工业中，十五年赶上美国是一个现实主义的奋斗目标。如果现实主义和浪漫主义相结合，那么我们就可以设想：1962 年钢的产量达到 3500 万—4000 万吨，从而赶上英国的时间将要更快一些。

石油部副部长李人俊在发言中说，第一个五年计划期间，石油工业有了显著的发展，比起旧中国那个"可怜相"好多了。但是这并没有从根本上改变落后面貌，在我国社会主义建设中，石油仍是最薄弱的一环。1957 年石油产量只有 146 万吨，这个数字与我们这样一个大国，而且又是以世界上史无前例的速度，飞快地建设现代工业和农业相比，就太不相称了。以往几年内我们也很想发展得快一些，但是由于道路走得不对，办法不多，总像小脚女人走路一样，每年产量增加 20%—27%，再也快不了。因此，很自然的，人们都很担心石油能否跟得上。这种担心对我们是一种很大的鞭策力量。我们承认落后，但决不甘心落后。在党的总路线照耀下，眼睛变亮了，方向明确了，办法也多了，现在可以响亮地回答大家的关切：石油工业能跟兄弟战线一起"大跃进"。我们的目标是：1962 年生产原油 1500 万吨，天然气 30 亿立方米，基本适应工农业的发展，保证满足国防方面的需要；在十五年内赶上钢铁产量（一吨钢一吨油），到 1972 年，原油生产水平超过一亿吨。

大会期间，一些部委还向中共中央提交了本部门与行业的"大跃进"报告或计划。

交通部党组在题为"全党全民办交通，水陆空运大跃进"的报告中提出：在第二个五年计划期间，水上货运的增长速度平均为 25%，到 1962 年，货运量达到 4.7 亿吨，1267 亿吨／公里，比 1957 年各增长 2 倍。水运比重将由 1957 年的 22.6% 提高到 24.6%。五年内增加轮船航道 3 万公里，到 1962 年共有通航里程约为 16 万公里，其中轮船通航道达 6.8 万公里。增建江海泊轮 170 万吨左右（其中包括远洋船舶 40 万吨），1962 年全国轮泊船将达到 300 万吨左右。第二个五年计划期间，新建公路 30 万到 50 万公里（其中常年通车里程约增 10 万公里）；预计 1962 年公路通车里程将达到 50 万到 70 万公里。在第二个五年计划期间，将增置公用汽车 15 万到 20 万辆（不包括运输合作社以公积金购进的车辆）。预计到 1962 年，公路货运量将达到 13.6 亿吨，210 亿吨／公里，比 1957 年各增长 2 倍多；客运量将达到 13 亿人次，400 亿人／公里，比 1957 年各增长 4 倍左右。

纺织部党组在题为"在五年内纺织工业主要产品超过英国赶上美国"的报告中说：在鼓足干劲、力争上游的思想基础上，我们拟出了一个规模宏伟的第二个五年计划纺织工业发展规划。这个规划，是在农业"大跃进"的基础上制定的。1962 年纺织工业生产的初步规划为：棉纱 1200 万件，棉布 3.6 亿匹（127 亿米）；毛织品 1.3 亿米；麻袋 2.5 亿条；人造纤维 15 万吨；蚕丝 3.35 万吨。这些指标比八大的建议数字都提高很多。第二个五年计划期间，纺织工业产值每年递增 23%。1962 年棉纱和棉布的产量将要超过现在世界上产量最高的美国；至于英国那就远远地被抛在我们的后面了。我国麻、丝工业的产量，现在已经超过英国和美国；毛纺和化学纤维的产量估计在七年的时间内可以赶上英国。到 1962 年，全国人口平均，两个人就有 1 匹布，将比现在 18 市尺提高 3 倍。加上品种增多和质量花色的改进，就可以做到"春夏秋冬，衣服齐备，男女老少，花样翻新"了。到那时候，全国人口每人平均约有一套毛绒衣，城市的青壮年每人平均有一套料子衣服，城乡人民都有做客的外衣和节日的盛装，在布匹门市部不但可以看到各色各样的棉布、绸缎、呢绒、麻布，还可看到各种棉、毛、麻、丝与人造纤维的混纺交织品，真是"五光十色，美不胜收"。

化学工业部党组在报告中说，最近我们从发展速度方面研究了我国化学工业的生产水平能不能在十五年赶上美国的问题。研究的结果是：只要坚决贯彻执行党的鼓足干劲，力争上游，多快好省地建设社会主义的总路线，充分地综合利用我国丰富的资源，彻底地走群众路线，几种主要化工产品的产量，是完全能够在十五年内赶上和超过美国的。报告列举了化学肥料工业、酸碱工业、有机合成化学工业、橡胶工业、医药工业十五年赶上和超过美国的具体数据。以化学肥料工业为例，报告说，美国 1957 年生产化学肥料 2800 万吨，1952 年至 1957 年的五年间平均发展速度为 7.8%，今后每年的发展速度假定以 5% 推算（事实上难于达到），到 1962 年化学肥料的产量可能达到 3580 万吨。我国 1957 年生产化学肥料 80 万吨，1962 年计划生产 3000 万吨（第二本账），第二个五年计划期间每年平均发展速度为 106%，预计实际执行的结果可能还会大大超过，可能达到 4000 万吨。如果 1962 年化肥产量达到 3000 万吨，那么在第三、第四个五年计划期间只要以每年 12.8% 的速度发展，就可以在 1972 年使化学肥料的产量达到 1 亿吨，这样就远远超过美国了。

负责计划工作的国务院副总理李富春，在大会作了题为"赶上英国，再赶上美国，第二个五年是关键"的书面发言，对第二个五年计划的跃进指标及如何达到，作了详细的说明。书面发言说，对着当前汹涌澎湃的社会主义建设高潮，我们真有一种"心潮逐浪高"的心情，充满了赶上英国、再赶上美国的信心和干劲。1958 年的形势完全证明，第二个五年是可以大大地跃进的。根据国家计划的第二本账，今年的工业生产，计划比去年增长 34%，经 4 月份的实践，已经比去年同期增加 42%，截至 4 月底，增加灌溉面积已经达到 3.5 亿亩，超过全年计划 6000 万亩；增加的造林面积，已经达到 2.9 亿亩，超过全年计划 1.4 亿亩。今年的工业生产，一定会大大超过年度计划中的第二本账；今年一年增产的粮食，有可能比过去五年（1952 年至 1957 年）增产的粮食还要多。这样就打开了第二个五年高速发展的道路。

　　书面讲话又说，按照初步设想的指标来估算，1962 年工业总产值为 2300 亿—2900 亿元，比 1957 年增长二至三倍，每年平均增长 26%—32%；1962 年农副业总产值大约为 1200 亿—1370 亿元，比 1957 年增长80%—110%，平均每年增长 13%—16%。很显然，这是一个古今中外从来都没有过的高速度。但就是这样的高指标，在实践过程中，经过努力，也是完全可能提前完成和超额完成的。根据上述初步设想的指标，八大的建议就可以提前在三年左右完成，我国就将建立起一个比较完整的现代工业体系，现代工业产值将超过农业产值，我国将基本实现工业现代化和农业现代化，文化科学技术将大大提高。我国的面貌将根本改变。

　　书面讲话还谈到什么时候赶上英国、什么时候赶上美国的问题。发言指出：只要争取完成和超额完成上述初步设想的第二个五年计划的第二本账，我国就完全有可能在 1962 年或更多一点时间内，在钢铁和其他主要工业产品产量方面赶上或超过英国；在赶上英国的基础上，经过进一步的努力，就可能在 1972 年或再多一点时间内，在钢铁和其他主要工业产品产量方面赶上美国。因此，第二个五年是赶上英国和赶上美国的关键。发言进而认为，不要十五年，甚至不要十年，只要七八年的时间，就可以在钢铁和其他主要工业产品产量方面赶上或超过英国；不要二十五年，只要十五年或者再多一点的时间就可能赶上美国。这样，过去资本主义国家花费了一二百年时间所达到的工业水平，就可能用二十年左右的时间来赶上它们。至于农业，只要在五年到七年内实现农业发展纲要，逐步实现农业的化学化、机械化和电气化，那我们的农业发展，就可把一切资本主义国家远远地抛在后面。

　　一些地方负责人也在发言中谈到各自高速度发展工农业生产的问题。

　　中共四川省委第一书记李井泉说，四川省对今后地方工业的发展已经作了初步规划，决心争取提前三年或五年实现全国农业发展纲要四十条（修正草案），争取五年内使地方工业总产值超过农业总产值，在 1962 年达到 145 亿元（或者还更多一点），比 1957 年的 36.1 亿元增长三倍（或者更多一点，但不包括中央现有工业和准备新建工业的产值）；我们认为这个指标是比较有把握实现的。李井泉还谈到一些具体指标，比如五年内全省人民穿衣由省内自给；煤产量由 1957 年的 516 万吨提高到 1958 年的 1000 万吨左右；小高炉的铁产量由 1957 年的 20.5 万吨提高到 1958 年的 60 万吨左右；整个"二五"计划的地方工业投资达 17 亿—20 亿元。

中共广东省委第一书记陶铸说：辩证唯物主义是在承认物质的第一性的基础上，强调人的主观能动性的作用的。人民群众的主观能动性，是无穷力量和智慧的源泉。特别是在社会主义制度下，以共产主义来提高人的觉悟，建立新的人与人的相互关系，人民群众能发挥出来的力量，就更加难以估量。原来认为广东实现工业化，不要十年也要八年，现在大有可能在今、明两年内，使工业产值赶上农业产值，三五年内基本上实现农业机械化、半机械化。粮食生产也可在 1960 年实现亩产 800 斤的指标，今年就可以增产 60 亿斤，增长 25%，一年超过以往五年。这样快的粮食增产速度，在广东历史上是从来没有的。

会议期间，中共中央批转了国家经委党组新提出的关于 1958 年第二本账的报告。报告认为，自从去年三中全会恢复了多快好省、四十条和促进会以后，又经过南宁会议后反对了"反冒进口号"，再加上去年以来直到现在的整风、反右派运动，群众的革命干劲的确是鼓起来了，今年第一季的生产运动证明，不仅在农业战线上，而且在工业战线上都出现了新的高潮。今年的确是一个非常的年份，群众革命建设的威力究竟有多大，我们还估不透，但很大很大是肯定了的。1958 年度国民经济计划的第二本账，自向成都会议作了报告以后，又有了一些新的变化。

报告提出了具体的调整指标：粮食总产量由 4316 亿斤提高到 4397 亿斤；棉花由 4093 万担提高到 4463 万担；猪由 19515 万头提高到 22681 万头。这样，农业和农副业总产值就由 754 元提高到 793 亿元，比上年增长的速度，由 16% 提高到 21%。工业生产指标，原煤的产量由 16737 万吨提高到 18052 万吨；生铁由 800 万吨提高到 835 万吨；钢由 700 万吨提高到 711 万吨；木材由 3095 立方米提高到 3165 立方米；金属切削机床由 5 万台提高到 6 万台；发电机由 77 万千瓦提高到 98 万千瓦；电动机由 340 万千瓦提高到 400 万千瓦；变压器由 700 万千伏安提高到 850 万千伏安；排灌机械由 270 万马力提高到 300 万马力。这样，工业和手工业总产值就由 904 亿元提高到 915 亿元，比上年增长的速度，由 33%提高到 34%。

这本是一些根本实现不了的高指标，但八大二次会议后却成为全国人民的奋斗目标，成为"大跃进"的中心内容。

1958 年 6 月 21 日，《人民日报》发表题为"力争高速度"的社论，其中直言不讳地说："用最高的速度来发展我国的社会生产力，实现国家工业化和农业现代化，是总路线的基本精神。它像一条红线，贯穿在总路线的各个方面。如果不要求高速度，当然没有什么多快好省的问题；那样也就不需要鼓足干劲，也就无所谓力争上游了。因此可以说，速度是总路线的灵魂。"

社论分析了能够实现高速度的条件：中国有 960 万平方公里的土地，各式各样的无穷无尽的宝藏，解放了的六亿几千万人民，党的马克思列宁主义的领导，再加上可以得到以伟大的苏联为首的社会主义阵营的巨大援助，可以运用苏联在几十年中积累起来的丰富经验，因此可以说，快马加鞭日进千里的条件是很好的。问题是我们自己究竟想不想快，要不要快。

社论又说："快，这是多快好省的中心环节。快了就能够多，这不用说。快和好省在某种条件下虽然会互相矛盾，而在根本上却也互相促进的。为了快，就必须动员起来力争上游，敢想敢干敢独创。于是，千千万万又好又省的合理化建议和发明创造就出来了，一系列又好又省的政策也就出来了。""快和慢确实会造成两种完全不同的样子，快或者慢的问题确实关系到国家的和每个人的命运，关系到全国的政治空气和每个人的精神状态。"

那么，这时所提的高速度到底是一种什么样的速度呢？一位领导同志在一篇文章中这样说："我们要求的建设速度，不是一般的超过过去的中国，一般的超过资本主义国家，这一点我们已经做到了。我们要求的建设速度是成倍的、几倍的以至几十倍的超过过去的中国和一切资本主义国家。"[①] 从一般经济发展的规律而言，这样的高速度显然是不可能实现的。

有的大会发言或一些部门给中共中央的报告中，还谈到了科学、文

① 李富春：《中国社会主义建设现阶段的基本问题》，《和平与社会主义问题》1958 年第 1 期。

化、教育、体育等"大跃进"的问题。

中国科学院北京地区自然科学各研究单位及院本部各工作单位全体工作人员，在大会期间给大会主席团并毛泽东写了一份题为"向党的八届全国代表大会第二次会议报告我们的工作跃进计划"，提出了二十四项跃进目标，如大力开展防治病虫害的研究，要在三年内提出基本扑灭稻瘟病、小麦锈病、棉花黄萎病和枯萎病、马铃薯晚疫病和退化病、油菜和烟草的花叶病、苹果腐烂病以及水稻螟虫和稻田其他病虫的防治措施；六年以内培育出适合华北地区栽培的抗锈、抗倒伏、丰产冬小麦新品种；赶制新型的离子交换树脂，利用其为海水脱盐，变成淡水，解决沿海城市水源困难，同时摄取海水中含有的宝贵的矿物资源；等等。

中宣部部长陆定一说，据各省市的汇报，扫盲工作在五个省可以一年完成（黑龙江已经基本上扫除了青壮年文盲），全国范围三年可以基本完成，边疆地区（西藏除外）最迟的七年可以完成。普及小学，十二个省市一年完成（江苏、福建、河南、黑龙江、江西五个省已经完成），全国三年基本完成，边疆地区最迟的七年完成。

卫生部副部长徐运北说，目前除"四害"和消灭血吸虫病的工作已经取得很大的成绩，完全有可能在全国范围内五年基本消灭"四害"。争取三年之内全国基本消灭血吸虫病、疟疾和钩虫病，五年之内基本消灭丝虫病，一年之内消灭人间鼠疫，两年之内消灭黑热病、天花和新生儿破伤风。五年到七年消灭性病。其他如肺结核、麻风、麻疹、赤痢、伤寒、流行性乙型脑炎、白喉、脊髓灰质炎、沙眼、甲状腺肿大、大骨节病、克山病等也要采取积极防治措施，要使这些疾病的发病率逐年有明显下降。

国家体委在《体育运动十年发展纲要（草案）》的报告中说，为了使体育事业更好地为社会主义事业服务，增进人民健康，增强人民体质，必须大力开展群众性的体育运动，并在体育运动广泛开展的基础上，加强提高运动技术水平，争取十年左右，在主要运动项目上赶上世界先进水平。要求篮球、排球、足球、乒乓球、田径、体操、举重、游泳、滑冰、射击、自行车、羽毛球、划船等项目，在十年左右达到世界前六名的水平，争取其中的若干项目获得世界冠军和创造世界纪录。要求十年内全国有 4000 万人通过劳卫制，800 万人达到等级运动员水平，其中运动健将 5000 人。

上海市委第一书记柯庆施作了关于文化革命的发言，描绘了十五年后中国文化事业的繁荣场景。这个发言随后以《劳动人民一定要做文化的主人》为题，发表在《红旗》杂志创刊号上。发言说：

在十五年内我国将在工农业生产方面赶超资本主义国家，同时在文化建设方面我国也将随着经济建设的发展达到繁荣，人们的精神面貌将大为改观。到那时，小学教育、中学教育早已普及，而且，不但是每个专区、每个县都办了大学或专科学校，在广大乡村中，也都办了大学或专科学校。那时，我们将不止有几十万、几百万个科学文化方面的专家，而且将从现代化工农业生产实践中锻炼出几千万个专门人才。

到那时，人们将过着极为文明、卫生的生活，苍蝇、蚊子、臭虫、老鼠、麻雀等等早已断子绝孙，那时的孩子们读到书上关于这些东西的记载，就像现在的一些学者"言必称希腊"时，所讲的希腊神话里的怪物一样神秘。那时，城市和农村的环境卫生已经大大改观，现在的破旧的茅草棚，除了特别保存下来，当作教育后代的展览品以外，也都被阳光充足、空气新鲜的新式楼房所代替。不难想象，那时人们的疾病将大大减少，健康水平将大大提高，而逐渐成为德智体育能够全面发展的新人类。

到那时，新的文化艺术生活，将成为工人、农民生活中的家常便饭，不但有了更好地为工农兵服务的文学艺术，而且工农兵自己也能更普遍、更高明地动手创造文化艺术，每个厂矿、农村都有图书馆、文化馆、歌咏队、演剧队，每个生产队、组都有自己的墙报、画报，都有自己的李白、鲁迅和聂耳，自己的梅兰芳和郭兰英。人们不但可以经常看到电影，而且可以从电视里学科学、学先进经验，同先进人物会见，看到整个地球以至整个宇宙许许多多的新东西。整个文艺园地处处"百花齐放"，天天"推陈出新"。

著名学者邓伟志认为，其实柯在大会上讲这番话也是事出有因。"在八大二次会议上，应该讲什么？有十多个省专讲反右，而柯没讲。在这个会议上，还有一个内容是反反冒进。周恩来等检讨了在经济工作上的反冒进。而柯十分尊重周总理，所以他坚持不谈经济，因为讲到经济就回避不了反冒进。既不讲反右，又不讲经济，还能讲什么呢？随柯到会的几位老人说：柯想了很久很久，结论是讲文化。"[①]

3. 插红旗、拔白旗

八大二次会议对反冒进的再次批评和强调"插红旗、拔白旗"，为进一步启动"大跃进"扫清了思想障碍。

如果说，南宁会议和成都会议毛泽东对反冒进还只是小范围批评的话，那么，八大二次会议则把这种批评向全党和全社会公开了。刘少奇代表中共中央所作的工作报告专门讲到了反冒进的问题。报告说：

"在1956年的跃进中也曾出现了一些个别的缺点，主要是由于多招收了一部分新职工，某些人员的工资增加得不适当，一度造成了市场供应情况的某些紧张。这些缺点，比之当时所取得的巨大成就，本来是很小的，经过全国人民在党的号召下进行了几个月的增产节约运动，问题就解决了。但是当时有一些同志不适当地夸大了这些缺点，对于当时所取得的伟大成绩却估计不足，因而认为1956年的跃进是一种'冒进'。在反对所谓'冒进'的这种空气下面，多快好省的方针，农业发展纲要四十条，竟然受到了某些人的怀疑。其结果是损害了群众的积极性，影响了1957年生产建设战线上特别是农业战线上的进展。但是不久，党就纠正了这个错误。在去年9月党的三中全会上，重申了坚持多快好省地建设社会主义的方针。接着，党中央又重新公布了经过修正的农业发展纲要草案，毛泽东同志又提出了十五年在钢铁和其他主要工业产品产量方面赶上和超过英国的战斗号召。党中央的这些正确的指导，同整风运动和反右派斗争所造成

---

① 邓伟志：《如何评价柯庆施》，《党史纵览》2003年第9期。

的群众积极性相结合，才又在更大的规模上产生了目前社会主义建设事业的全面跃进。曾经对多快好省地建设社会主义的方针表示怀疑的同志，许多人已经从这样一次反复中得到了教训；有些人却还没有得到教训，他们说：'到秋后再同你们算账。'让他们等着算账吧，他们总是要输的。"

"一个马鞍形，两头高，中间低。1956年—1957年—1958年，在生产战线上所表现出来的高潮—低潮—更大的高潮，亦即跃进—保守—大跃进，不是大家都看得很清楚了吗?"①

其中的"有些人却……总是要输的"、"一个马鞍形……很清楚了吗"这两段文字，是毛泽东会议期间修改这个报告时加写的。

尽管工作报告中对反冒进作了批评，但会上有人仍嫌不够。在小组讨论时，有人说：反冒进不仅仅是报告中所说的"一些"同志的问题，主席的思想是一贯的，但从1956年下半年到三中全会期间，主席的思想在中央委员会中贯彻了多少，值得研究。八大的报告和决议中都没有提多快好省和农业发展纲要四十条；八大关于第二个五年计划指标的建议也很保守；1957年的计划已经肯定是保守的计划。从这些事实来看，右倾保守不是少数人的问题，也不是一个部门、一部分工作的问题。

也有的人说，报告对反冒进的思想根源、错误性质和后果的论述，感到不够充分。在中央工作的个别同志来说是思想方法问题，在地方工作的一些同志中则不仅是思想方法问题，有些人是由于严重右倾和对社会主义事业缺乏热情和严重对党不满，因而借反冒进之名对党进行攻击。就全国来说，反冒进的错误虽然是思想方法的错误，但不是一般方法的错误，而是在建设路线上带根本性质的错误。

还有人认为报告对反冒进批判不够，语气嫌轻，对立面讲得不够，思想方法及思想根源没有分析，对反冒进带来的影响估计不足。批判的分量要重一些，对立面要明确，特别是思想方法和思想根源要集中分析批判。

有人甚至说，反冒进的错误主要不是来自地方，而是来自中央机关的一些同志，中央要多负一些责任。

---

① 刘少奇：《中国共产党中央委员会向第八次全国代表大会第二次会议的报告》,《人民日报》1958年5月27日。

还有一些人在大会发言中，对反冒进进行批评。有人说，1955年批判右倾保守思想之后，紧接着毛主席又提出了全国农业发展纲要和多快好省地建设社会主义的方针，党内曾经有过不同的思想认识，有赞成的，有怀疑的。怀疑毛主席多快好省的方针的人，首先就是从怀疑全国农业发展纲要能否实现开始。的确，他们也是希望农业更大地发展的，但是他们怀疑全国农业是否能够超过第一个五年计划的增长速度并增加生产，同样，他们也是希望从工业农业发展中，来增加国家的资金积累的，但是他们怀疑农业的发展速度，因而也就怀疑国家资金积累的比例，能够比第一个五年计划提得更高些；他们怀疑工业的发展速度能够搞得更快些，甚至比苏联的发展速度还快些。两年来的斗争实践证明，这种怀疑的观点是不正确的。

也有人说，生产力中最重要的是人，人民群众是历史的主人。这是马克思主义的基本原理。人的重要性连孟子也懂得："有人斯有土，有土斯有财。"可是，反冒进的人，却目中无人，只看到物的作用，遇到一点困难就张惶失措。我们不是从无到有，从小到大，在物质条件十分困难的情况下，依靠群众，战胜物质条件远比我们优越的敌人，而取得革命胜利的吗？

虽然毛泽东在成都会议上就说过，反冒进的问题以后不要再提了，但在这次大会上，他还是讲到了反冒进的问题。

毛泽东在5月17日的发言中说，中国革命始终是农民同盟军问题。工人阶级如没有农民作为同盟军，就不能得到胜利解放。解放前只有400万产业工人，现在有1200万，增加了两倍，连家属在内也不过4000万人左右。而农民则有五亿多。所以中国的问题始终是农民同盟军问题。有些同志在这个问题上不很清楚，甚至在农村混了几十年还不清楚。1956年为什么犯反冒进的错误，主要原因就在这里，不懂农民的思想感情，也就没有根，风浪一来，就容易动摇。1955年出了一本书叫做《中国农村的社会主义高潮》，举出一百几十个合作社的例子，除了西藏，各省都有。每个省有许多合作社增了产，一百多个社增了产，一增就是一倍、几倍，你还不相信农业四十条能实现吗？我看是能够实现的。可是1956年到

1957 年这两年中间，不相信的人相当多，所谓"观潮派"相当多，从中央到省、专、县、乡、社各级都有那种人，他们不去找积极因素，专去找消极因素。经过整风、反右派，干部参加劳动，工人参加部分管理工作，城市政治空气也变了。那些"农村没有希望"、"农业悲观论"、"四十条不能实现"等等，可以说一扫而光了。但是，仍有一些"观潮派"、"秋后算账派"，这部分人没有扫光，所以要做好工作。

在这种情况下，1956 年主持反冒进工作的周恩来、陈云、薄一波和李先念等领导人，不得不在大会的发言中公开检讨反冒进的"错误"。

周恩来在发言中检讨说，这次大会，是一个思想解放的大会，也是一个充满共产主义风格的大会。大会的发言丰富多彩，生动地反映了人民在生产大跃进、思想大解放中的建设奇迹的革命气概。真正一天等于二十年，半年超过几千年，处在这个伟大的时代，只要是一个真正的革命者，就不能不为这种共产主义的豪情壮举所激动，也就不能不衷心地承认党中央和毛主席建设路线的正确，同时，也就会更加认识反冒进错误的严重。我是反冒进错误的主要负责人，应该从这个错误中得到更多的教训。犯了反冒进错误的人，实际上按照是少、慢、差、费的方法建设社会主义，在过去一段时间内，曾经减低了我国的建设速度，损害了干部和群众生产和建设的积极性。因此，它不是个别问题上的错误，而是在一段时间内关于社会主义建设规模和速度问题上方针性的错误。对于这一点，自己在相当时间没有意识到，问题的严重性就在这里。周恩来不得不违心地承认，1956 年的反冒进"把实际上不到一个指头的缺点夸大化"，"反冒进的错误，挫伤了广大干部和群众的积极性，对我国 1957 年建设事业的影响还是不小的"，"这个错误的思想根源是主观主义和形而上学"，"思想方法上的这些错误，结果造成了建设工作中的右倾保守的错误"。

陈云在发言中谈及反冒进的问题时说，从 1956 年下半年到 1957 年上半年这一段时间内，我对于我国经过农业、手工业和资本主义工商业的三大改造以后，社会生产力的发展形势估计不足，对于 1956 年生产高潮的伟大成就估计不足，对当时大跃进中出现的个别缺点，主要是由于新职工招收得过多和某些部门工资增加得不适当，一度造成商品供应和财政的某些紧张情况，估计得过分夸大了。过多地注意物，对于群众的革命积极性估计不足；过多地注意了分配方面的关系，对于扩大生产重视不够；过多地注意了所谓"稳"，而不是积极争取一切可能争取的东西。这些错误，曾经使群众的积极性受到损害，并且减低了 1957 年的经济发展速度。反冒进的错误是看不见和低估当时群众性生产高潮的伟大成绩，是夸大估计了当时财政和市场的紧张情况。因此，对于当时反冒进的那个方针性的错误，我负有主要的责任，首先在思想影响上负有主要的责任。

李先念在《关于财政工作如何执行多快好省方针的问题》的发言中说，几年来，财政工作在中央和各级党委领导下是有成绩的，是基本上执行党的总路线、总方针的。但是，在工作当中确实出现了不少缺点，甚至在一个时候一个问题上也发生过带有方针性的错误。因为我们思想片面，有时偏重于消极的方法和制约的一面，因此只好在预算收支数字上打圈子，打来打去还是得不到一个好的出路，结果只能是寻寻觅觅，冷冷清清，不是轰轰烈烈，势如破竹。建设事业前进当中是会发生某些供求失调现象的，我们就表现异常敏感，盲目叫喊紧张。当 1956 年建设跃进中出现一些个别缺点的时候，我们只是抓住了事物的局部现象，没有抓住事物的本质，夸大缺点，低估成绩，把 1956 年的跃进说成是一种冒进。反冒进的错误给工作带来了相当大的损失，这里面我是有责任的。幸而中央及时作出了纠正，否则，损失不知道会有多大。

薄一波在发言中说，现在看得很清楚，1956 年的反冒进是完全错误的，这是一个带方针性的错误。对于这个错误，我也是有责任的。因为 1956 年的跃进是有重大意义的。在跃进中所出现的一些暂时的局部的困难，对于提前完成第一个五年计划，加速我国社会主义建设，本来是不可避免的，也是没有什么可怕的。但是我对于这种形势没有很好地加以分析，没有抓住形势发展的主流，对于一度出现的材料紧张的困难，没有采取积极的措施，动员和依靠群众，千方百计地去克服，反而强调了这种困难，认为既然原材料生产赶不上去，基本建设的速度也就不能太快。在反冒进错误的影响下编制的 1957 年计划是保守的。而且在思想没有完全解放的情况下，编制出来的 1958 年计划的第一本账，也对当前"大跃进"

的形势估计不足。今天看来，问题的严重性还不在于生产和建设的指标高一点或低一点，而在于反冒进大大挫伤了人民群众和广大干部的积极性，给开始出现的群众性的生产建设高潮，泼了冷水。这是必须引为教训的。

由于几位主张反冒进的领导人一再作了自我批评，毛泽东认为现在反冒进的问题已经解决了，党内的思想认识已经统一到了多快好省的建设方针上来了。所以在 5 月 20 日的讲话中，他说，现在我们很团结，没有什么事，中央和地方都很好。经过整风，反冒进事件现在搞清楚了，经过团结斗争，在新的基础上达到了新的团结。

八大二次会议虽然并没有对反冒进的问题作出什么决议，但当时主持反冒进的领导同志违心且上纲上线的自我批评和检讨，实际上为反冒进定了性：反冒进等于右倾保守，是严重的错误，是违背马克思主义的，给经济工作带来了相当大的损失。相反，冒进就是跃进，冒进是马克思主义的，搞社会主义建设就是要大冒进，也就是要"大跃进"，冒进＝跃进＝马克思主义、反冒进＝右倾保守＝反马克思主义的公式也就形成了。因此，只能反右倾保守，不能反冒进。这样，八大一次会议确定的既反保守又反冒进，在综合平衡中稳步前进的经济建设方针，实际上被只反保守不反冒进的"大跃进"所取代。对代表右倾保守的所谓"观潮派"、"秋后算账派"可以大加批判，而对冒进则不但不能反对而且应大加褒扬。冒进也好，跃进也好，其实就是高指标。谁要是不赞成高指标，谁就是右倾保守，就是反对"大跃进"。这样一来，党内外对脱离实际的高指标只能是噤若寒蝉，甚至明知不可为却违心地大唱赞歌。不但如此，为了表示自己与反冒进划清了界限，站到了多快好省的"大跃进"立场，一些地方和部门不断地拔高工农业生产的各类指标，于是浮夸风也就随之产生了。

那么，如何把"大跃进"进一步发动起来，彻底扫除右倾保守和反冒进的影响，办法是"插红旗、拔白旗"。毛泽东在 5 月 8 日的讲话中说，我们要学列宁，要敢于插红旗，敢于标新立异。当然，标新立异也有两种，一种是插红旗，是应当的，如列宁向第二国际的标新立异，另插红旗。旗帜横竖都要插的。一个合作社、一个生产队，就有一面旗帜。无产阶级不插红旗，资产阶级就一定会插白旗；与其让资产阶级插，不如无产阶级插。不要留空白点。资产阶级的旗子，我们要拔掉它，要敢插敢拔。

5月20日的讲话中，毛泽东又专门讲到了"插红旗，辨风向"的问题。他说，凡是有人的地方都要插旗子，不是红旗，就是白旗，或者是灰色的旗子；不是无产阶级插红旗，就是资产阶级插白旗。现在有少数落后的合作社、工厂、机关、学校，它们那里不是红旗，而是白旗或是灰旗。我们应当到落后的地方走一走，发动群众，贴大字报，把红旗插起来。

在23日的讲话中，他再次讲到了插红旗、拔白旗的问题，说每一个生产队都要插一面旗子，看到没有旗子的地方就去插旗子，看到白旗，把它拔下来，插上红旗。灰旗也不行，也要拔下来，他不肯拔，就通过辩论，把它拔下来，插上红旗。

毛泽东在讲话中虽然没有指明红旗和白旗是什么，但八大二次会议结束时《人民日报》发表了题为"把总路线的红旗插遍全国"的社论，实际上把什么是红旗说得很明白了。

红旗就是总路线，也就是搞"大跃进"，就是多快好省；白旗者，乃与总路线、"大跃进"相抵触的思想观点及人与事，就是所谓的"观潮派"、"秋后算账派"。红旗与白旗的区分，就在于要不要鼓足干劲、力争上游，要不要、能不能把事情办得快些好些。凡是不赞成或反对"大跃进"者，就是插的白旗，就应当拔掉。拔白旗也就是对反对或消极对待总路线、"大跃进"者采取组织措施。拔旗的方法，就是当时流行的大鸣、大放、大字报和大辩论。八大二次会议后，全国开展了大规模的拔白旗运动，一些对"大跃进"有抵触情绪的干部群众被当做白旗而遭批判。所以插红旗、拔白旗的过程，也就是进一步发动"大跃进"的过程。

"大跃进"之所以发生，原因是多方面的。其中重要的一点，是毛泽东在建设社会主义的问题上出现了急于求成的倾向。毛泽东在发动对反冒进的批评中，不断加大了对"大跃进"的政治动员。八大一次会议充分肯定的既反保守又反冒进的经济建设方针，是社会主义建设的伟大探索中总结出来的宝贵经验。毛泽东对反冒进的指责和批评，既是对中共中央集体经验的否定，也是对党的集体领导原则和民主集中制的破坏。

在反冒进的过程中，对毛泽东的个人崇拜有了新的发展，他的个人专断作风也有了新的滋长。在这种情况下，因主张反冒进而承受巨大压力的周恩来等人，在大会发言中专门讲到了"向毛主席学习"的问题。周恩来说："中国几十年革命和建设的历史经验证明，毛主席是真理的代表。离开或者违背他的领导和指示，就常常迷失方向，发生错误，损害党和人民的利益"。"因此，我们必须下苦功夫，认真地研究毛主席的著作和指示，学习他把马克思列宁主义的普遍真理同中国革命的具体实践相结合的光辉典范，学习他群众路线的工作方法，学习他的思想和作风以及他所具有的伟大的共产主义风格。"[1] 薄一波也在发言中说："毛主席的建设路线，不是别的，就是他多次经过革命烽火的考验、被充分证明了的、无往而不胜的马克思列宁主义思想对当前客观实际的掌握和运用，是对于国际的和我国的建设经验的科学总结。我们有了毛主席这样的舵手，有了这样英明的领导，我们只要老老实实地向他学习，老老实实地按照他的指示办事，就可以避免犯反冒进那样的错误，在经济建设上我们就可以取得更大的成就。"[2]

如果说，周恩来等人的上述表态，主要是为了党的团结统一的话，那么，大会发言或小组讨论中一些类似的话，恐怕在很大程度是发自内心的了。一位省委第一书记在发言中说：当我们坚决执行党中央和毛主席的方针路线的时候，革命就能取得胜利，反之就一定蒙受损失。这一教训，在革命的战争年代，已为无数的事实所证明，经过这次反冒进的反复，也已为铁的事实所证明。湖南小组在讨论中则认为，我们党内不存在个人崇拜的问题，我们衷心地跟毛主席走，并不是崇拜个人、迷信个人，而是崇拜真理。因为中国革命和建设的历史经验证明，毛主席是真理的代表。

4."敢于破除迷信"

"破除迷信"是八大二次会议的又一重要话题。刘少奇所作的工作报告中，有这样一段话：

---

[1] 周恩来：《在中国共产党第八届全国代表大会第二次会议上的发言》，1958 年 5 月。
[2] 《薄一波同志的发言》，1958 年 5 月。

我们现在正经历着我国历史上伟大的飞跃发展的时代。我们的党，我们的国家，现在需要大批敢想敢说敢做的人，敢于破除迷信、革新创造的人，敢于坚持真理、为真理冲锋陷阵、树立先进和革命旗帜的人，依靠这样的人，我们才能够领导全国人民跃进再跃进，多快好省地完成伟大的社会主义建设事业。

为什么要提出这个问题，工作报告解释说，我们的国家曾经遭受外国侵略者一百多年的压迫，造成许多方面的落后状态，现在虽然解放了，并在各方面有了飞跃的发展，但是不少人的精神状态还带着被压迫者的烙印，头脑里还装满了种种迷信、恐惧和自卑感。他们不是鼓足干劲，而是委靡不振；不是力争上游，而是甘居下游。报告认为，无产阶级和人民的战士应当彻底抛弃那种精神状态，提倡坚决相信真理坚决依靠群众、对于任何权威都无所畏惧的崇高风格。骄傲使人落后，谦虚使人进步，这是我们必须牢记的；但是我们提倡的是实事求是的谦虚，绝不是赞成妄自菲薄。我们有六亿多人口，我们党同这六亿多人口结成了血肉的联系，领导这个伟大的力量，凡是人类能够做的事，我们都能够做，或者很快就能够做，没有什么事我们不能够做的。

报告充满信心地说："我们的六亿多人口在革命觉悟高涨和革命斗争胜利的速度方面，已经远远地超过了西方最发达的资本主义国家，而在经济文化发展的速度方面，也必然远远地超过它们。在历史上，永远是后来者居上，永远是暂时显得弱小的、代表进步方面的、趋向死亡的事物。我们必然在很短的历史时期内把世界上所有的资本主义国家远远地抛在我们后面。既然如此，我们难道还不应当相信自己，迅速同那些迷信、恐惧、自卑感等等宣告决裂吗？"①

那么，要决裂和破除的迷信是什么呢，毛泽东在大会的讲话中对此作了解释。他在5月8日的讲话中，一开始就说要"讲一个破除迷信"的问题。

他说，我们有些同志有好些怕，其中有的怕大学教授。整风以后，最

---

① 刘少奇：《中国共产党中央委员会向第八次全国代表大会第二次会议的报告》，《人民日报》1958年5月27日。

近几个月以来慢慢就不那么怕了，或者怕得没有那么厉害了。是否也怕无产阶级教授？我看有的。譬如说，怕马克思，他住在很高的楼上，要搭上好几层楼梯才能爬得上去。不要怕，因为马克思也是人，他也是两只眼睛，两只手，一个脑子，跟我们差不多。不过他脑子里有一大堆马克思主义。马克思的东西，不一定都要读完，读一部分基本的东西就够了。但我们做的超过了马克思。列宁说的做的，许多地方都超过了马克思，马克思没有做十月革命，列宁做了，所以在实际方面是超过了。马克思那时有那时的条件。他没有做中国这样大的革命。我们的实际也超过了马克思。在实践中就会产生出道理来。马克思革命没有革成，我们革成了。这种革命的实践，反映到意识形态上，就成为理论。

他接着说，不要妄自菲薄，不要看不起自己。中国被帝国主义压迫了一百多年，帝国主义宣传那一套，要服从洋人，服从外国一百多年了，吓怕了，什么都怕。封建主义宣传那一套，要服从孔夫子，总觉得自己不行。这说明在这些看法上，是有迷信思想。在讲话中，他还举了二十多个例子，如战国时泰国的甘罗，汉朝的贾谊、项羽、韩信，孔夫子和他的学生颜渊，《西厢记》里的红娘等，"说明年轻人胜过老年人，学问少的人可以胜过学问多的人。不要被大学问家、名人、权威所吓。要敢想、敢说、敢做，不要不敢想，不敢说，不敢做，被某些东西所束缚，要从这种束手束脚的状态中解放出来，要发挥人的创造性"。

会议期间，毛泽东对一份关于辽宁省安东机器厂的材料发生了浓厚的兴趣。材料中说，这个厂原来技术力量很薄弱，全厂没有一个工程师，只有一个技术人员和几个老工人，但他们克服困难，试制出了拖拉机。毛泽东将这份材料冠以"卑贱者最聪明，高贵者最愚蠢"的标题，指示印发给与会者。他还要求编印一本近三百年世界各国科学、技术发明家的通俗简明小传，以证明"科学、技术发明大都出于被压迫阶级，即是说，出于那些社会地位低、学问较少、条件较差、在开始时总是被人看不起，甚至受打击、受折磨、受刑戮的那些人"。"如果能够有系统地证明这一点，那就将鼓舞很多小知识分子、很多工人和农民，很多新老干部打掉自卑感，砍去妄自菲薄，破除迷信，振奋敢想、敢说、敢做的大无畏创造精神，对于我国七年赶上英国、再加上八年或者十年赶上美国的任务，必然会有重大的帮助。"①

　　社会主义改造的提前完成，反右派斗争的完全胜利（如何看待这个胜利是另一个问题），使毛泽东对于社会主义建设的长期性和艰巨性认识不足，开始不谨慎了，人们崇拜他，他也有些过分自信。他在大会的讲话中说，过去有不少人认为工业高不可攀，神秘得很，认为"搞工业化不容易呀"。总之，迷信很大。我也不懂工业，可以说一窍不通，可是我不相信工业就是高不可攀。我同几个搞工业的同志谈过，我说，不要把它看得那样严重，这是不正常的心理状态。开始不懂，学过几年也就懂了，有什么了不起。毛泽东的这番话自然旨在鼓励人们解放思想，破除迷信，增加信心。做什么事情首先要有信心自然是不错的，但仅有信心又是远远不够的，因为搞工业也罢，进行其他的建设也罢，是必须遵循其内在的客观规律，否则必然受到规律的惩罚。

　　怎样破除迷信成为大会分组讨论中的一个重要议题，与会者纷纷认为要进一步破除迷信，解放思想，不要怕资产阶级教授，这些人其实没有什么学问，用的是"洋人"、"外国"、"学问"吓唬人。于是敢想、敢说、敢做就成为大会的共同声音。

　　贵州小组在讨论中说，毛主席破除迷信的讲话，不仅进一步解放了思想，对促进文化和技术革命尤其重要。贵州同志较普遍地存在着一种自卑思想，以为贵州交通闭塞，工业落后，各个方面都比不上外地，矮人一头，不敢力争上游。在工业上，有些人认为离开几个工程师，戏就唱不起来；在理论上，则认为"山沟里出不了好秀才"。有许多事情本来可以办，但有人还要回顾历史，观望外地，好像前人和别人没有办过的事情，就不可轻易去办。

　　山东小组在讨论中认为，破除迷信思想的问题很重要。因为现在还有一部分人很迷信教授、科学家，而对劳动群众的创造发明容易忽视；对古人的东西总看成是天经地义，而对现代的新生事物往往忽视；对外国的东

---

① 《建国以来毛泽东文稿》第七册，中央文献出版社 1992 年版，第 236 页。

西很重视，而对本国的创造发明和潜力则重视不够。所以破除迷信，从种种思想束缚中解放出来，敢想敢干，是非常必要的。

湖南组在讨论中明确表示：主席的讲话对于我们破除迷信、解放思想，有极其深刻、伟大的意义。七年赶上英国，再加上八年赶上美国是完全可能的。问题不在于能不能赶，而在于敢不敢赶，主席的讲话已经使我们从思想上解决了这个问题。在党中央和毛主席的正确领导下，我国建设社会主义社会的速度，也将大大超过苏联建设社会主义的速度。

破除迷信、解放思想本身也没有什么不对，既要学习马克思，又要敢于超过马克思，从理论上讲也是正确的，唯有如此，才能在坚持马克思主义中发展马克思主义。但是，八大二次会议却把破除迷信、解放思想同敢想、敢说、敢做等同起来，而且把敢想放在第一位，实际上就是搞不怕做不到，就怕想不到。八大二次会议强调破除迷信，为随后"大跃进"运动中一系列的违背规律、违反科学的举动提供了思想基础。大会之后，各行各业大放"卫星"，粮食亩产几千斤、几万斤甚至十几万斤的报道充斥于报刊，"人有多大胆，地有多大产"成为党中央机关报的通栏标题，"只要我们需要，想生产多少就可以生产多少粮食出来"赫然出现在《人民日报》的社论里，有人在党中央机关刊物《红旗》上专门撰文批驳"粮食增产有限论"，许多荒唐的"发明创造"如公鸡孵小鸡之类变成了"跃进"的成果。其结果是解放思想变成了胡思乱想，破除迷信将科学也破除了。

在这次大会的讲话中，毛泽东还讲到外行领导内行的问题，认为外行领导内行，这是一般规律。差不多可以说，只有外行才能领导内行。并提出对这个问题要好好研究一下，"因为有许多工程师、教授看我们不起，我们也觉得自己不行；硬说外行领导内行很难。要有点道理驳他们"。会后，报刊上不断有文章对外行领导内行的规律性进行解读。安徽省委第一书记曾希圣在刚创刊的省委理论刊物《虚与实》上，发表了《破除迷信，解放思想》一文，专门讲到了"外行领导内行是一般规律"的问题。还有人将是外行领导内行还是内行领导外行的问题，上升到了两个阶级、两条道路斗争的高度，说内行领导外行的实质，是剥削阶级知识分子对无产阶级领导的抗拒。更有甚者，有人进一步提出"只有外行才能领导内行"，将外行领导内行视为"一般规律"的结果,导致了对专家和知识分子的蔑视,使强迫命令、瞎指挥的作风肆无忌惮地盛行开来。

八大二次会议不但是全面"大跃进"的总动员,而且大会提出的许多论点,也成为"大跃进"的具体内容。

在大会的发言中,河南长葛县委第一书记吕炳光作了《土地大翻身,争取亩产八百斤》的发言,介绍了该县深翻土地的经验。发言说,长葛全县50万人民,去冬今春在全民整风运动的基础上,充满着忘我劳动的精神,在112万亩的耕地上,已实现了水利化,积肥300亿斤。与此同时,开展了大规模的深翻土地运动,截止到1958年4月底,全县33万亩早秋地已深翻了一遍,深度都在一尺五左右。计划今年把全县112万亩耕地来一个大翻身,争取亩产800斤。他在发言中还说:"深翻土地是农业增产的一项重要措施,深翻土地才更能充分地发挥水利和肥料的增产效能",并举例说,该县后河乡胜利一社,1954年深翻的7亩9分地,平均亩产810斤,1956年深翻的二亩地,亩产1146斤,1957年深翻的一亩地,更是高达1319斤,因此,"土地只要经过深翻,即可增产百分之几十以至一倍、几倍。"发言还介绍了长葛县组织群众深翻土地运动的经验,并详尽地介绍了几种深翻土地的方法。

毛泽东对深翻土地很感兴趣。还在1957年10月,他就看到了一份关于山东莒南县厉家寨乡大山农业社千方百计夺取农业丰收的材料,其中介绍说,深翻和整地是这个山区农业社增产的主要关键之一,深翻地比未深翻地每亩增产50至70斤。这一点给毛泽东留下了很深的印象。在成都会议上,他曾说,改良土壤有二法:一为深翻,一为调换。可以四至五年轮流深翻一次。山东莒(南)县大山农业社就是如此。在武汉会议上,他又说,深翻土地,大有味道,一亩地宁可花几百个工也使得。毛泽东在5月17日的讲话中说,感谢河南省长葛县第一书记的发言。这个发言很好,一年把112万亩土地全部深翻一遍,争取亩产800斤。这就提出了一个新问题,各县是否都能做到。河南长葛县能做到,别的县难道不行吗?一年不行,两年不行,三年行不行?四年、五年总可以了吧。我看五年总可以。毛泽东在讲话中还详细地介绍了长葛深翻土地的具体办法。

既然深翻土地得到了党的最高领导人的充分肯定和好评，认为能大幅度增产，于是，八大二次会议后全国农村掀起了大规模深翻土地的运动。同年 7 月，农业部先在长葛、后在安徽阜阳召开全国深耕农具和改良土壤现场会议，提出从现在起要在全国范围内迅速掀起一个像去冬今春搞水利化劲头一样的深翻和改良土壤运动。要求大干一秋，加上一冬一春，把全国需要深翻和改良的 16 亿多亩耕地，普遍深耕和改良一遍。一般深度达到一尺五上下，丰产田二三尺以上，并作到分层施肥，使不良土地全部变成良田。这年 8 月的北戴河会议还通过了《中共中央关于深耕和改良土壤的指示》，要求在今后两三年内，把一切可以深耕的土地全部深耕一遍。这样，土地深翻成为农业"大跃进"的重要内容，一些地方把深翻土地变成越深起好，有的甚至达到了一丈多深，结果不但不能增产，还徒劳地耗费了大量的劳动力。

八大二次会议还强调要全党办工业、全民办工业。刘少奇在报告中专门讲到了为什么中央工业和地方工业、大型企业和中小型企业必须同时并举的问题。他说："发展工业生产既是全国人民的普遍需要，这就必须执行全党办工业、全民办工业的方针，彻底打破那种认为工业只能由少数人包办的神秘观点。只有中央和地方各级直至合作社一齐动手，并且在大中小企业方面实行分工合作，'众人拾柴火焰高'，事情才能办得又多又快又好又省。"又说："只要全国二十几个省、自治区和直辖市，一百八十多个专区、自治州，二千多个县、自治县，八万多个乡、镇，十万多个手工合作社，七十多万个农业合作社，都能够在发展工业方面正确地充分地发挥积极性，那么，在一个较短的时间内，各种工厂就像星罗棋布那样分布在全国各地，而我国工业的发展，当然要比只靠中央管理的若干大企业要快得多。这样，前途必然是：一、加速国家工业化的进程；二、加速农业机械化的进程；三、加速缩小城乡差别的进程。"[①]

在"大跃进"中，刮起了一股大办地方工业之风。据国家统计局 1958 年年底公布的数据，1958 年共有近 700 个限额以上的新建厂矿部分

---

① 刘少奇：《中国共产党中央委员会向第八次全国代表大会第二次会议的报告》，《人民日报》1958 年 5 月 27 日。

或全部投入生产，平均 12 多小时就有一个。此外，全国各地兴建的中小型厂矿更是如雨后春笋，仅据辽宁、河南、浙江、广东四个省的统计，这年新建设的县以上的中小型厂矿就有 15000 多个。至于各地人民公社办起的工厂则数以百万计。这些厂矿企业的新建和扩建，固然对这年的工业生产的发展起到了直接的推动作用，但其结果不但使这年基本建设的投资大幅度增加，仅中央和省一级就达到 235 亿元，比 1957 年增长了 87%，相当于第一个五年计划总投资的半数，而且导致了这年全国职工人数的急剧增加。许多县办特别是（公）社办企业大多是在一无资金、二无设备、三无人员的情况下，白手起家开办的，办工厂所需的人、财、物，都只能采取从原农业社和社员手中无偿调拨。大多数企业在后来的国民经济调整中，不得不关、停、并、转，造成了大量人力物力的浪费。

八大二次会议上毛泽东虽然没有作工作报告，只是作了几次讲话，而且讲得很随意，似乎也没有刻意地作准备。然而，从对会议和会后所产生的影响看，这些讲话是此次会议的主题和灵魂。在随后全面启动的"大跃进"中的许多做法，都与讲话的内容有着直接的关联。可以说，八大二次会议在一定程度上加剧了业已存在的对毛泽东的个人崇拜，他已经被当成了真理的化身，成了正确路线的代名词。既然毛泽东倡导"大跃进"，要求高速度，那么，党内党外、上上下下群起响应，也就成了顺理成章、理所当然的了。

八大二次会议结束时，《人民日报》为庆祝大会闭幕，发表了《把总路线的红旗插遍全国》的社论，指出："如果说，党的第八届全国代表大会第一次会议主要是总结了社会主义改造的经验，那么，第二次会议主要是总结了整风运动和社会主义建设的经验。这次会议能够总结社会主义建设经验，并且提出和通过了社会主义建设的总路线，是由于经济战线、政治战线和思想战线上的社会主义革命已经基本上完成，党已经有可能把主要力量集中到社会主义建设方面来，而我国的建设工作也已经有了八年的历史，特别是在最近三年中取得了高潮—低潮—更大的高潮这样一个马鞍形发展的教训。经过这次大会，党和人民获得了统一思想、统一步调的锐利武器，这对于今后我国社会主义建设事业的迅速发展，无疑将产生伟大的作用、"

社论又说：在有些人看来，我国建设只能慢些、差些，不能快些、好些。他们有种种理由：什么人口太多啦，经济文化太落后啦，农业长不上来啦，资金和技术力量不足啦，外国的速度也只有那样高啦，如此等等。这些人跟资产阶级右派不同，他们是要建设社会主义的，只是他们的精神不够振作，反映了由于我们民族长期被压迫而遗留下来的自卑心理。他们只觉得自己矮得很，别人才是丈二金刚。他们不知道，解放了的、觉悟了的、团结起来和组织起来的六亿多人口，这才是世界上最伟大的创造力量，有了这个力量，就能够有最多的资金和最大的技术力量，就能够有工业和农业的高速度发展，就能够做到人类所能够做到的一切。在伟大的中国和以伟大的苏联为首的社会主义阵营面前，什么美国英国，什么帝国主义阵营，真正不过是一些侏儒罢了。

正如这篇社论所言，这条总路线"集中体现了我国人民对于尽早摆脱经济落后和文化落后的迫切要求"，但同时违背了客观经济规律。多快好省的建设方针与八大一次会议坚持的既反保守又反冒进、在综合平衡中稳步前进的方针是相对立的。作为"经验总结"重要成果的总路线，在很大程度上是对八大一次会议所总结的正确经验的否定。

1958 年 6 月 3 日，《人民日报》又发表《向技术革命进军》的社论，号召从现在开始，全党和全民的主要注意力必须转移到技术革命和文化革命方面来，以便尽快地把我国建设成一个具有现代工业、现代农业和现代科学文化的伟大的社会主义国家。社论为人们描绘了一幅实现技术革命的主要任务后的美好图景，到那时，"我国的劳动生产率就能大大地提高，我国的社会生产力就能大大地发展；我国的工业就能在十五年或者更短的时间内超过英国；我国的农业就能在提前实现全国农业发展纲要的基础上，赶过一切资本主义国家；我国的科学和技术就能在实现'十二年科学发展规划'的基础上，赶上世界上最先进的水平"。社论豪迈地宣布："我们要唤醒埋藏在地下几亿年的矿藏，要驾驭洪水、战胜天灾，让大自然听我们使唤，为我们服务。我们要把工厂的烟囱遍布全国的大小城镇，要使一切生产劳动的场地上都有机器的声音，要把电灯送到每一个深山小村。

我们要登上世界科学技术的高峰，要消灭贫穷和落后，使我们的人民过最幸福的生活。"

八大二次会议后，各地对会议精神进行了声势浩大的宣传贯彻。例如，中共广东省委决定组织农业生产万人检查团，深入每个乡、每个社，"一边传达中共八大二次会议精神，一边根据八大的精神检查生产，推动生产，使农村生产，特别是当前生产再来个大跃进"。① 哈尔滨市九个区的中共区委书记、区长、工厂党委书记、厂长，"都深入到居民组和车间里宣传社会主义建设总路线。在街头上出现了各种形式的宣传大军，有五彩缤纷的宣传卡车，评剧、话剧、曲艺、相声和杂技的演员们，通过文艺表演，把'八大'二次会议闭幕的消息和社会主义建设总路线的精神告诉了观众"。② 天津市"组织了包括工厂、商店职工，手工业社社员，学校师生，街道居民和文艺界人士等七万多人的宣传大军，四面出动，大张旗鼓地向广大市民宣传社会主义建设总路线"。③ 中共贵州省委决定组织60万人的工作检查团，贯彻八大二次会议精神，"把社会主义建设总路线传达到广大山区的每一个乡、社，每一个工厂、矿山、学校和商店，并且用总路线作为武器来检查工作，总结和推广先进经验，进一步推动工农业生产大跃进，掀起技术革命、文化革命的热潮"。中共陕西省委"要求全省所有共产党员、共青团员、革命干部、积极分子以及一切宣传力量，利用各种宣传形式，深入工厂、农村、学校、街道、连队、商店和一切企业单位，向全省人民进行宣传，不许有空白点，做到全体工人、农民、学生、战士、居民都能听到一次有关总路线的报告"。④

随着八大二次会议的召开和多快好省总路线的宣传贯彻，急于求成追求高速度的倾向更加突出。6月中旬，李富春向中共中央政治局报送了《第二个五年计划要点》，这个要点是国家计委、经委、财政部对各个部向中共中央汇报的经济指标经研究后，并向中央经济小组汇报后形成的。要

---

① 《广东决定组织万人检查团》，《人民日报》1958 年 5 月 26 日。
② 《哈尔滨百万市民听到总路线的宣传》，《人民日报》1958 年 5 月 27 日。
③ 《天津市七万宣传大军四面出动》，《人民日报》1958 年 5 月 30 日。
④ 《一面宣传总路线 一面检查当前工作》，《人民日报》1958 年 6 月 1 日。

点提出，1958 年工农业"大跃进"已成定局，现在看，以钢铁为主的几种主要工业产品的产量，有可能不用三年就赶上和超过英国，全国农业发展纲要有可能三年基本实现。因此，"第二个五年计划的任务就是：提前完成全国农业发展纲要；建成基本上完整的工业体系，五年超过英国，十年赶上美国；大大推进技术革命和文化革命，为在十年内赶上世界上最先进的科学技术水平打下基础。"这个要点得到了毛泽东的充分肯定，他在批示中写道："很好一个文件，值得认真一读，可以大开眼界。没有现代工业化，哪有现代化国防？自力更生为主，争取外援为辅，破除迷信，独立自主地干工业、干农业、干技术革命和文化革命，打倒奴隶思想，埋葬教条主义，认真学习外国好的经验，也一定研究外国的坏经验——引以为戒，这就是我们的路线。"①

1958 年 6 月 17 日，薄一波向中共中央政治局报告说，1958 年的国民经济，从上半年看全年，第二本账肯定可以超额完成，这就使 1959 年我国的国民经济可能有一个比今年更大的跃进。这样经过三年苦战，我国就可以在钢铁及其他主要产品产量方面赶上和超过英国，在农业方面实现水利化，达到"四、五、八"的要求。基本建立起比较完整的工业体系。对 1959 年的工业生产，估计工业总产值将比上年增长 60%—70%，钢达到 2500 万吨，比 1958 年增加 1500 万吨。毛泽东看了这个报告后，高兴地指示道："超过英国，不是十五年，也不是七年，只需要两年到三年，两年是可能的。这里主要是钢。只要 1959 年达到 2500 万吨，我们就在钢的产量上超过英国了。"②

1958 年 6 月中旬，农业部向中共中央政治局报送的《农业大有希望》报告说，中央的第二本账，通过"二五"计划，到 1962 年，粮食产量 8500 亿斤，按 7 亿人口计算，人均 1200 斤，粮食作物总平均单位面积产量超过资本主义国家；棉花产量 8000 万担，平均每人 11.5 斤，棉花单产超过资本主义国家。大家畜发展到 1.5 亿头，猪 5 亿到 7 亿头，羊 2.5 亿到 3 亿只。油料作物、糖等也有大幅度增长。

---

① 《建国以来毛泽东文稿》第七册，中央文献出版社 1992 年版，第 273 页。

② 《建国以来毛泽东文稿》第七册，中央文献出版社 1992 年版，第 278 页。

1958 年 6 月 19 日，华东地区召开农业协作会议，提出在今明两年内把粮食产量提高到每人平均 1000 至 1500 斤；三至五年内，把粮食产量提高到每人平均 2000 斤。西北、华北、西南等区也在 7 月相继召开农业协作区会议，提出农业"大跃进"的奋斗目标，西北地区甚至提出 1962 年粮食产量人均突破 3000 斤。

八大二次会议提出要将党的工作重心转移到技术革命和文化革命上，这无疑是正确的。会议通过的社会主义总路线，反映了全党和全国人民迅速改变中国落后面貌的强烈愿望，但是，由于将高速度视为总路线的灵魂，使得本已很高的国民经济各项计划指标一再拔高，也就使得国民经济的发展进一步脱离了正常的轨道。这次会议最终完成了"大跃进"的全面动员。自此，"大跃进"运动进入高潮。

第七章
农业"大跃进"

毛泽东对于"大跃进"中的虚报、浮夸并非不清楚，但却没有加以制止，而是采取了默许和容忍的态度。

北戴河会议通过了在农村建立人民公社问题的决议，并满怀信心地宣布："看来，共产主义在我国的实现，已经不是什么遥远将来的事情了。"

1. 农田水利建设高潮

1958 年的"大跃进"是在农业领域率先发动的，而 1957 年冬至 1958 年春开展的大规模的兴修农田水利和积肥运动，又是农业"大跃进"的先声。

1957 年 9 月扩大的八届三中全会通过的文件中，有一份《关于今冬明春大规模地开展兴修水利和积肥运动的决定》（以下简称《决定》）。9 月 24 日，这份文件以中共中央和国务院的名义下发。《决定》指出："积极广泛地兴修农田水利，是扩大农业生产，提高单位产量，防治旱涝灾害最有效的一项根本措施。多积肥，多施肥，是保证增产的可靠办法。为了更好地迎接第二个五年计划的到来，实现进一步发展农业生产的需要，我们一定要在今年冬季，集中大力开展一个大规模的农田水利建设运动和积肥工作。这个运动，应该成为随着目前农村社会主义教育高潮而来的生产高潮的主要组成部分。"

《决定》要求全国各地必须全面总结过去几年来，特别是 1955 年冬季和 1956 年春季水利建设高潮时期的经验教训，用生动的由于兴修水利而显著增产的事实，向干部和群众说明发展水利建设

赶麻雀

的必要性，说明合作化后的有利条件和如何努力克服困难。特别要注意总结和介绍已有的先进经验，表扬劳动模范，鼓舞士气，提高信心，要鼓起像 1955 年冬季高潮中那样一股劲头来。同时切实贯彻执行小型为主，中型为辅，必要和可能的条件下兴修大型工程的水利建设方针。在制定和执行计划的时候，既要反对保守，也不要把计划定得过大，当前主要的还是首先要反对保守思想。

《决定》发布以后，各地相继召开了会议，发出了指示，要求克服右倾保守思想，迅速掀起兴修农田水利和积肥运动的高潮。

这年 10 月下旬，河南省召开有各专区专员、重点县县长和水利局长参加的全省水利工作会议，"根据中共八届三中全会精神，总结了这方面的经验，并根据这些经验和河南省雨量集中、旱涝不均的自然特点，确定今后农田水利建设的方针是全面规划，综合治理"。会议决定在 1958 年开展一个发展农业生产的大规模的农田水利建设运动。要求在全省原有水浇地 4300 万亩的基础上，再扩大灌溉面积 2000 万亩；在一次降雨 150 毫米的情况下减除涝灾 1000 万亩；增加水土保持面积 6800 平方公里。同时要

求农田水利建设要和当前的农业生产紧密结合起来，做好冬浇春浇工作，并掀起一个以养猪积肥为主的积肥高潮，争取全省在 1958 年内，粮食产量达到 285 亿斤，比 1957 年增产 15%，小麦产量达到 90 亿斤（比 1957年增产二成），棉花产量达到 4 亿斤，比 1957 年增产 15%。[①]

这次会议后，河南全省迅速掀起了兴修水利的群众运动，"广大劳动群众表现了高度的建设社会主义的积极性和创造性，有力出力，有料兑料，有钱出钱，有计献计"。在这场运动中，既出现了许多感人的事例，当然也出现了不少豪言壮语。处在伏牛山区的禹县提出的口号是"山硬硬不过决心，山高高不过脚心"，"保水保土如保命，治山治沟如治家"，"要使九百一十三个山头，一个一个的向人民低头"，要在 1958 年完成五年的治山工程，全县实现水利化。处在豫北盐碱凹地的原阳县提出，要"咬紧牙关，苦战三年，鼓起一股劲，变三红（红薯、红高粱、红辣椒）为三白（白米、白面、白棉花），变盐碱凹地为稻田，把原阳变成小江南"，计划1958 年改种水稻30 万亩，1959 年稻田可以发展到

河南人民大干一百天，实现全省水利化

80 余万亩，全县基本实现稻田化，变成小江南。荥阳县王沟农业社的口号是："男女老少齐出征，为完成二十七万土方干的凶，青年劲头赛赵云，壮年力气赛武松，少年儿童像罗成，老人干活似黄忠，干部策划胜诸葛，妇女赛过穆桂英。"①

农民在表决心

据 1958 年 3 月 13 日《人民日报》的报道，截至这年春节为止，河南"全省农民大战百天，已扩大水地面积 3200 万亩。现在运动正以日增近 50 万亩的速度迅速发展着。从现在起，还可大干三个月，熟悉运动情况的人们认为，5000 万亩这个指标，也将被英雄的河南农民大大突破"。② 这其中的数字难免有夸大的地方，但客观而论，对于兴修农田水利，广大农民是积极拥护的，一开始，他们确实也是用饱满的热情投入到这场运动中来的。加之实现合作化后，也具备了开展农田水利建设的条件，一则是土地实现了集中，解决以往农田水利建设中不便统一规划的问题；二则合作化后农民被组织起来集体劳动，可以集中农村劳动力用于水利建设。

① 《要在 1959 年基本实现水利化》，《人民日报》1958 年 2 月 5 日。
② 《大干一冬春，胜过几千年——记河南省水利建设高潮》，《人民日报》1958 年 3 月 13 日。

　　在 1957 年冬至 1958 年春的兴修农田水利运动中，甘肃也是一个表现比较突出的省份。据新华社 1957 年 10 月报道，甘肃省在第一个五年计划期间，执行了依靠群众兴修小型水利的方针，五年来新修水田 740 多万亩，连同 1952 年以前的，现在全省已有 1500 多万亩水地。在五年计划头四年新修的 608 万亩水地中，由群众自费兴修的占四分之三。旱地变水地每亩最少增产 150 斤粮食，这新修的 740 多万亩水地一年即可增产粮食 11 亿多斤。① 这时"大跃进"尚在酝酿之中，浮夸风还不严重，这几个数字大致还是可信的。

　　1957 年 11 月中下旬，甘肃为贯彻八届三中全会精神，召开中共甘肃省委二届五次全体扩大会议，"会议经过大争辩后提出了一个宏伟的计划：五年内全省粮食年产量由 1957 年的一百零几亿斤（预计数）达到 170 亿斤，三年到五年所有农业社要赶上或

下放干部指导社员高温积肥

超过富裕中农的生产水平"。 会议认为，要实现这个宏伟的计划，必须采取有力的措施，主要的是兴修水利和开展水土保持工作。到 1962 年，全省要扩大水地和水浇地 1800 万亩，控制水土流失面积 10 万平方公里。② 随后，"甘肃省农民兴修水利已出现千军万马之势"，仅在平凉、银川两专区及武山县，参加修水利的人就已经达到 40 多万人，全省仅半个月就新

① 《依靠群众大量兴修小型水利，甘肃干旱面貌正在改变》，《人民日报》1957 年 10 月 6 日。
② 《甘肃提出发展农业的宏伟计划》，《人民日报》1957 年 11 月 1 日。

修水地 16 万多亩，培地埂、修梯田 30 多万亩。①

人民公社带有准军事化的特点，许多社员同时又是民兵。河南郑州市东郊公社社员带枪到田里劳动

在 1957 年冬至 1958 年春的兴修水利运动中，甘肃全省出动的劳动力达 340 万个，占全省的 64%。群众集资 1.1 亿元，按照全省 1200 人口计算，平均每人 9 元，由于"用大胆的革命精神"，"突破和扫荡了一切陈规陋习、右倾保守思想"，"水利建设的速度一日千里"。根据上报的计划，到 1958 年 2 月，已修水地 500 多万亩，所用去的时间不到四个月。这个成绩远远超过 1956 年水利"大跃进"时新修水利成绩的总和。仅是天水专区引水上山、浇灌 1 万亩土地以上的渠道就有 38 条，平凉专区有 50 多条，定西和临夏专区各有 10 多条。②

这年 6 月，甘肃启动规模巨大的引洮工程，计划从甘肃省南部岷县城北二十公里处的古城村开始，把洮河水引上岷山，穿过海拔两千多米的本寨岭、九甸峡、南屏山、关山、华家岭、月亮山、曲雾山等崇山峻岭，将洮河水向北引到靖远的兴仁堡，向东引到陇东山匮区的董志塬。总干渠全长 1130 公里，19 条干渠总长 2500 公里，引水量每秒 150 立方米，工程建成后，可把 23 个县市的 1500 万至 2000 万亩旱地变为水田，同时可以通行船筏 500 公里。为了建设这个庞大的水利工程，甘肃举全省之力，常年奋战在工地上的民工就达十数万，工程历时三年，最后不得不下马，造成了巨大的浪费。

---

① 《平凉银川两专区及武山县四十多万人参加修水利》，《人民日报》1957 年 11 月 5 日。

② 《以气吞山河的英雄气概创造了兴修水利的奇迹》，《人民日报》1958 年 3 月 3 日。

河北省在八届三中全会前就作出决定，要在 1957 年秋冬和 1958 年春开展大规模的群众性水利建设运动，并提出要积极兴修各项水利工程，增加防洪、防涝和防旱的效能。这些工程主要有滹沱河上游岗南水库，四女寺减河扩建工程，漳河、永定河护险工程，以及各河堤防修整工程，同时重点举办一些洼地排水灌溉工程。这些工程完成后，可以控制流域面积3000 多平方公里，发展约 50 万亩稻田，并进行洼地作物改种。①

八届三中全会之后，河北立即作出部署，决定在全省掀起冬修水利和积肥新高潮。这年 10 月中旬，河北召开水利、积肥积极分子代表会议，决定争取 1958 年全省扩大灌溉面积 800 万到 1000 万亩，在山区水土保持控制流域面积 6000 平方公里，修小型水库 1000 座以上，平原完成沟洫畦田等防涝工程 2000 万亩；争取平均每亩施肥达到 5000 斤以上，有条件的要达到七八千斤以上。②10 月 22 日，《人民日报》发表社论，号召全国都要象河北这样领导水利建设和积肥运动，认为河北在兴修水利和积肥运动方面，"决心大，劲头足，办法好，值得各地参照实行"，并希望其他各省，参照河北省的做法，也能召开类似的会议，运用本省经验，迅速地掀起冬季生产的高潮。③

夜间插秧

① 《河北秋后将大兴水利》，《人民日报》1957 年 9 月 14 日。
② 《河北省召开水利积肥积极分子代表会议》，《人民日报》1957 年 10 月 22 日。
③ 《要象河北这样领导水利建设和积肥运动》，《人民日报》1957 年 10 月 22 日。

　　这个会议刚刚开完，河北"规模壮阔的群众性的水利建设运动，正以千军万马之势，在全省范围内普遍展开，并已形成了高潮"。据中共河北省委负责人向新华社记者介绍，到 11 月中旬的统计，全省投入水利建设运动的男女农民达 490 多万人。全省已打各种水井 14.3 万多眼，修旧井 11.5 万多眼，打成机器井 721 眼，开成新的渠道 8496 条，修复旧的渠道 3005 条，整修蓄水工程 9137 处。以上工程共能扩大灌溉面积 350 多万亩。在水土保持方面，已完成和正动工的中小型水库 842 座，已修成的谷坊 7.1 万座，修整梯田 15 万多亩，田间沟埂 120 多万亩，挖鱼鳞坑 1400 多万个、水池水窖涝池 9800 多个，造林 70 多万亩，共可控制流域面积 1300 平方公里。在防涝和洼地改造方面，修好各种沟洫畦田 409 万多亩，完成洼地改造土方 4900 多万立方。[①]

　　一个月后，中共河北省向中共中央报告说，目前，以水利积肥为中心的冬季生产建设运动已经在全省范围内形成高潮，社会主义建设高潮遍及深山平原，劳动人民勤劳勇敢的战斗精神表现得非常突出，取得了很大成绩。这场运动是结合着开展农村社会主义大辩论和不断克服右倾保守思想的斗争中开展起来的。运动的发展过程也是反对右倾保守思想的过程。在运动开始时，自下而上确实存在不同程度的保守思想。随着运动的开展，进一步体会到群众力量的伟大，紧紧赶上前去，站在运动前边领导运动前进。各级的水利建设规划，一般是随着克服右倾保守思想逐渐增大的。全省最初计划扩浇面积 450 万亩，后修订为 650 万亩，又修订为 800 万至1000 万亩。从运动开展以来，两个月的时间就完成了 900 万亩。克服右倾保守思想的有效办法，第一是开展社会主义大辩论，用充分发动群众与依靠群众克服困难搞出巨大成绩的实例去进行辩论。第二是善于抓先进的典型，总结经验，组织参观，大力推广，使先进将落后的军，使其看到先进实例就会启发其自觉地向先进看齐。[②]

　　八届三中全会后，全国农村迅速掀起了兴修农田水利的高潮。据 20 个省区这年 12 月 20 日的不完全统计，每天出工兴修水利的人数，达到

---

① 《全党全民一齐动手，河北水利建设运动规模壮阔》，《人民日报》1957 年 11 月 23 日。

② 《河北省委关于水利和积肥运动情况向中央的报告》，1957 年 12 月 26 日。

6300 万人以上。安徽省每天平均出工人数达 1100 万人，占全省农业劳动力的 80%左右。河南、山东、四川等省出工的劳动力也有七八百万人之多。

为了进一步推动兴修水利和积肥运动的发展，1957 年 11 月 22 日，中共中央农村工作部副部长、国务院第七办公室副主任陈正人，在中央人民广播电台对全国各地农村工作人员和农业社社员发表了广播谈话，号召"先进的再前进！迟缓的赶上去！"陈正人说，一个规模壮阔、声势浩大的群众性的兴修水利运动已在全国大部分地区展开。但是，在火热的运动里，还有冷冷清清的角落；在澎湃的高潮中，还有风平浪静的地方。行动迟缓的地区，几乎每个省每个县都有，在部分省和县特别突出。这种不能令人满意的情况如果不加改变，今冬明春兴修农田水利的任务仍有不能完成的危险。陈正人强调，一些地方兴修水利运动开展迟缓的主要原因，是领导思想上，特别是基层领导的思想上，对水利和农业生产的重大关系认识不足，对发展水利方向掌握不定，对运动抓得不紧，决心不够，劲头不足。解决这个问题的重要关键，在于领导亲自出马，到迟缓的地区，深入地具体地进行帮助，解决思想问题。①

随着对右倾保守思想的批判，那些开展兴修水利运动"迟缓"的地方果真"赶上去"了。据新华社 1958 年 2 月 22 日报道，经过 4 个多月的苦战，全国农民已经超额 79.6%完成了 1958 年度兴修农田水利的计划。全年计划要求增加灌溉面积 9221 万亩，但是截至 2 月 20 日，全国实际完成的各项农田水利工程，总共可以增加灌溉面积 1.65 亿亩。而解放前几千年所发展的灌溉面积总数也不过 2.4 亿万亩。共计已控制水土流失面积 6.2 万平方公里，治理洼地面积 1 亿多亩。全国每天参加农田水利建设的人数，1957 年 10 月份是两三千万人，11 月份上升为六七千万人，12 月份超过了八千万人，1958 年 1 月份发展到一亿人左右。②

在这场声势浩大的兴修水利运动中，河北徐水县可谓大出风头。徐水虽然位于冀中平原，但历史上却是一个多旱涝灾害的地方。从 1953 年到

---

① 《先进的再前进！迟缓的赶上去！》，《人民日报》1957 年 12 月 23 日。
② 《苦战四月全国水利计划超额完成》，《人民日报》1958 年 2 月 23 日。

1957 年的五年中，徐水年年遭水灾和旱灾，亩产量最高的 1957 年也只有 214 斤，最低的 1954 年只有七八十斤。由于粮食产量低，徐水几乎年年要从外省调入粮食，从 1954 年到 1957 年上半年，一共调进粮食九千多万斤。

1957 年 9 月，中共中央、国务院发出《关于今冬明春大规模地开展兴修农田水利和积肥运动的决定》后，深受旱涝灾害的徐水人，立即行动起来。这个只有 31 万人口、十多万劳动力的小县，在 1957 年至 1958 年冬春之际的农田水利建设中，提出了"山区、平原、洼地一齐治，防洪、防涝、抗旱结合搞"的口号，打破社界、乡界搞大协作，实行全县劳动力的统一调配。当时，全县八万多名劳动力组成了大队、中队，在工地搭棚宿营，并组织了随营食堂。据徐水县委第一书记张国忠介绍：从 1957 年 11 月 3 日开始，经三个月苦战，徐水已取得了以下主要成绩：治了 27 个荒山头，整修及新建梯田 25335 亩，挖水窖 2257 个，新修山区水库及平原水库 174 座，开挖与改建坑、塘 1360 处，开泉 14 处，开挖渠道 146 条，全长 353 华里，新打成机井 163 眼及其他井 2658 眼，加上将于汛期前完成的石榴山中型水库，全部工程总计可蓄水 1.95 亿方。[①]

徐水过去在全国并不出名。1958 年 1 月，中共中央书记处书记谭震林到保定地区视察时，曾听取了张国忠关于徐水开展农田水利建设情况的汇报，并肯定了徐水的做法和经验。树立典型曾是过去组织各类运动、推动工作的重要方式，此次发动"大跃进"自然也不例外。徐水的水利"大跃进"得到中央领导同志的肯定后，河北省委十分重视。1958 年 3 月，河北省委召开四级干部会议，张国忠在会上作了《苦战三月，改变全县自然面貌》的发言，介绍了徐水开展以水利建设为中心的农业生产"大跃进"运动的经验。

3 月 11 日，《人民日报》全文发表了张国忠的发言，并且还为此配发了《徐水创造了好经验》的社论，对徐水的经验作了充分的肯定，称赞徐水县"仅仅用了三个月的时间，就基本上消灭了水灾和旱灾，而且在发展

---

① 张国忠：《苦战三月，改变全县自然面貌》，《人民日报》1958 年 3 月 11 日。

养猪、管理麦田、准备春耕、整风、整社、除四害等一系列的工作上取得了重大的成就，从一个工作很平常的县一跃而为先进县。去冬以来，全国各地都在组织农业生产的大跃进，各地都出现了一批把事情办得又快又好的典型。徐水县就是在全县规模上又快又好地组织全面大跃进的一个好榜样"。这样一来，徐水顿时成了国人尽知的先进典型。

毛泽东于成都会议期间视察农村，与农民交谈

这年3月14日，即成都会议期间，中共中央农村工作部副部长、国务院农林办公室副主任陈正人就徐水实现农田水利化的情况，向毛泽东和其他中央领导人作了报告。报告中说，徐水从1957年11月起，苦战三月，已经实现了农田水利化，境内三条河流基本得到治理，86万亩耕地都配备了三套灌溉设施。徐水兴修水利的特点，是在群众自办农田水利的方针下，建立一个以小型为基础、大中小型互相结合、防洪除涝灌溉相互为用的水利工程系统。报告还对徐水县委组织领导兴修水利的一些经验作了总结。毛泽东对这个报告很重视，并在批语中写道："徐水的经验普遍推广。"

3月28日，中共河北省委向中共中央正式报送了徐水县组织农业生产"大跃进"的经验材料。4月17日,《人民日报》以"中共河北省委关于徐水县委组织农业生产大跃进领导经验的总结"为题,刊登了这个长达一万余字的经验总结,并在内容提要中,将徐水组织开展"大跃进"的经验概括为五条:

一是抓政治思想工作。从县到基层,各级党委都做到了一手抓生产,一手抓思想,使生产工作与思想工作两面锣鼓一齐敲。二是加强第一线,指挥准确及时,有力地推动了生产运动和其他工作。三是通过整风,批判了各部门干部中的分散主义、本位主义和单纯业务观点,把各部门的力量拧在一起,全力为农业生产"大跃进"服务。四是正确地解决了重点工作和各项工作之间的关系,采取"统一领导,划分战线,重点突击,多边结合"的办法,既组织各部门力量为农业生产"大跃进"服务,又结合中心工作进一步搞好部门工作。五是采取了试验、参观、推广先进经验和评比竞赛等一系列的办法,使生产高潮一个紧接着一个地掀起来,使先进经验遍地开花。

这个总结报告见报后,更使徐水名声大噪。同年8月上旬,毛泽东视察河北、河南、山东三省农村,特地将徐水作为第一站。随后,徐水又进行向共产主义过渡的试点,结果可想而知。

1957年冬至1958年春的农村兴修水利运动,确实取得了不小的成绩,但也存在严重的盲目蛮干和形式主义问题。以河北为例,该省在1957年冬至1958年春,水利工程累计完成灌溉面积7400多万亩,但据省水利建设委员会的统计,新建的这些水利工程中,总计可浇地4800万亩,约有三分之一的工程不能发挥作用。在全省完成的7400万亩灌溉面积中,有2500万亩缺乏水源。有的灌溉工程修好后没有提水工具,全省共有灌溉面积(新修加原有的)8000万亩,已有的提水工具加上1958年安排生产可供的机械,可灌溉的3000万亩,除去自流灌溉,仍有3000万亩没有提水工具。①

---

① 《河北水利工程约有三分之一不能发挥作用》,《内部参考》第24、62期,1958年4月22日。

2. 高产"卫星"满天飞

1958 年农业领域"大跃进"的一个重要特点，就是大放高产"卫星"。"卫星"是"大跃进"中对高产典型的称呼。

1957 年中共八届三中全会之后，一些大大超过当时当地粮食平均产量的高产典型，就开始出现在报刊上。这年 11 月 16 日新华社报道说，四川省有 9 个县（市）提前十年达到并超过全国农业发展纲要（修正草案）所定的每亩产粮 800 斤的指标。这 9 个县（市）是：郫县、新繁、新都、温江、双流、广汉、绵竹、泸县和成都市郊区。其中郫县产量最高，每亩产 1083 斤；新繁、

"卫星田"的稻穗竟能托住一位小姑娘。这是当时发表的照片

新都、成都市郊区，每亩产量在 900 斤以上；其余五县的产量，每亩都超过了 800 斤。报道还说，广东省潮安县预计今年全县播种的 31 万多亩粮食作物，平均每亩产量可以达到 1233 斤，比大丰收的 1956 年增加 5.8%。总计在第一个五年计划期间，全县粮食单位面积产量增加了 45%。①

11 月 29 日，新华社又报道说，广东省澄海县今年晚稻又告丰收，全县 25 万多亩粮食作物，平均亩产达到 1257 斤，超过了亩产量 1233 斤的潮安县，跃居全国粮食单位面积产量的首位。澄海县不仅能连续三年保持千斤县的水平，达到了高产地区要求稳定产量的目的，而且已经开始突破

---

① 《充分利用土地，用一切办法争取粮食高额增产》，《人民日报》1957 年 11 月 17 日。

稳定局面，在稳定中继续提高。1957 年每亩比 1956 年提高了 24 斤，比成为"千斤县"的 1955 年提高了 248 斤。[①]

仅过了四天，新华社又报道说，青海高原上的海西蒙藏哈萨克族自治州都兰县西星民族联合农业社，出现了一亩青稞产 1800 斤和一亩小麦产 1750 斤的高产田。1957 年这个社平均每亩产量达 462 斤，比 1956 年提高了 25.2%，提前十年超过了全国农业发展纲要（修正草案）对这里的产量要求。西星社出现这样大的生产跃进，主要是两年来各族社员团结生产，千方百计推行增产措施的结果。这个社的农田基本上做到了水利化，播种前还利用消冰水进行春灌；肥料年年增加，有的地今年每亩施肥超过万斤；种子是用穗选、块选、拣选挑出来的良种。[②]

同一天，新华社还宣布，陕西粮食低产区之一的宜君县后清河农业社，1957 年有二亩水稻亩产 1654 斤，比江苏省句容县亭子乡第七农业社创造的山区水稻最高记录，高出了 235 斤。社里的 40 亩大面积丰产水稻，亩产也达到 1150 斤，这些产量比当地的水稻产量高出三倍到四倍。后清河农业社在陕北乔山山脉的一条小沟道里，气候寒冷，土地瘠薄。因此，社员们在选择秧田时，特别选了通风向阳的地方，在秧田管理过程中，也注意了在晚间放水漫田，防止秧苗受冻，晴天中午落水晒田，提高地温，并大量施用油渣、青草等有机肥料，改变土壤增加地力。同时，采取浅插与小株密植的办法，增加单位面积株数，实行勤浇浅浇，合理用水，促使稻苗发壮熟足。[③]

如果说生产条件较好的成都平原和潮汕平原，亩产一千多斤还有可能的话，一向低产的西北地区，青稞、小麦和水稻亩产超过 1500 斤，显然已经有了虚报浮夸的成分了。

亩产一千多斤本来已经有很大的水分了，但一个月后，《人民日报》又传出消息，广东汕头专区有 2000 亩田高额丰产，亩产达到了 3000 斤，千斤乡和千斤社的数目比 1956 年增加了三分之一左右。全专区有千斤乡

---

① 《平均每亩 1257 斤》，《人民日报》1957 年 11 月 30 日。

② 《青海民族联合社青稞小麦双喜》，《人民日报》1957 年 12 月 4 日。

③ 《陕西后清河农业社创造山区水稻新纪录》，《人民日报》1958 年 12 月 4 日。

（大乡）110 个，约占乡的总数三分之一；千斤社有 2356 个，占社的总数的 39%。当然这个亩产 3000 斤主要是由甘薯折合而成的，澄海县鮀浦乡青锋农业社有 1 亩 8 分丰产田，亩产 3129 斤，其中仅把晚稻改种甘薯，亩产就高达 9100 斤，折合稻谷 2275 斤。[①]

接着，湖北省孝感县中心乡联盟生产合作社声称，该社 1957 年有 18.15 亩晚粳稻，经当地农业技术指导站干部验收，平均每亩产稻谷 2022 斤，其中有 3 亩平均亩产 2137.5 斤，创造全国一季晚稻单位面积产量最高记录。

刘少奇视察河北省徐水县遂城人民公社的棉花田

这是联盟农业社第一次试种一季晚粳稻，用的品种是"一〇五〇九"。新华社报道说："秋收后，当地干部和这个社的生产队长、老农座谈了两次，总结了 18.15 亩一季晚稻丰产的主要经验：深耕、密植、肥足、防治病虫害。这 18 亩多田，一般深耕达四寸以上，比 1956 年深耕一寸左右；插秧密度每亩达三万蔸，比当地晚稻增加 5000 蔸左右；每亩底肥施牛栏粪 90 担、豆饼 80 斤，插秧后追肥三次，每亩追肥量：第一次追施硫酸铵 14 斤、豆饼 30 斤，第二次追施硫酸铵 14 斤、人畜粪 15 担，第三次追

[①] 《汕头专区两千亩田高额丰产，亩产粮食三千斤》，《人民日报》1958 年 1 月 3 日。

施硫酸铵 12 斤、人畜粪 14 担、过磷酸钙 4 斤；插秧后进行三次药剂杀虫和一次药剂防病。因此稻谷始终长得很好。"①

不久，又传来了一向产量低的谷子也获得了高产的消息。新华社说，全国人大代表、辽宁省农业劳动模范李耀先领导的凌源县高杖子乡联合农业生产合作社，1957 年在 73 亩 4 分（东北亩，每亩合市亩一亩半，下同）山坡薄地上种的谷子，平均每亩产粮 1010 斤、马草 1700 多斤，比同年全省谷子平均产量高三倍半以上，创造了辽宁省一向被认为"低产作物"的谷子的最高产量纪录。中共辽宁省委书记、省长杜者蘅率领工作组在 1957 年 12 月末到这个社调查后，认为这一高产经验对于解决全省几年来增产粮食和增产马草不能兼顾的矛盾，具有非常重大的意义。②

奇迹还在不断地发生。贵州金沙县民丰社青年突击队在一块试验田里，创造了单季稻亩产 3025 斤的高额丰产纪录。这个产量，相当于全国稻谷平均亩产量的七八倍，全国粮食平均亩产量的十五倍。而这块试验田，原来每亩只能产 390 斤包谷。为此，共青团中央特地发出贺电，称赞民丰社青年突击队的"光辉创举，有力地证明了，觉醒了的我国人民有着伟大的力量，在我们伟大祖国辽阔的土地里，蕴藏着无穷的潜力的。农业发展纲要修正草案提出的 400 斤、500 斤、800 斤粮食产量指标，不但完全可以实现，而且可以超额和提前实现"③。

湖北枣阳县苏维四社青年女社员彭学英培养的八分丰产试验田，1957年产稻谷 2552 斤，折合亩产 3190 斤。据新华社报道，1957 年春天，彭学英在一块土质较差的田里开始丰产试验。这块田靠近山边，经常遭受干旱和山洪的威胁，往年每亩最多只能产 800 斤到 900 斤。她采取分期分层施肥的办法，在这块地里施足底肥，并且做到深耕细耙。插秧时，又初选密植。在整个栽培的过程中，她十分细致地做好了田间管理工作，做到了全苗、田间无杂草和害虫。④

---

① 《联盟社一季晚稻每亩产量两千多斤》，《今日新闻》1958 年 1 月 5 日。
② 《辽宁一农业社创造亩产谷子 1020 斤的高产纪录》，《今日新闻》1958 年 1 月 12 日。
③ 《事在人为》，《中国青年报》1958 年 2 月 17 日。
④ 《青年女社员彭学英创造水稻亩产 3190 斤奇迹》，《今日新闻》1958 年 3 月 8 日。

新疆维吾尔自治区鄯善县前进农业社一个由 45 名维吾尔族男女青年组成的青年生产队，1957 年在八亩五分的试验田上，创造了每亩产子棉 2080.75 斤的"惊人纪录"。这个产量相当于新疆 1957 年棉花平均单位面积产量的十一倍。[①]

各地纷纷以虚假的高指标、高纪录相夸耀

1958 年 2 月 16 日，中共湖北省委在给中共中央的报告中说，两年来，全省粮棉生产出现了"大跃进"的许多先进典型，全省有一个孝感县全县水田平均亩产粮食 1000 斤，还有十个县水田平均亩产粮食 800 斤以上。有两个县平均亩产皮棉 100 斤以上，还有一个县平均亩产皮棉 94 斤。全省有粮食千斤乡 124 个，千斤社 2205 个，千斤以上的亩 223 万亩，双千斤的亩 3000 多亩。全省皮棉百斤乡 100 个，百斤社 1639 个，百斤以上的亩 150 万亩，棉（子棉）麦千斤亩 6000 多亩，子棉千斤亩 22 亩。此外，还有许多高额丰产典型，如浠水县兰溪乡合兴一社 1.1 亩双季稻，亩产 2659 斤；孝感县中兴乡联盟社 18.15 亩一季晚粳稻，亩产 2022 斤；均县乐

[①]　《新疆创造每亩产子棉 2080 斤的惊人纪录》，《今日新闻》1958 年 3 月 10 日。

亭乡共升社 2.9 亩小麦，亩产 1377 斤；兴山县榛子乡和平社 1.5 亩玉米，亩产 1575 斤；鄂城县屠镇乡明星一社 2 亩红薯，亩产 24560 斤，京山县合作乡八一社 7.8 亩棉花，亩产皮棉 489 斤半；红安县杏花乡建苏社 142 亩花生，亩产 1065 斤；孝感县塘口乡协和二社 1.5 亩油菜子，亩产 485 斤；应城巡查乡永丰社 6.8 亩芝麻，亩产 450 斤。[①]

上面这些 1957 年的高产典型，基本上都是虚假的。贵州金沙县民丰社青年突击队创造的单季稻亩产 3025 斤"高额丰产纪录"的出笼经过，便是一个例证。在 1957 年 12 月的金沙县四级干部会议期间，民丰社主任姚国彬在讨论会上信口说，他们社里有一块试验田，每亩平均收了 3000 多斤。不料他这一句不负责任的话，却引起了该社所在的禹谟区领导的注意，乃指定该社总结这一高额丰产"经验"。姚国彬看到事情弄假成真，回到社里后就与生产队长余品贵、驻社干部石寿仁商量对策，将错就错地把社里一块产量最高的糯稻田冒充粳稻田。这块田有 2.69 亩，1957 年共收毛谷十石多，折合成毛谷为 5100 多斤，按 80% 的比例折合成干谷为 4080 斤，平均亩产 1516.7 斤，这本来是当年贵州最高的亩产量了，但离 3000 多斤这个数字还相差很远，只好编造 1957 年的亩产量是毛谷 45 背（每背约 75 斤），这样便产生了总产量 7875 斤这个数字，折算成亩产为 3025 斤。[②]

在虚报浮夸已经出现的情况下，中共中央和国务院在这年 4 月 7 日下发了《关于召开全国农业社会主义建设先进单位代表会议的通知》（以下简称《通知》），提出为了交流经验，表扬先进，学习先进和赶上先进，争取在三年内基本改变我国农村的面貌，和在全国范围内提前实现全国农业发展纲要（修正草案），决定于 1958 年冬季，在北京召开全国农业社会主义建设先进单位代表会议。

《通知》规定了派代表出席这次会议的具体条件：凡是在 1958 年粮食或者棉花的亩产量全县（市）平均到达和超过全国农业发展纲要（修正草

---

① 《湖北省委关于争取五年内实现粮、棉、油增产的十年规划》，1958 年 2 月 16 日。

② 《贵州民丰社"青年试验田单季稻亩产 3025 斤的真相》，《内部参考》第 24、36 期，1958 年 3 月 15 日。

案）所提出的指标的县（市），都可以派代表出席会议。按照全国农业发展纲要（修正草案）中关于粮食亩产指标的规定，属于 800 斤地区的乡、农业合作社和国营农场，粮食亩产平均达到 2000 斤的；属于 500 斤和 400斤地区的乡、农业合作社和国营农场，粮食亩产平均达到 1000 斤的；以及不论任何地区皮棉亩产平均达到 200 斤的乡、农业生产合作社和国营农场，都可以省、自治区、直辖市为单位，共同选派若干代表出席。此外，长年水旱灾害比较严重的地区，凡在 1958 年实现了水利化，基本上消灭了通常水旱灾害的县（市），以及在 1958 年完成了绿化或者除"四害"任务的县（市），也都可以派代表出席会议。

这个文件的下发，在一定程度进一步加剧了农业领域本已出现的虚报浮夸现象，加之随后各地相继进入夏收时季，于是，各种高产消息接二连三地传了出来。

这年 4 月底，湖北省襄阳专区宣布，预计 1958 年 1000 万亩夏收作物平均每亩产量能达 300 斤左右，全区总产量可达 30 亿斤上下，比去年夏收作物增产一倍以上，相当于去年全年粮食产量的 75%，比解放前夏收作物的产量增加十倍多，超过原来计划 50%。其中光化、襄阳、枣阳等县夏收作物粮食产量，都可超过上一年全年粮食产量。全区约有 20 万亩小麦可以亩产 1000 斤上下；谷城县还有 300 多亩预计每亩可以收到小麦 2000 斤左右。[①]

这个预计的大丰收很快变成了现实。一个多月后，襄阳专区再度宣布：专区有 700 亩小麦已收割完毕。根据各地验收的情况来看，绝大部分达到和超过了预计产量，涌现了大批高额丰产典型。过去，这里小麦亩产千斤只是个别现象，而在 1958 年，这种情况就普遍得多了，甚至创造了亩产小麦 1500 斤以至 2000 斤以上的奇迹。谷城县有 97 亩小麦突破了千斤大关，其中有 29 亩 5 分小麦平均亩产达到了 1500 斤到 2000 斤。沈湾乡乐民社第一生产队队长蓝世忠种的 1 亩 1 分小麦试验地，亩产竟达到了 2357 斤。[②]

---

① 《襄阳专区夏收作物增产一倍已成定局》，《人民日报》1958 年 4 月 29 日。

② 《跃进行中争先进，丰产榜上出将军》，《人民日报》1958 年 6 月 9 日。

同年 6 月 8 日的《人民日报》报道说："河南省遂平县卫星农业社今年有 5 亩小麦每亩平均实产 2105 斤，它比去年湖北省房县双河农业社创造的全国小麦亩产最高纪录 1540 斤多 565 斤。这个奇迹是这个社中共党委副书记王丙寅等同志和第二生产大队二分队社员合作培育的丰产试验田里创造出来的。"报纸在报道时特地使用了"卫星社坐上了卫星，五亩小麦亩产 2105 斤"的标题，自此之后，这些高产典型就有了一个特殊的称呼——"卫星"，而宣布"卫星"消息则被称为"放卫星"。

仅仅过了 4 天，卫星社又放出了一颗更大的小麦"卫星"。新华社在其通讯稿中说："河南省遂平县卫星农业社第二生产大队 5 亩小麦平均亩产 2105 斤的消息传开以后，这个社的小麦经过继续打场脱粒，10 日第一大队二分队又有 2 亩 9 分地总产量达到 10238 斤 6 两，平均每亩亩产 3537 斤 7 两 5 钱，比二大队的最高产量每亩多 1425 斤，超过这块地去年每亩亩产 750 斤的三倍多。"

自此之后，各类"卫星"争相放出。7 月 23 日，国家农业部授权新华社宣布：今年夏收粮食作物空前丰收。播种面积 53900 余万亩，总产量达到 1010 亿斤，比 1957 年夏收粮食作物增产 413 亿斤，即增长 69%，平均亩产 187 斤，比 1957 年增长 70%。在夏收粮食作物中，冬小麦的播种面积 35600 余万亩，总产量达到 689 亿斤，比 1957 年增产 279 亿斤，增长 68%。平均亩产 193 斤，比 1957 年增长 71%。今年我国小麦产量至少超过美国小麦产量 40 多亿斤。

农业部还宣布了一批小麦高额丰产的县市和高额丰产田。丰产县市有：亩产达 600 斤以上的有湖北的谷城县，河南的孟县；亩产 500 斤以上的有河南的偃师、博爱、夏邑、西平、襄城、鲁山、商丘市、淅川、杞县，河北的藁城，湖北的襄樊市等十一个县市。亩产达 400 斤以上的有河南的洛阳市、通许、沈丘、长葛、温县、西峡、武陟、遂平等十个县市，陕西的西安、汉中、咸阳市、长安、周至、高陵、鄂县等七个县市，河北的正定、石家庄市、邢台市、抚宁、安国等五个县市，湖北的襄阳、宜城二县，四川的郫县。据山西、河北、山东、河南、陕西、江苏、安徽、湖北等省不完全统计，亩产 1000 斤以上不足 2000 斤的有 754300 多亩。亩产 2000 斤以上不足 3000 斤的有 4236 亩。亩产 3000 斤以上不足 4000 斤的有 267.47 亩。亩产 4000 斤以上不足 5000 斤的有 24 亩。河南省西平县和平农业社社长陈颜理、第四队队长冯富耀二亩试验田平均亩产达 7320 斤，创 1958 年全国冬小麦最高丰产纪录。[①]

同一天，《人民日报》配发了《今年夏季大丰收说明了什么》的社论，宣布："我国小麦产量超过美国跃居世界第二位了。我国小麦增产速度是古今中外历史上所没有的，更是资本主义国家所望尘莫及的。""我们现在已经完全有把握可以说，我国粮食要增产多少，是能够由我国人民按照自己的需要来决定了。""只要我们需要，要生产多少就可以生产多少粮食出来。"

主管农业的国务院副总理谭震林随后公开撰文称："夏季丰收证明，我国粮食增产速度不仅可以是百分之十几、百分之几十，而且可以是成倍地增长。""在三年至五年内，全国人民将有足够的口粮、足够的饲料，足够的工业用粮和足够的储备粮。我国人民在粮食、肉类、油脂、食糖、布匹等按人口平均的消费方面，赶上世界上生产水平最高的资本主义国家，已为期不远了。"[②]

进入 8 月之后，"卫星"就更多也更大了。据不完全统计，仅《人民日报》这年 8 月报道的粮食高产"卫星"（按报道先后）就有：

安徽濉溪县卧龙社罗全珍队 1.13 亩早稻，共收干谷 7227 斤，平均亩产 6395 斤；安徽枞阳县石马乡高丰社早稻亩产 16227 斤 13 两（8 月上旬）。

湖北麻城县麻溪河乡建国第一农业社，1.016 亩早稻试验田，总产量共为干谷 37547 斤，亩产干谷 36956 斤；安徽阜南县耿集乡东风农业社青勇大队刘小庙生产队，一块 1.073 的玉米丰产试验田共收干玉米 5488 斤，平均亩产 5114 斤 9 两；河南夏邑县张集乡火箭一社丁里梨元村丁洪声生产队的 1.1 亩玉米试验田，经过实打实秤后总产 14163 斤，合亩产 12875 斤（8 月中旬）。

安徽无为县官镇乡官镇社 1.04 亩中稻，实收干谷 21514.5 斤，平均亩

---

① 《中华人民共和国农业部 1958 年夏收粮食作物生产公报》，《新华半月刊》1958 年第 15 期。

② 谭震林：《论我国今年夏季的空前大丰收》，《人民日报》8 月 11 日。

产 20687 斤；安徽繁昌县峨山乡东方红三社 1.03 亩中稻共收干稻 4436713 两，平均亩产 43075 斤 9 两；安徽阜阳县阜泉十九社高粱亩产 3897.9 斤；四川泸县石龙乡庆丰农业社 1 亩高粱地，净收 5333 斤，比去年亩产 550 斤增加 8 倍半；甘肃康县窑坪乡和平农业社 1 亩洋芋（马铃薯）实收 106378 斤半（间种玉米折合洋芋 14000 斤尚未计入）；山西大同市口泉区永定庄永丰农业社莜麦亩产 1002 斤 7 两；山东省寿张县城关乡北台农业社亩产干谷子 10546 斤 15 两；河南商丘县谢集人民公社 1.1658 亩玉米，亩产 22489 斤；山东寿张县台前农业社谷子亩产 21787 斤；河南商丘县谢集人民公社 1.124 亩玉米实收 28903 斤 12 两，平均亩产 25715 斤 1 两（8 月下旬）。

8 月 27 日，《人民日报》发表文章——《人有多大胆，地有多大产》。文章说："今年（山东）寿张的粮食单位产量，县委的口号是'确保双千斤，力争三千斤'。但实际在搞全县范围的亩产万斤粮的高额丰产运动。一亩地要产五万斤、十万斤以至几十万斤红薯，一亩地要产一、两万斤玉米、谷子，这样高的指标，当地干部和群众，讲起来像很平常，一点也不神秘。一般的社也是八千斤、七千斤，提五千斤指标的已经很少。至于亩产一、两千斤，根本没人提了。"

进入 9 月后，"卫星"就放得更热闹了。《人民日报》报道的比较大的粮食"卫星"有：四川郫县友爱乡第九农业社，中稻亩产 82525 斤；青海柴达木盆地赛会克农场第一生产队，小麦亩产 8585.6 斤；河南商丘王楼人民公社第八生产队，亩产玉米 35393 斤；河南沈丘第十二人民公社郭庄大队第 6 生产队，亩产高粱 22720 斤；山东临沂涑河乡南光明二社，亩产大豆 4517.12 斤；福建晋江金井乡集力农业社塘边村欧自强生产队，亩产花生 26968.12 斤；等等。尤其值得一提的是，9 月 18 日的《人民日报》还报道了广西环江县红旗人民公社，获得中稻平均亩产 130434 斤 10 两 4 钱的高产新纪录的消息，这也是该报报道的最大一颗水稻"卫星"。

3. "卫星"为何能上天

那么，1958 年那些"卫星"是如何发射升空的呢？看一看当时河南西平县和平农业社小麦亩产 7320 斤这颗"卫星"的产生经过，就可知其大概。

对于这颗"卫星"的发射情况，1958 年 7 月 12 日的《人民日报》作了如下报道：

> 据新华社郑州 11 日电　河南省西平县城关镇和平农业社第四队二亩小麦丰产试验田，总产 14640 斤，平均亩产 7320 斤。这是河南省今年麦收中放出的小麦亩产 3000 斤以上的第 29 颗"卫星"。
>
> 这二亩小麦长得特别好，穗大且长，籽粒饱满，稠密均匀，每亩平均 1486200 株，密得老鼠也钻不进地。最大的麦穗有 130 粒，一般的麦穗有七、八十粒，最小的麦穗也有 50 粒左右。这二亩小麦是 6 月 18 日收割的。全队 12 人从上午 5 时到夜 12 时才割完，实割 19 个小时，每人平均只割 1 分 6 厘 6 毫。6 月 21 日起，这二亩麦开始打场。头遍是单打的，共打了五天、五场。6 月 26 日起开始扬场、晒麦。7 月 1 日过秤入仓。总计头遍共打了 14040 斤。

这颗大"卫星"实际上是这样制造出来的：1958 年 6 月 18 日，与西平邻近的遂平县嵖岈山卫星农业放出了小麦亩产 3520 斤的"卫星"。这时，信阳地委第一书记（西平时属信阳地区，今属驻马店市）对西平县委第一书记说，西平的条件比遂平好，亩产一定要超过遂平。根据地委领导的指示，1958 年 7 月初，西平县委召开四级干部会议，中心议题是解决小麦高产数字的问题。会上，县委领导要各农业社自报产量。该县的和平农业社属于高产区，开始报了亩产 200 斤，县委领导对此很不满意。于是，又相继报出了 400 斤、600 斤、800 斤，但仍离遂平的 3520 斤相差太大，一直没有得到县委领导的认可。最后，和平社大着胆子报出了亩产 1100 斤，这才勉强过关。随后，西平县委召开庆丰收大会，对和平农业社进行表彰奖励。

虽然和平社大着胆子报出了小麦亩产 1100 斤，但这个数字还不到遂平小麦"卫星"产量的三分之一。为了放出超过遂平的"卫星"，西平县又召开四级干部会议，会议的内容还是报小麦产量。会上，县委书记反复介绍了遂平小麦亩产 3520 斤的高产"经验"，并大讲"思想有多高，产量就有多高"的道理。尽管如此，在大会上各农业社仍然不敢再往高报。于是，县委领导就采取个别鼓动的办法，召开以往产量较高的和平、猛进两个农业社的负责人开座谈会，动员这两个社报产量。开始时，猛进社只报了 300 斤，县委领导坐在一旁不吭气。两个农业社的负责人一看气氛不对，就不断地将产量往高报，猛进社一下报出了亩产 7201 斤。这时，和平社所在的城关镇党委书记立即鼓动和平社再报高一点。在这种情况下，和平社社长报出了 7320 斤。这样，座谈会才算结束。

紧接着，和平农业社开始找亩产 7320 斤的"依据"，办法是按小麦的棵数、穗数、粒数进行推算，先算出一斤小麦有多少粒，再算出一穗有多少粒，一棵有多少穗，最后算出一亩地有 1486200 穗，每穗平均 75 粒，可收 7560 多斤。随后，和平社组织全社的青壮劳力，套了两辆大车，从全社 12 个生产队拉来了 14640 斤麦子（平均每亩 7320 斤），全部堆放在那块所谓的"试验田"里，然后向县委报喜，县委再组织所谓"验收"。随后，《河南日报》、《人民日报》等报纸相继报道了和平社小麦亩产 7320 斤的消息，并由此吸引了全国 24 个省市的参观者，前后达 3 个月之久，以至苏联和捷克斯洛伐克政府还专门来信，要求中国有关方面介绍西平县小麦"丰产"的经验。

1958 年 8 月，中共中央政治局在北戴河召开扩大会议。会后新华社发表的新闻稿正式向全世界宣布：1958 年农业生产的大跃进，将使中国粮食作物的总产量达到 6000 亿斤至 7000 亿斤，比 1957 年增产 60% 至

90%，全国每人占有粮食的平均数将达到 1000 斤左右。[①]9 月 30 日，新华社再次发布消息："小麦、水稻和早秋玉米等夏秋粮食作物已经普遍丰收，不久即将收获的薯类作物和南方晚稻、北方晚秋也呈现一片丰收景象，今年我国粮食获得了全面的大丰收，总产量将达到 7000 亿斤以上的空前纪录。这比 1957 年的粮食总产量（3700 亿斤），跃进增产了一倍左右。"[②]

毛泽东成都会议期间在灌县的莲花社

　　1958 年 11 月 16 日，谭震林和农业部部长廖鲁言向中共中央报送了《关于农业生产和农村人民公社的主要情况、问题和意见》，提出："根据西安、广州、南京、呼和浩特四个分片农业会议的预计，1958 年粮食总产量是 8500 亿斤。这是经过各省、市、自治区压缩后的数字，压缩的幅度一般是比地、县委报的数字少百分之十到三十。""下面报产，有浮夸虚

---

① 《中共中央政治局扩大会议提出今年宏伟目标，为生产一千零七十万吨钢而奋斗》，《人民日报》1958 年 9 月 1 日。

② 《五亿农民高举粮食帅旗，一年实现十年增产指标》，《人民日报》1958 年 10 月 1 日。

报的，也有隐瞒产量的。经过省、地、县三级打了些折扣，8500亿斤左右是比较可靠的；退一步讲，总不少于7500亿斤，可以照此数公布。这比1957年的产量3700亿斤翻一番，还稍多一点，这是很大的跃进。这一点必须肯定，不能因为少数的虚报浮夸现象以及某些缺点错误而动摇这个总的估计。"①

对于这年粮食大幅度增产，毛泽东也是深信不疑。1958年9月8日，他在最高国务会议第二次讲话中说："今年要争取产钢1100万吨，比去年翻一番。明年增加2000万，争取3000万吨。后年再搞2000万，不是5000万吗？苦战三年，5000万吨钢。那么，全世界除了苏联同美国，我们就是第三位。""第二个五年计划就要接近或赶上美国。再加两年，七年，搞1亿5千万吨，超过美国，变成天下第一。老子天下第一不好，钢铁天下第一有什么不好？粮食，苦战三年，今年可能是7000到8000亿斤，明年翻一番，就可能是15000亿斤。后年就要放低步调了。因为粮食还要找出路。"②

同月，他在湖北视察期间同中共湖北省委第一书记王任重谈话时又说："许多事情看来怪得很，要不就没有，或者很少，要不就很多很多。过去九年粮食增加得很慢，老愁粮食不足，可是今年一年就增加了几千亿斤。今年翻一番，明年还可能翻一番。这样我们的粮食就多得不得了。钢也是这样。过去九年搞了几百万吨，今年几个月就可能增加几百万吨。"③

毛泽东之所以认为1958年粮食产量有大幅度的增加，可以在1957年的基础上翻一番，主要依据来自于如下几点：

第一，通过发动"大跃进"，使人民群众释放出了前所未有的积极性和创造性。在发动"大跃进"之初，他多次对此前的反冒进作过严厉批评，认为反冒进泄了六亿中国人民的气，把干部群众搞得灰溜溜的，现在要把干部群众的劲鼓起来。应当说，对于"大跃进"，有相当多的干部群众是拥护和支持的。中国一向贫穷落后，人民生活水平很低，现在党的领袖号

---

① 《建国以来重要文献选编》第十一册，中央文献出版社1995年版，第585—586页。
② 《建国以来毛泽东文稿》第七册，中央文献出版社1992年版，第394页。
③ 王任重：《札记二则》，《七一》1958年第5期。

召大家通过"大跃进"的方式，在极短的时间里改变这种落后状态，赶上并超过英美等发达资本主义国家，尽早过上共产主义的幸福生活，并给人们描绘了一幅共产主义社会的美好图景。这样的号召确实激动人心，人们全身心地投入"大跃进"，也在相当程度上是主动的。因此，在"大跃进"的特殊背景下，人民群众生产工作的积极性确实很高。这又进一步促使毛泽东相信发动"大跃进"是正确的，在农业生产包括粮食增产上实现一个大的跃进完全可能。

第二，农田水利建设和积肥运动的开展，为粮食大增产创造了条件。1958 年空前规模的农田水利建设运动，确实兴修了一部分小型的水利设施，一些大中型的水利工程也开始上马。与此同时，虚报浮夸也开始出现，一些地方对水利建设的成就和作用过分夸大，纷纷声称已经实现了水利化。由于声势浩大的农田水利建设和积肥运动的开展，使毛泽东相信农业生产的条件已有了重大改善，为这年粮食大增产提供了保证。

第三，通过深翻土地和密植，能使产量大幅度提高。在这年 3 月的成都会议和 5 月的八大二次会议上，毛泽东多次强调过深翻土地对粮食增产的意义，他相信通过土地深翻能大幅度地增产粮食产量。1958 年 3 月的《人民日报》曾报道过广东全面推广水稻小科密植的情况，毛泽东对此亦留下了很深的印象，在八大二次会议上，他特地讲到了密植的问题。他说：要合理密植，广东一亩要搞三万兜，每兜插三根秧，每根秧发三根苗，结 27 万个穗，每穗平均 60 粒，共 1620 万粒，两万粒一斤，一亩 810 斤。亩产 800 斤不就算出来了吗？北方的小麦、玉米、谷子、高粱、大豆等，都可以这样算一算。密植就是充分利用空气和阳光，现在不是反浪费吗？就应该把对空气和阳光的浪费也反掉。有意思的是，后来一些地方在发射粮食高产"卫星"时，就是按照这个办法算出亩产量的。

1958 年 6 月 14 日，毛泽东接见了河南登封县应举社社长崔希彦等人。在谈话时，崔希彦告诉他，应举社今年小麦每亩估计有 150 斤，全年计划平均每亩产粮 800 斤。毛泽东说："你们计划每亩产 800 斤，小麦每亩只能收 150 斤，还有 600 多斤，今年是不是有把握实现亩产 800 斤？"崔希彦的回答是："完全有把握，而且争取超过。"毛泽东进一步问："都有哪些保证增产的有利条件？"崔希彦回答说：第一，我们合作社已经实现水利化；第二，今年积肥大量增加；第三，把低产作物改为高产作物；第四，我们合作社的每一个人干劲都很大；第五，毛主席前不久在《红旗》杂志上向全国人民介绍了我们的社，今天毛主席又亲自接见我们，给了我们宝贵的指示，我们回去一传达毛主席的指示就会变成我们增产的力量，全体社员的干劲就会更大，产量就会更提高。毛泽东说，好哇！你们这五条都很对呀！他还说，不要很久，全国人民每年就可以平均有粮食 1000 斤，再过一个时间，每人每年要平均有 1500 斤，这样全国人民的生活水平就会大大提高。① 可见，毛泽东认为，通过开展农田水利建设和积肥运动，深翻土地，推广密植，再加上群众冲天的干劲，实现粮食大增产是完全可能的。

1958 年的确是建国以来少有的风调雨顺之年，这年粮食也确实获得了较大丰收。据国家统计局后来核实，1958 年全国实产粮食 4000 亿斤，虽然远不及当时正式宣布的 7500 亿斤，但比 1957 年增产了 300 亿斤。如果不是因为搞全民大炼钢铁，在秋收大忙季节抽调大量的农村劳动力去炼钢炼铁，致使已经成熟的庄稼未能及时收回（据估计，当年约有 10% 至 15% 的粮食烂在地里），全年的粮食总产量还要更高些。

既然毛泽东相信 1958 年粮食产量能大幅度增加，那么，出身于农民并对农村十分熟悉的他，相信那些亩产万斤甚至更多的高产"卫星"吗？

1958 年 8 月上旬，毛泽东视察了河北、河南、山东三省农村。视察中，他对于这年的粮食产量特别关心，这几乎是每到一个地方都必须询问当地干部的问题。而对这个问题，得到的答案几乎是相同的：这年粮食大增产而且不是一般的增产。从毛泽东一路对于各地粮食、棉花产量的询问中，或许有助于我们了解毛泽东关于高产"卫星"的态度。

8 月 4 日，视察河北省徐水县大寺各庄农业社时，毛泽东问农业社负责人："今年的麦子收得好吗？"农业社的负责人回答说："很好！比哪一年都强。"并告诉他今年亩产有 754 斤。毛泽东又询问大秋作物的预计产量

---

① 《幸福的会见，巨大的鼓舞——记毛主席接见河南封丘县应举农业社社长崔希彦》，《人民日报》1958 年 7 月 1 日。

和全县的总产量有多少。县委第一书记张国忠汇报说，今年全县夏秋两季一共计划要拿到12亿斤粮食，平均每亩产2000斤。毛泽东听后甚是吃惊，说道："要收那么多粮食呀！"又说："你们夏收才拿到9千多万斤粮食呢！秋季要收11亿斤呀！你们全县31万多人口，怎么能吃得完那么多粮食啊？你们粮食多了怎么办啊？"[1]

8月6日，在河南新乡县七里营人民公社视察时，又问种了多少亩棉花，产量有多少。一个公社干部说："今年七里营种了10200亩棉花，保证单产亩产500斤，按2000斤做工作。"毛泽东听后说："你们的口气很大啊！"[2]

8月7日，在河南商丘县道口乡中华农业社"七一"试验站，他问商丘县委第一书记刘学勤："这块地亩产多少？"刘回答说计划施肥30万斤，亩产13900斤。毛泽东听后笑着说："亩产13000斤，秋后我再来看。"在返回火车站的路上，毛泽东问刘学勤："你相信那亩产13000多斤的试验田吗？"刘学勤说："不相信。"毛泽东说："脑子太热。没有科学根据，不符合实际。"毛泽东又问："你们种了多少亩红薯？过去亩产多少斤？"刘学勤作了回答后，毛泽东说："过去亩产2000多斤，今年真能搞到四五千斤，就翻了番，当然很好了。给下面打招呼，不要提万斤口号。"[3]

8月9日，毛泽东在山东泰安同泰安地委和附近几个县的负责人谈话，当谈到粮食问题时，泰安地委副书记李元明汇报说："今年比往年增产，今年小麦亩产162斤，总产8.5亿斤，较去年增产36%多一点。"毛泽东又问："秋季怎样？能收多少？"得到的回答是："计划亩产600斤，争取700斤，总产量达到52亿多斤到60亿斤。"毛泽东又问："去年粮食产量是多少？"李元明回答说："亩产230多斤，总产量20亿斤多一点。"听到这两个数字，毛泽东对能否增产那样多有些怀疑，问道："增产一倍以上到二倍，能达到吗？"李元明很有信心地说："从目前作物长势看，完全有可能实现这个目标。"毛泽东听后没有再问下去了，只是说了这样一句

① 《毛主席到了徐水》，《人民日报》1958年8月11日。
② 林英海主编：《毛泽东在河南》，河南人民出版社1993年版，第156页。
③ 林英海主编：《毛泽东在河南》，河南人民出版社1993年版，第190页。

话："但愿能实现，这样群众的口粮就能宽余些了。"①

在视察山东历城县北园农业合作社的水稻种植情况时，农业社主任李树诚汇报说，50 亩高额丰产田原计划亩产 2 万斤，现在要争取 4 万斤，过去一亩只产二三百斤。毛泽东说："好，你这个人，不干就不干，一干就干大的。"②

"大跃进"中，各地都"除四害"（苍蝇、老鼠、蚊子、麻雀）。图为往展览会送"除四害战利品"的车队

8 月 10 日，毛泽东的专列抵达天津，听取了河北省委和天津地委的工作汇报。毛泽东问河北全省全年的年景怎样？省长刘子厚汇报了河北夏收作物的产量和秋收预计产量。毛泽东听后说："你们说今年夏收多者 80 亿斤，少者 60 亿斤，结果拿到 65.5 亿斤，好么。"汇报中，刘子厚提到各地都准备放棉花"卫星"，晋县计划搞棉花亩产 5 万斤的试验。毛泽东对此有些不以为然，说道："这统统是口里讲的，还不是手里有的。"刘子厚又汇报说，新河县的安家庄一亩花生计划产 34800 斤，搞 1 万斤有把

---

① 中共山东省委党史研究室：《毛泽东与山东》，《大众日报》2003 年 12 月 23 日。
② 《山东农业合作化》编辑委员会：《山东省农业合作化史料汇集》下，山东人民出版社 1989 年版，第 118—119 页。

握。毛泽东说："1 万斤也好么。"刘子厚又汇报说，河北今年每人要求收到 1000 斤粮食，明年计划每人 2000 斤。毛泽东问道："后年呢？每人搞 5000 斤粮食有什么用处？每人 5000 斤就不好办了。每人 3000 斤粮食是需要的，多了以后储备有困难。"①

在天津期间，毛泽东还视察了东郊区四合庄乡新立村农业社。在一块水稻的试验田旁，他问生产队长张恩林：这块水稻亩产多少斤。张恩林说："计划亩产五万斤。"毛泽东对此持什么态度呢，用《人民日报》记者的话说："毛主席称赞说：稻子长的很好！"②

毛泽东在视察上述各地时，正值北方的秋季农作物长势旺盛的时节。不难设想，当年毛泽东在视察过程时，陪同视察的各级干部让他看到的，自然是生产搞得好的地方，而且所到之处，干部们都满怀信心地告诉他，粮食增产的幅度很大，在当时的情况下，毛泽东得出了粮食将获得大丰收的印象。但是，对于过于离奇的粮食亩产万斤之类的"卫星"，他并未从正面作过肯定，基本上是持不置可否的态度，甚至还流露过某种怀疑。

其实，对于当年亩产万斤甚至更高的粮食高产"卫星"，如同童话《皇帝的新衣》中所描述的场景，大家明知这样的"卫星"是造假造出的，但却没有人站出来公开来揭穿其真相。根本原因在于，"大跃进"中流行大辩论，那些对高指标有所怀疑、对"大跃进"有所不满者，被指责为"观潮派"、"秋后算账派"，认为插的资产阶级白旗，使用"大辩论"的方式对其进行批判。而那些敢于提出高指标，敢说大话搞虚报浮夸者，则被认为解放了思想，破除了迷信，发扬了敢想敢说敢干的精神，插的是无产阶级的红旗，被树为典型加以表扬。这样一来，不但导致了说大话、假话的浮夸风盛行，而且使各类离奇的高产"卫星"大行其道。

有人认为毛泽东是相信亩产万斤的，其中一个重要的原因是受了一位科学家文章的影响。河南遂平县卫星农业社放出小麦亩产 2105 和 3530 斤两颗"卫星"后，这位科学家在 6 月 16 日的《中国青年报》上，发表了一篇《粮食亩产量会有多少》的短文。文章认为，农业生产的最终极限决

① 《河北省委向主席汇报时主席的插话》，1958 年 8 月 10 日。
② 《毛主席在天津》，《人民日报》1958 年 8 月 16 日。

定于每年单位面积上的太阳光能，如果把这个光能换算成农产品，要比现在的丰产量高出很多。把每年射到一亩地上的太阳光能的 30% 作为植物加以利用的部分，而植物利用这些太阳光能把空气里的二氧化碳和水分制造成自己的养料，供给自己发育、生长结实，再把其中的五分之一算成是可吃的粮食，那么稻麦每年的亩产量就不仅仅是现在的两千多斤或三千多斤，而是两千多斤的 20 多倍。客观而论，这篇文章对当时放高产"卫星"起到了推波助澜的作用。然而，该文虽然论证了高产"卫星"的可能性，但文章说得很清楚，是"如果"这种情况下才可能有几万斤，毛泽东似乎不大可能忽视这个"如果"，而相信现在亩产就可达万斤。

毛泽东之所以在 1958 年没有对那些高产"卫星"提出质疑和批评，并且默许了这些"卫星"的存在，一个重要的原因，在于他虽然清楚"大跃进"中存在虚报浮夸，但基于对干部群众"大跃进"热情的肯定和保护，而在一定程度上容忍了这种现象。

前文曾经提到，在这年 3 月的成都会议上，毛泽东说：要跃进，但不要空喊，指标很高，实现不了。（河北）通县原来 150 斤，1956 年提出要在一年内跃进为 800 斤，没有实现，是主观主义。这也无大害处，屁股不要打那样重。现在跃进，有无虚报、空喊不切实际的毛病？现在不要泼冷水，而是提倡实报、实喊，要有具体措施，保证口号的实现。

在这次会议的讲话中，他又说：河南提出一年实现四、五、八水利化，除四害，消灭文盲，可能有些能做到，即使全部能做到，也不要登报，二年可以做到，也不要登报，内部可以通报。各省不要一阵风，说河南一年，大家都一年；说河南第一，各省都要争个第一，那就不好，总有个第一，"状元三年一个，美人千载难逢"。可以让河南试验一年。如果河南灵了，明年各省再来一个运动，大跃进，岂不更好？

从毛泽东的这一系列讲话中可以看出，其实他对于"大跃进"中的虚报、空喊并非不清楚，但他对这种现象却没有加以制止。他认为，好不容易通过反冒进，调动了干部群众的积极性，激发了他们的生产工作热情，如果因为有些过高的指标，有些虚报浮夸的成分，又来一次 1956 年那样的反冒进，就会压抑他们的积极性和创造性，就会给"大跃进"泼冷水，就会出现如同 1957 年那样的"马鞍形"。在他看来，1957 年群众的生产热情没有 1955 年高，建设速度没有那么快，取得的成绩没有那样大，而且还出现了右派向共产党和社会主义进攻，就在于 1956 年搞了一个反冒

安徽省枞阳一块号称亩产 1.6 万斤的"卫星田"，地里的稻子实际上是从各处移栽来的

进，结果泄了六亿人民的气。因此，在"大跃进"已经发动、群众的积极性已经高涨之后，对于虚报浮夸要"打屁股"，但"屁股不要打那样重"，要重打屁股的，倒是那种给群众泼冷水、对"大跃进"不热情甚至消极抵抗的"观潮派"、"秋后算账派"。所以，不论是对各地发射出的各种高产"卫星"，还是对粮食产量成倍增加的汇报，他都采取了默许和容忍的态度。

4. 人民公社化运动

随着"大跃进"的开展，全国人民以迅速改变中国贫穷落后面貌的雄心壮志，以极大的热情参加各项建设事业，各行各业的确显现出一片"大跃进"的新景象。这时，党的领导人也开始为中国描绘未来的宏伟蓝图，并考虑中国如何实现共产主义的问题。在这年 3 月的成都会议上，毛泽东在一位省委第一书记讲话时，曾插话说，对工业化不要看得太神秘了，对农业机械化也不要看得太神秘了。在苏联，许多事情就办好了。有葫芦，

照样一画就行。合作化机械化了就可以巩固，我国农业机械化可以很快实现。又说，搞农业机械化，小社势必要合并一些，合并后仍然不能搞的，可以搞联社。中国实现共产主义不要 100 年，可以 50 年。他还提出了这样一个问题：可不可以先由一个省进入共产主义。在这次会议的讨论中，就有人提到逐步削弱城乡、工农差别和逐步向共产主义过渡的问题。

1958 年 9 月 10 日，《人民日报》刊载了《中共中央关于在农村建立人民公社问题的决议》

1958 年 4 月下旬，刘少奇去广州向毛泽东汇报中共八大二次会议的准备情况。据刘少奇后来讲，在火车上，他与周恩来、陆定一、邓力群等吹半工半读，吹教育如何普及，吹公社，吹乌托邦，还吹过渡到共产主义。说建设社会主义这个时候就要为共产主义准备条件，要使前一阶段为后一阶段准备条件，我们搞革命就是这样的，开始搞前一步的时候，就想下一步，为下一步创造条件。我们现在搞社会主义，就要为共产主义创造一些有利条件。此外，还吹托儿所、生活集体化、工厂办学校、学校办工厂、半工半读等等。车到郑州时，刘少奇还对河南省省长吴芝圃说，我们有这样一个设想，你们可以试验一下。① 一个"吹"字，充分反映了领导人的兴奋心情。

"大跃进"发动后，毛泽东逐步形成了改变现有的农村基层组织形式，建立共产主义公社的设想。这年 5 月 19 日，陆定一在中共八大二次会议上的发言中，将这些设想透露出来了。陆定一在发言稿中说："毛主席和少奇同志谈到几十年以后我国的情景时，曾经这样说，那时我国的乡村中将是许多共产主义的公社，每个公社有自己的农业、工业，有大学、中学、小学，有医院，有科学研究机关，有商店和服务行业，有交通事业，有托儿所和公共食堂，有俱乐部，也有维持治安的民警等等。若干乡村公社围绕着城市，又成为更大的共产主义公社。前人的'乌托邦'想法，将被实现，并将超过。我们的教育方针和其他教育事业，也将朝这个目标发展。"

紧接着，毛泽东关于农村基层组织的新设想，由他的秘书、新创刊的《红旗》杂志总编辑陈伯达公开发表出来。1958 年 7 月 1 日出版的《红旗》第 3 期发表了陈伯达的《全新的社会、全新的人》一文，文章在介绍湖北省鄂城县旭光一社土法办小工厂的经验时说，这是"把一个合作社变成既有农业合作又有工业合作的基层组织单位，实际上农业和工业相结合的人民公社"。这是党的机关刊物第一次使用"人民公社"一词。

同一天，在北京大学庆祝中国共产党成立 37 周年大会上，陈伯达在讲演中称："毛泽东同志说，我们的方向，应该逐步地有秩序地把'工（工业）、农（农业）、商（交换）、学（文化教育）、兵（民兵，即全民武装）'组成一个大公社，从而构成我国社会的基本单位。在这样的公社里面，工业、农业和交换是人们的物质生活；文化教育是反映这种物质生活的人们的精神生活；全民武装是为着保卫这种物质生活和精神生活，在全世界上人剥人的制度还没有彻底消灭以前，这种全民武装是完全必要的。毛泽东同志关于这种公社的思想，是从现实生活的经验所得的结论。"这篇讲话随后以"在毛泽东同志的旗帜下"为题，发表在 7 月 16 日出版的《红旗》

① 薄一波：《若干重大决策与事件的回顾》下卷，中共中央党校出版社 1993 年版，第 731—732 页。

杂志第 4 期上。

这两篇文章对人民公社的出现起了直接的推动作用。1958 年 8 月 22 日，中共河南省委向中共中央报告说："（人民公社化）这一运动，首先从农村开始，小社并大社，自留地归集体，大搞公共食堂，广泛开展社会主义大协作……这在实质上已经形成了公社的雏形，但还没有肯定的统一的名称。在农村有的叫集体农庄，有的叫农场；在城市有的叫社会主义大院，有的叫社会主义大家庭，直至'红旗'第四期陈伯达同志所写的'在毛泽东同志的旗帜下'一文引证毛主席关于人民公社的批示后，才明确了建立人民公社的方向。开始是遂平县卫星社建立了第一人民公社，接着全县实现了公社化，以后很快在信阳、新乡地区全面展开，其他各县都进行试办。"①

中国第一个人民公社——河南省遂平县嵖岈山人民公社于 1958 年成立

"大跃进"开始后，伴随大规模农田水利建设的开展，客观上要求打破原有的社界、乡界的限制，加之一些领导人早在农业合作化运动高潮时，就看好办大社的优越性，因此，1958 年 3 月的成都会议还曾专门讨论了小社并大社的问题，并通过了《中共中央

① 中共河南省委：《关于建立人民公社情况的报告》，1958 年 8 月 22 日。

关于把小型的农业合作社适当地并为大社的意见》，提出在有条件的地方把小型的农业合作社有计划地适当地合并为大型的合作社。在这种背景下，一些地方开始了小社并大社的尝试。其中，遂平县的嵖岈山卫星大社的建立就是一个典型。

嵖岈山地处遂平西部。"大跃进"开始后，这里和全国各地一样掀起了农田水利建设运动的高潮。在兴修水利的过程中，社与社之间围绕用地、劳动力使用等方面出现了一些矛盾，乡社干部和群众于是产生了并社的想法。1958 年 4 月 15 日，信阳地委书记兼专员（遂平县时属信阳地区，今属驻马店地区）张树藩和遂平县委书记娄本耀到嵖岈山地区检查麦田管理和卫生工作，地处嵖岈山的杨店、土山等乡的干部在汇报工作时提出了并大社的请求。4 月 18 日下午，在乡、社干部的组织下，杨店、土山、鲍庄三个乡的男女社员 8000 多人，抬着申请书，汇集到杨店街，向地委领导申请并大社。张树藩当场答应了群众的要求，但提出必须搞好当前生产和除"四害"工作。

4 月 18 日这天，大社并没有成立。于是，这三个乡 19 个社再加上邻近的槐树乡 7 个社、玉山乡 3 个社、张堂乡 1 个社的社员共计 15000 多人，于 4 月 20 日再次集会杨店街，要求并大社，遂平县委当即同意了社员的请求，批准杨店、土山、鲍庄三个乡 19 个社和张堂乡的友谊第八社共 20 个高级合作社合并，并按照群众的要求取名为"卫星集体农庄"（又叫"卫星社"），当即召开成立大会，选出了农庄主席、副主席和管理委员。

在此前后，小社并大社的工作在各地相继开展。到 5 月下旬，辽宁全省将 9272 个合作社合并为 1461 个社，基本是一乡一社，平均每社约有 2000 户左右，最大的盖平县花园坨乡由 7 个社组成的一个大社，这个大社长宽都有 40 来里，总共有 18000 多户，95000 多人口。河南由 38286 个社合并成 2700 多个社，平均每社 4000 户左右。

各地合并起来的大社，开始时名称各不相同，有的叫集体农庄，有的称社会主义大院或社会主义大家庭，也有叫"共产主义农场"、"国营农场"、"合作农场"的，亦有称为"公社"的。不久，这些合并成的大社有了一个统一的称呼——人民公社。

第一个将大社命名为"公社"的，是浙江诸暨的"红旗共产主义公社"。根据陆定一在八大二次会议上透露出的毛泽东和刘少奇关于建立公社的设想，中共浙江省委政治研究室于 1958 年 6 月 20 日形成了《浙江省 1958 年—1962 年农业发展纲要（初稿）》，发给正参加浙江省三级干部会议的人员讨论并征求意见。这个纲要的最后一条即第三十三条是"我们的奋斗目标——向共产主义公社方向前进"，接着有这样一段文字："农业合作社应当过渡到共产主义公社，每一个公社有自己的农业和工业，有大学、中学、小学，有医院，有科学研究机关，有商店和服务性行业，有交通运输业，有托儿所和公共食堂，等等。许多农村共产主义公社围绕着城市，城市就是更大的共产主义公社。从现在开始，就要在领导干部中、党员中和积极分子中宣传这样一个思想：共产主义的乐园，就要在我们这一代人的手中建成。"① 这段话差不多是搬用陆定一在八大二次会议上的发言。与此同时，中共浙江省委书记处书记林乎加在三级干部会议上也说，各县都可以搞个把共产主义雏形的乡、社。

对于在农村中办共产主义公社，参加此次全省三级干部会议的诸暨县城南乡党委书记丁祖铭对此印象很深。回到乡里后，立即召开了几次干部会议，研究成立共产主义公社的问题。城南乡共有四个农业社，各社的经济均有较好的基础，公共积累有一百多万元，仅种植在田埂边的水果，一年的收入就可达十多万元。各社还办了大小三十余个社办工厂，年产值可达三十万元。于是，城南乡的干部们认为，已经具备建立共产主义社会的基本条件，乃决定将全乡的四个社合并为一个"共产主义公社"。

这年 6 月底，在中共诸暨县委的支持下，城南乡将四个农业社合并，正式成立了"诸暨县红旗共产主义公社"。不久，他们又感到叫"共产主义公社"不妥，于是加上了"建设"二字，称为"诸暨县红旗共产主义建设公社"。1958 年 7 月下旬，他们还制定了《诸暨县红旗共产主义建设公社章程（草案）》，其中第一条规定："红旗共产主义建设公社是工人、农民、教职员等劳动者，在共产党、人民政府的领导和帮助下，在自愿的基

---

① 中共浙江省委政治研究室：《浙江省 1958 年—1962 年农业发展纲要（初稿）》，1958 年 6 月 20 日。

础上组织起来的工、农、商、学、信贷等事业的初级形式的共产主义经济组织，并努力争取在短期内建设成为高级形式共产主义经济组织——全民所有制。"①

最早使用"人民公社"名称的大社，则是河南新乡县的七里营人民公社。1958 年二三月间，七里营相继成立了杨屯、八柳树、曹村等八个农业合作社联社。7 月初，晋、冀、鲁、豫、陕、京六省市在郑州召开农业协作会议。会议期间，中共中央书记处书记、国务院副总理谭震林在听取遂平县嵖岈山地区建立大社的汇报后，要七里营派代表去嵖岈山参观学习。七里营的代表经过一番走马观花般的参观，回来后就在本乡大力宣传嵖岈山的经验和办大社的好处。

这时，七里营不少高级社纷纷到乡政府要求办大社，一部分群众还敲锣打鼓到乡里表决心、递申请书。七里营乡党委认为办大社的条件已经成熟，乃于 7 月 16 日拟定了一份《中共七里营乡党委关于并大社意见》，报请新乡县委审批，很快得到同意。7 月 20 日上午，由全乡 26 个高级社并成的七里营大社成立。

大社成立后，对于大社叫什么名称，干部社员颇费了一番脑筋。有人建议叫大社，也有建议叫联社，但又觉得都不合适。于是，又有人建议叫公社，理由是马克思、恩格斯的著作中多次讲到"巴黎公社"，大家觉得公社这个名字不错，就建议叫做"七里营共产主义公社"意即为向共产主义过渡创造条件。于是，就在乡政府门口挂了"七里营共产主义公社"的牌子。②

可是，这块牌子刚挂出去，七里营村的一个老汉看后说："我早盼共产主义，晚盼共产主义。我想，我能熬到共产主义活三天就心满意足了。可谁知共产主义的牌子挂出去了，就是这样子。难道我们现在这个样子就

---

① 《诸暨县红旗共产主义建设公社章程（草案）》，1958 年 7 月 26 日。

② 七里营将大社命名为"共产主义公社"，可能是受到诸暨红旗共产主义公社的影响。在人民公社化运动高潮中，中共浙江省委农村工作部在一份题为"全省人民公社试点情况和基本经验"的材料中说，诸暨红旗共产主义公社建立后，新乡专区曾派人来参观。不久毛泽东视察七里营，七里营名声大振，浙江又派人去参观，新乡专员和地委秘书长都说："我们是从你哪里学来的。"

算是共产主义社会了?"人们一听,觉得这个老汉的话也有道理,认为称"共产主义公社"确实有些不妥。于是又有人建议说:"我们现在是建设社会主义,向共产主义过渡,就叫共产主义建设公社吧。"

一时间,大社叫什么名字好成为七里营干部们议论的重要话题。这时,有人想起了前不久《红旗》杂志发表的陈伯达文章《全新的社会,全新的人》里,曾提到"把一个合作社变成既有农业合作又有工业合作的基层组织单位,实际上农业和工业相结合的人民公社",就提议说,咱们大社里有农业,有工业,有工人,也有农民,有学校,还有商店,而且我们的国家叫人民共和国,政府叫人民政府,银行叫人民银行,总之一切都离不开人民,不如干脆将大社改称为"人民公社"。这一名称提出后,得到了干部群众的一致认可。于是"七里营共产主义公社"正式更名为"七里营人民公社"。8月1日,七里营大社在行文中首次启用了"七里营人民公社"的称呼。8月4日,又由公社木器厂制作了一块长方形的标牌挂在公社的大门口。①

1958年8月4日,毛泽东离开北京,前往河北、河南和山东三省视察,在河北徐水、安国两县视察期间,他除了反复询问当地的粮食产量外,也多次谈到了乡社合并的问题。

8月6日下午,毛泽东来到了已经成立了人民公社的河南新乡县七里营视察。毛泽东走到公社大院门口,看到了"新乡县七里营人民公社"这块牌子时,竟停下脚步,一字一顿地念起来。新乡县委书记胡少华随即对毛泽东说:"这是全县的第一个人民公社。"旁边的新乡地委书记耿起昌问道:"他们起这个名字怎么样,行不行呀?"毛泽东用肯定的语气说:"人民公社这个名字好!"

当毛泽东问到全县有几个这样的公社时,胡少华答道:"全县原来有60多个小乡,成立了60多个高级社,后来合并成10个联社,七里营是我们县第一个人民公社。我们正在开战地会,准备都改成人民公社。"毛

---

① 参见中共新乡市委党史研究室:《七里营人民公社简史》(内部本),2000年10月编印,第21—22页;中共河南省委党史研究室编:《河南省人民公社化运动》,河南人民出版社2005年版,第288页。

泽东又问:"人们喜欢这个名字吗?"七里营公社党委书记徐占才回答说:"喜欢!"毛泽东还询问了公社的土地、人口等情况。[①]

1958 年 8 月,毛泽东视察河南新乡七里营人民公社,指出这是中国农村的方向

8 月 6 日晚上,毛泽东到了郑州,在这里接见从嵖岈山赶来的中共河南省委书记处书记史向生,并详细地了解了嵖岈山卫星公社(卫星集体农庄约在这年 7 月下旬改称为卫星公社)的情况。当听到农民劳动时已经军事化了,按班、排、连的编制进行生产,又听到一个公社有 5 万多人口时,毛泽东感慨地说:"大的多了,公的多了。""这在古代,一个诸侯国了。"又说,比之古代诸侯国,公社是又大又公,多了公的特点,是"一大,二公"。在谈到公社的名称时,毛泽东说,人民公社这个名字好,包括工、农、商、学、兵,管理生产,管理生活,管理政权。[②]

8 月 9 日,毛泽东视察山东北园农业合作社,社干部向他汇报了"北园大社"的办社情况和社员的讨论意见,请示毛泽东是叫"大社"好呢,还是叫"农场"或"农庄"好?并汇报了办起大社以来生产面貌的变化和今后的打算,毛泽东没有立即回答。陪同视察的山东省委负责人汇报说:

①　《毛泽东在河南》,河南人民出版社 2005 年版,第 156 页。
②　《毛泽东在河南》,河南人民出版社 2005 年版,第 63 页。

"现在北园乡准备办大农场。"这时，毛泽东说："还是办人民公社好，它的好处是可以把工、农、商、学、兵结合在一起，便于领导。"①

8月13日，毛泽东结束了对河北、河南、山东三省的视察，回到北京。13日，《人民日报》在报道毛泽东视察山东时，用了这样的大字标题——"毛主席视察山东农村，强调部署各项工作必须通过群众鸣放辩论，办人民公社的好处是把工农商学兵结合在一起便于领导"。于是，"办人民公社好"的消息迅速传遍全国。

紧接着，中共中央政治局在北戴河召开政治局扩大会议，重点讨论钢铁生产和在农村建立人民公社的问题。在会上的讲话中，毛泽东多次就建立人民公社的问题作了讲话。他说，人民公社问题，名称怎么叫法？可以叫人民公社，也可以不叫，我的意见叫人民公社，这仍然是社会主义性质的，不过分强调共产主义。人民公社一曰大二曰公。人多，地大，生产规模大，各种事业大；政社是合一；搞公共食堂，自留地取消，鸡、鸭、屋前屋后的小树还是自己的，这些到将来也不存在；粮食多了，可以搞供给制，还是按劳分配，工资按各尽所能发给个人，不交给家长，青年、妇女都高兴，这对个性解放有很大的好处。搞人民公社，我看又是农村走前头，城市还未搞，工人阶级的待遇比较复杂。不论城乡，应当是社会主义制度加共产主义思想。苏联片面搞物质刺激，搞重赏重罚。我们现在搞社会主义，也有共产主义的萌芽。学校、工厂、街道都可以搞人民公社。不要几年工夫，就把大家组成大公社。

北戴河会议通过了《中共中央关于在农村建立人民公社问题的决议》（以下简称《决议》）。《决议》提出："在目前形势下，建立农林牧副渔全面发展、工农商学兵互相结合的人民公社，是指导农民加速社会主义建设，提前建成社会主义并逐步过渡到共产主义所必须采取的基本方针。"关于人民公社的规模。《决议》认为，目前以一乡一社，每社2000户左右为宜，在某些乡界辽阔、人烟稀少的地区，也可以少于2000户，一乡数社。有的地方根据自然条件和生产发展的需要，也可数乡并为一乡，组成

① 济南市郊区合作化史编写办公室：《毛泽东视察历城北园》，载《山东省农业合作化史料汇集》下，山东人民出版社1989年版，第118—119页。

一社，六七千户左右。至于 20000 户或以上的，不要去反对也不要去提倡。《决议》最后满怀信心地说："看来，共产主义在我国的实现，已经不是什么遥远将来的事情了，我们应该积极地运用人民公社的形式，摸索出一条过渡到共产主义的具体途径。"

9 月 1 日，这天出版的《红旗》杂志第 7 期发表了《迎接人民公社化高潮》的社论，发出了大办人民公社的号召。9 月 3 日，《人民日报》发表《高举人民公社的红旗前进》的社论，透露了《中共中央关于在农村建立人民公社问题的决议》的基本内容。

北戴河会议后，各地一哄而上，大办人民公社，迅速掀起了建立人民公社的高潮。据中共中央农村工作部统计，至 9 月 30 日，全面实现了农村公社化的省、自治区和直辖市已经有河南、辽宁、广西、青海、河北、北京、陕西、山东、黑龙江、吉林和上海；农村公社化已达 90% 以上的有山西、广东、湖南、四川、江苏、浙江和甘肃；85% 左右的有江西、安徽、湖北、福建和内蒙古；贵州和宁夏月底也可实现或基本实现农村公社化。新疆农业区参加公社的农户已达

1958 年 8 月，中共河北徐水县委在规划草案中提出要在 1963 年进入共产主义

80%，10 月初可实现公社化。云南省农村已建成 200 多个人民公社，10 月内也可基本实现公社化。全国农村共有人民公社 23397 个，参加的农户占总农户的 90.4%，平均每社 4797 户。仅一个月的时间，我国农村基本实现了人民公社化。

第八章
全民大炼钢

北戴河会议后，一个全民大炼钢铁的群众运动迅速在全国城乡兴起。土高炉在全国各地遍地开花，农村的田间地头、城市的车间街道，甚至高等学校的校园里，各级党政机关的大院里，都可以见到土高炉的身影。

与此同时，各地争先恐后地大放钢铁生产"卫星"，然而这些土高炉炼出的钢铁基本没有任何使用价值，白白地浪费了大量的人力物力。

1. 1070 万吨钢的由来

用十五年左右的时间，使钢铁和其他主要工业产品产量赶上和超过英国，既是发动"大跃进"的一个响亮口号，也是"大跃进"运动要实现的一个重要目标。应当说，如果遵循基本经济规律，再发挥社会主义制度的优越性，要实现这个目标还是有可能的。

但是，随着"大跃进"的发动和人民群众生产热情的高涨，人们的头脑开始不冷静了。在成都会议期间，冶金工业部负责人提出，钢铁工业苦战三年，超过"二五"计划指标，到 1962 年达到 1500 万吨到 1700 万吨，

228

是有把握的，2000 万吨是可以争取的，这个设想得到了毛泽东的肯定。

许多地方的农民放弃耕作，上山采矿，建土炉。图为河南省安阳县钢铁基地的农民在运矿

随后，有关部门不断地修改一届人大五次会议确定的 1958 年钢产量 624.8 万吨的计划指标。4 月 14 日，国家经委汇总各地上报的当年钢铁产量计划指标后，向中共中央报告说，1958 年的钢铁产量有了两本账，第一本账是 624 万吨，第二本账是 711 万吨。这个第二本账与一届人大五次会议通过的指标相比，增加了 87 万吨，增长 14%。

1958 年 4 月下旬，毛泽东找冶金工业部党组几位负责人谈话，了解钢铁生产情况。毛泽东在谈话中说，你们不要害怕钢铁生产多了没有地方放。他还风趣地说，可以放到我的院子里嘛！又说，1956 年投资多了一些，工业生产快了一些，就有人害怕，慌慌忙忙出来反冒进。旧的平衡总是要在发展中被打破的，然后，又在新的基础上达到新的平衡，这是马克思主义。反冒进就是不懂这个辩证法。我们这样一个大国现在才生产几百万吨钢，太可怜了，工业不发达就要受帝国主义欺负。当时冶金工业部负责人就表示，1958 年的钢产量肯定可能超过 624 万吨，达到 700 万吨，最多可能达到 800 万吨。[1]

在八大二次会议上，毛泽东多次讲到超英赶美的问题，并提出了"七年赶上英国，再加八年或者十年赶上美国"的设想。国家经委提交会议讨论的第二个五年计划第二本账提出：1962 年的钢产量指标，第一方案为 2500 万吨，同 1956 年八大一次会议的建议数 1050 万—1200 万吨比较，增加 108%—138%；第二方案 3000 万吨，同八大一次会议的建议数比较，增加 150%—186%。冶金工业部部长王鹤寿在大会发言时，特地论证了第二方案钢产量指标的依据。他说：冶金部再次和各省、直辖市、自治区研究了钢产量的发展速度后，认为 1959 年可以达到 1200 万吨，1962 年 3000 万吨，1967 年 7000 万吨，1972 年 1.2 亿吨。5 年可以超过英国，15 年赶上美国。

八大二次会议后，由于超英赶美的时间一再被提前，于是各项计划指标不断被拔高。1958 年 5 月底，中共中央政治局召开会议，决定将当年的钢指标由八大二次会议确定的 711 万吨提高为 800 万吨到 850 万吨。这是 1958 年钢产量计划的第三本账。

6 月 7 日，冶金工业部向中共中央报送了《1962 年主要冶金产品生产规划》，其中预计 1958 年钢产量为 820 万吨，1962 年为 6000 万吨。这样，1962 年的新指标比八大二次会议确定的 3000 万吨又翻了一番。

这些材料进一步增加了毛泽东超英赶美的信心。6 月 22 日，他在冶金工业部的报告上亲笔批示道："只要 1962 年达到 6000 万吨钢，超过美国就不难了。必须力争在钢的产量上在 1959 年达到 2500 万吨，首先超过英国。"[2] 这样，赶超英国的计划大大提前，由原定的十五年变成了两年。而 1957 年全国的钢产量只有 535 万吨，如果 1959 年要达到 2500 万吨，等于要将近翻五番，1958 年的 820 万吨钢产量显然低了。

6 月 12 日，国家经委党组向中共中央报告说，地方冶金工业的跃进指标，已经大大超过"二五"计划第二本账。计划今年兴建小高炉 12694 座，大部分年内可投入生产，地方铁产量今年可达 440 万吨，比去年增长

① 李锐：《"大跃进"亲历记》下，南方出版社 1999 年版，第 208—209 页。
② 《建国以来毛泽东文稿》第七册，中央文献出版社 1992 年版，第 279 页。

7.9 倍；兴建转炉 220 座，电炉 43 座，地方钢产量今年可达 200 万吨，比去年增长 2.5 倍。根据地方冶金工业的飞跃发展，估计明年全国钢铁产量可以比今年预计完成数翻一番。

刘少奇访问太原钢铁厂

6 月 17 日，中共中央政治局在刘少奇的主持下召开会议，听取薄一波关于 1958 年计划执行情况和 1959 年设想的汇报。在谈到钢铁生产时，薄一波说，预计今年钢产量将达到 900 万吨，初步安排，明年计划为 2000 万吨或 2000 万吨以上。

毛泽东没有参加 6 月 17 日的政治局会议。第二天晚上，他将全体政治局常委及彭真、李富春、李先念、薄一波、廖鲁言、黄克诚、王鹤寿等人找来谈话。谈到钢铁生产时，毛泽东表示赞成提高钢铁生产指标。会议经过研究，决定将 1958 年的钢产量的预计完成数改为 1000 万吨，1959 年的钢产量指标改为 2500 万吨。在谈话的过程中，毛泽东对薄一波说：现在农业已经有了办法了，叫做"以粮为纲，全面发展"，你工业怎么办？

薄一波回答说：工业就"以钢为纲，带动一切"吧！毛泽东说：对，就按这么办。①

这次会议后，薄一波根据毛泽东的指示和会议精神，重新写成了一份《汇报提要》，并于 20 日报送给毛泽东。《汇报提要》提出：1959 年我国国民经济将比 1958 年有一个更大的跃进，经过三年苦战，我国可以在钢铁和其他主要产品产量方面赶上和超过英国，基本建成比较完整的工业体系，农业方面将实现水利化，达到"四、五、八"的要求。对 1959 年的工业生产，估算工业总产值将比上年增长 60%—70%，钢达到 2500 万吨，比 1958 年增加 1500 万吨，基本建设投资将增加一倍，达到 450 亿元，社会购买力、外贸出口额也将有很大的增长。这是初步的很不成熟的方案，待研究后再提交中央 8 月会议讨论。

6 月 22 日，毛泽东对薄一波的《汇报提要》作了批示："此件印发军委会议各同志。赶超英国，不是十五年，也不是七年，只需要两年到三年，两年是可能的。这里主要是钢。只要 1959 年达到 2500 万吨，我们就在钢的产量上超过英国了。"② 毛泽东在批示这个报告时，还特地将题目改为"两年超过英国（向政治局的报告）"。

对于 1958 年的钢产量，薄一波的《汇报提要》提出预计为 1000 万吨。6 月 19 日，毛泽东再次召集一些中央领导人以及冶金工业部部长王鹤寿等人开会，讨论钢铁生产问题。毛泽东问王鹤寿：去年是 530（按：1957 年的钢铁产量为 535 万吨），今年可不可以翻一番？为什么不能翻一番？王鹤寿说，好吧！布置一下看。后来毛泽东说，开始是 600 万吨，第二本账是 700 万吨，第三本账是 800 万吨，争取 900 万吨。我说你索性翻一番，那么拖拖拉拉干什么？王鹤寿同志就很有劲，布置了。③ 王鹤寿"布置"的结果，决定 1958 年钢产量比 1957 年翻一番，完成 1070 万吨。这就是这年著名的"为实现一〇七〇万吨钢而奋斗"口号的最初由来。

6 月 21 日，冶金工业部形成了一份产钢计划报送给了中共中央。计

① 薄一波：《若干重大决策与事件的回顾》下卷，中共中央党校出版社 1993 年版，第 698—699 页。

② 《建国以来毛泽东文稿》第七册，中央文献出版社 1992 年版，第 278 页。

③ 《毛泽东传（1949—1976）》，中央文献出版社 2003 年版，第 825 页。

划说，华东区提出争取 1959 年华东区钢的生产能力达到 800 万吨。这是一个极重要的建议指标。根据这一指标，我国钢铁工业的发展，又将进入一个新的水平。我们和华东区的同志研究了争取明年达到生产能力 800 万吨的措施，同时其他各大协作区也在最近分别召开冶金工业的规划会议，研究各大协作区明年及第二个五年计划的指标。从各大协作区会议的情况看，明年钢的产量可以超过 3000 万吨，而 1962 年的生产水平则将可能达到八九千万吨以上。第二天，毛泽东批发了这份报告。

7 月 1 日，《人民日报》发表署名"王朴"的文章：《以钢为纲》，公开提出了"以钢为纲"的口号，并且认为"钢是连接着整个工业的一条纲，它的发展速度，决定着整个工业化的速度，决定着整个农业现代化的速度，决定着整个技术革命的速度"，要求各级党委特别是第一书记，切实把钢这条纲抓起来。

同一天，薄一波在《红旗》杂志上发表题为"打破办工业的神秘观点"的文章，认为办工业必须打破"大（大工业）、高（高标准）、国（国家集中办）"这些神秘观点，进行工业建设方法上的大革命，实行全党办工业、各级办工业、全民办工业。这对于工业飞跃具有极其重大的意义。文章说："今年我国的钢铁产量，预计可以超过 1000 万吨，明年估计可能超过 2000 万吨。由此看来，我国在钢铁和其他主要工业产品的产量方面赶过英国的时间，比不久前的设想，还可以大为缩短"。

7 月 5 日，刘少奇在石景山发电厂同工人座谈时说，现在赶上英国不是十几年，两三年就行了，明年后年要超过英国。这不是假的。钢铁、煤炭明年可以超过，电要慢点。国家大有希望，大有前途，超过英美就变成世界上最富强的国家了。

8 月 8 日，《人民日报》发表社论《土洋并举是加速发展钢铁工业的捷径》，透露了毛泽东提出的 1958 年钢铁产量翻番的思想。社论说，最近一两个月来，全国各省市先后召开了地方工业会议或钢铁工业会议，打掉了对钢铁工业的神秘思想，确立了钢铁工业的"元帅"地位，定出了发展钢铁工业的跃进规划和措施，吹起了全党全民向钢铁工业大进军的号角。

一个以钢为纲，带动工业全面发展的工业建设的新高潮已经形成。转炉高炉遍地开花，钢水铁水到处奔流的日子，即将到来。要在一年内建成 200 座中小型转炉，增加 1000 万吨钢，以及要在一年内建成 13000 多座中小型高炉，增加 2000 万吨铁的计划，不仅可以百分之百地完成，而且将大大超过。

社论还用自问自答的方式，回答了钢铁生产能否实现高速度的问题。其中说：

> 我国钢铁工业能不能以最高的速度，比如说，每年产量的增长率不是百分之几、百分之十几或者百分之几十，而是百分之百甚至更高的比例发展呢？答曰：可能性是存在着的，问题是我们想不想、要不要高速度？我们想要，就有；不想要，就没有。也许会有人说："要高速度就有高速度，是否有点脱离实际的唯心主义味道呢？"我们说，这里一点也没有唯心论，而是完全从实际出发，是有根据的。

社论认为，我国钢铁产量之所以能够实现"百分之百甚至更高的比例发展"，主要有两个方面的根据：一是我国矿产资源丰富，炼铁需要大量的煤，而在我国 2000 多个县中，就有 1500 多个县有煤；二是钢铁的原料——铁矿石，在第一个五年计划期间，探明的铁矿储量已达 56 亿吨。加上有党的领导和六亿人民，这是一个决定的因素。

2. "一项头等重要的任务"

虽然在 6 月就已经决定 1958 年的钢产量要比 1957 年翻一番，但到这年 7 月，全国的钢产量总共才 380 多万吨，其中 7 月份为 70 万吨，也就是说，剩余的五个月时间，必须完成近 700 万吨的任务。这个产量显然是靠正规的钢铁企业按常规生产无法完成的，于是自然而然地想起了老办法——发动群众，组织以大炼钢铁为中心的群众运动。

毛泽东在北戴河会议上讲话

　　1958 年 8 月 17 日至 30 日，中共中央政治局在北戴河召开政治局扩大会议，参加会议的有中央政治局委员和各省、直辖市、自治区党委第一书记，以及政府各有关部门党组的负责人。会议主要讨论了 1959 年的国民经济计划、当前的工业生产、农业生产和农村工作问题、商业工作问题、教育方针问题、加强民兵工作问题和其他问题，并制定了有关这些方面的 37 个文件，其中最重要的是讨论钢铁生产和在农村建立人民公社的问题。

　　据薄一波回忆："北戴河政治局扩大会议开会的头几天，大家分析了 6 月 19 日以后钢铁生产未见起色的原因：第一，从部到相当多的工厂，根据南宁会议后下达的《工作方法六十条（草案）》的要求，把注意力都放到编计划（五年计划和明年计划）方面去了，部长、副部长都在外面参加各协作区的计划会议，忽视了抓生产；第二，由于小高炉生产不稳定，农民工不熟练和大批工厂领导关系改变（5 月 29 日闭幕的政治局扩大会议要求，到 6 月 15 日 24 时止，大批中央部直属厂转交地方领导），主管部门和地方忙于办交接手续，生铁调度不灵；第三，钢铁冶炼需要的设备供应不上，6 月间安排生产的一批冶炼设备，有的被计划外的东西冲掉了，有的还没有安排落实。"①

毛泽东听取钢铁生产情况的汇报之后，打电话给陈云并作了八点指示：（一）国家经委主要抓生产；（二）原材料调配要服从国家计划，分配钢材既要照顾重点，又要照顾农民的需要；（三）抓紧冶炼设备的生产和安装；（四）机械厂收到钢材后，第一是用来制造炼钢炼铁轧钢的设备；（五）各省市自治区党委每星期抓一次钢铁生产；（六）加大保险系数，冶金部直属钢铁厂今年增加 50 万吨钢的新任务（按：1958 年钢产量的实际指标是 1150 万吨）；（七）要有铁的纪律，没有完成生产和调拨计划的，分别情况给予警告、记过（小过、中过、大过）、撤职留任、留党察看、撤职、开除党籍的处分；（八）立即把各省、市、自治区党委主管工业的书记（后简称工业书记）找来北戴河，开一次工业书记会议。

8 月 21 日，陈云向参加北戴河会议的全体与会人员传达了毛泽东的上述指示。陈云在传达时还说：我们今年要生产 1100 万吨钢，已经传到国外去了。这时，邓小平插话说：给赫鲁晓夫打了保票的。陈云接着说：7 月 31 日到 8 月 3 日赫鲁晓夫来华访问期间，毛主席跟赫鲁晓夫讲：我们今年生产钢 1070 万吨，明年是 2500 万到 3000 万吨。赫鲁晓夫不大相信，说中国的同志提出来的计划大概我们相信可以完成，究竟具体情况怎么样，他不问，那是很大的怀疑。赫鲁晓夫那天签公报的时候，他的总顾问，也是建国初期在华苏联专家总顾问阿尔希波夫跟赫鲁晓夫一起来了。我跟他讲，我们明年的（钢产量）计划完成得了完成不了？他不回答，笑一下，说很大的计划，伟大的计划，能完成百分之八十、九十也是很好的。他是没有信心的。陈云"介绍的阿尔希波夫这几句话，曾引起大家的愤慨"。②

北戴河会议期间，毛泽东在讲话中多次谈到钢铁生产问题。在会议开幕当天的讲话中，他一共讲了十七个问题，其中第二个问题便是关于钢

---

① 薄一波：《若干重大决策与事件的回顾》下卷，中共中央党校出版社 1993 年版，第 703 页。

② 薄一波：《若干重大决策与事件的回顾》下卷，中共中央党校出版社 1993 年版，第 704 页。

铁生产的。他说，钢由 1957 年的 530 万吨翻一番，达到 1100 万吨，有完不成的危险，中心问题是搞铁，现在都打了电话，发动了，可是还要抓紧些，要回电话，要保证。

在 19 日的讲话中，毛泽东说，我们一定要在三年、五年、七年之内，把我国建设成一个大工业国。为了这个目的，必须集中力量把大工业搞起来，抓主要的东西，对次要的东西，力量不足整掉一些。钢铁谁搞谁不搞，要服从决定。要下紧急命令，把铁交出来，不许分散。大、中钢厂的计划必须完成，争取超额完成。钢要拼命完成，铁少一点可以，也要争取完成。

在 8 月 21 日的讲话中，毛泽东说，1100 万吨钢，必须完成。经过三令五申，仍完不成任务，或者有铁拿不出来者，对搞分散主义的，就要执行纪律。我看 1100 万吨有完不成的危险。有些人不懂得，不完成 1100 万吨，是关系到全国人民利益的大事。要拼命干，"拼命干"三个字下面要加着重号。

在 8 月 30 日的讲话中，毛泽东说，有个文件讲，明年是决定性的一年，这句话讲得好。粮食再翻一番，钢要搞到 2500 到 2700 万吨，争取 3000 万吨。这是一场大仗，这一仗是没有休息的，机器不能休息。6 月 19 日出了题目，但没有具体措施，大家都抓计划去了。从 8 月 21 日起，还有 19 个星期，133 天，一天不多，一天不少，现在又过了 10 天，相当危险。要紧急动员，能否完成，我有怀疑，我是"观潮派"，明年 1 月 1 日能不能搞到，我总是"十五个吊桶打水——七上八下"。如果没有搞到，一是题目出错了，二是工作没有抓紧。今年 1100 万吨钢，到底扎实不扎实，我是怀疑的，拿到手才算数。"钢铁尚未成功，同志仍须努力"。

在北戴河会议期间，根据毛泽东的指示，8 月 25 日至 31 日在北戴河召开全国工业书记会议，专题讨论怎样完成 1958 年的钢铁生产任务问题。会议由薄一波主持，李富春作报告，陈云到会作了两次讲话。陈云在讲话中提出，要依靠党委，发动群众搞"土炉子"，说"土炉子"在中国的命运还有一个时期。薄一波在总结发言中，提出"紧急行动起来，为完成以 1150 万吨钢为纲的工业生产跃进计划而斗争"的口号，并传达了毛泽东的指示："对土炉子要有信心，不能泄气。即使在一百个土炉子中，只有一个出铁，那就很好，就算是插上了红旗，其余九十九个都应当向它学习。"30 日下午，主要钢铁产区的工业书记和鞍钢、武钢、太钢等几个大厂的党委书记们，在薄一波的带领下来到毛泽东的住处，一个一个向他当面担保完成钢铁生产任务。"尽管不少同志慷慨激昂，保证完成任务，但毛主席还是不放心，因为只剩下 4 个月，时间太紧迫，他念了一句古诗：'夕阳无限好，只是近黄昏。'"①

北戴河会议通过讨论，通过了一系列的文件，其中最为重要的有两个，一个是《中共中央关于在农村建立人民公社问题的决议》，一个是《中共中央政治局扩大会议提出今年宏伟目标，为生产一千零七十万吨钢而奋斗》的会议公报。公报说：1958 年农业生产的"大跃进"，将使粮食作物的总产量达到 6000 亿斤至 7000 亿斤，比 1957 年增产 60% 至 90%，全国每人占有粮食的平均数将达到 1000 斤左右；棉花将达到 7000 万担左右，比 1957 年增产一倍以上。农业战线的伟大胜利要求工业战线迅速地赶上去，而且也使得省一级党委有可能把注意的重心转移到工业方面来。因此，会议决定，全国的省和自治区党委的第一书记，从现在起，就必须首先注意工业的领导，但是同时不应当放松农业的领导。公报指出：

> 工业的生产和建设必须首先保证重点。工业的中心问题是钢铁的生产和机械的生产，而机械生产的发展又决定于钢铁生产的发展。根据当前全国人民对于钢铁的巨大需要和对于钢铁生产的巨大努力，根据钢铁冶炼设备正在逐月增加和迅速投入生产的情况，钢铁生产的飞跃发展是必要的和可能的。按照今年 2 月第一届全国人民代表大会第五次会议所通过的 1958 年国民经济计划，今年钢产量是 620 万吨，比去年增产 85 万吨，这个数字早已显得不够了。今年 5 月底，中央政治局扩大会议建议把今年的钢产量增加到 800 万吨至 850 万吨。现在看来，这个数字仍然嫌低。

---

① 薄一波：《若干重大决策与事件的回顾》下卷，中共中央党校出版社 1993 年版，第 705 页。

会议经过讨论，决定号召全党和全国人民用最大的努力，为在1958 年生产 1070 万吨钢，即比 1957 年的产量 535 万吨增加一倍而奋斗。①

北戴河会议确定的 1958 年钢铁产量是 1150 万吨，但会议公报写的是 1070 万吨，据薄一波说，这个数字是他提议写上的。薄一波后来说："当时，我对'一〇七〇'的任务，已经有些信心不足了。由于考虑到此事已经捅到国外去了，毛主席又强调一吨不能少，我风格不高，也就不便说出自己的怀疑。8 月 30 日下午在毛主席那里，看到大家都说能够完成，我就向毛主席建议，把'一〇七〇'写到公报上。毛主席表示赞成。我马上拿起电话，通知起草公报的胡乔木同志，说毛主席讲了，把'一〇七〇'写到公报上。结果，后来发表的政治局扩大会议公报就写了这样一句：'会议经过讨论，决定号召全党和全国人民用最大的努力，为在 1958 年生产 1070 万吨钢，即比 1957 年产量 535 万吨增加一倍而奋斗。'"②

北戴河会议一结束，各地闻风而动，立即采取措施，大办钢铁。中共河北省委召开了市、地委电话会议，要求各地委、县委第一书记都要亲自挂帅，亲临钢铁生产前线，地委、县委都要组织钢铁指挥部。山西从省到地、市各级党委都成立了钢铁办公室，并组织了 800 多人的工作团和技术指导团，"到各地总结已有的生产和建设经验，充分发挥现有企业的潜力，实行以土为主，土洋并举的方针"。内蒙古自治区提出要通过抓生产、抓原料、抓设备、抓技术、抓运输，到年底完成 15 万吨钢和 25 万吨铁的生产计划。山东省委要求各级党委把钢铁生产作为当前压倒一切的政治任务。同时，除了大量普遍地加速各种型号炼铁炉的兴建以外，还要抓紧济南钢铁厂的兴建工作。中共江苏省委召开电话会议，要求各地开展钢铁高产竞赛，一斤不少、一台不少、一立方米不少地完成钢铁生产、冶炼设备

① 《中共中央政治局扩大会议提出今年宏伟目标，为生产一千零七十万吨钢而奋斗》，《人民日报》1957 年 9 月 1 日。
② 薄一波：《若干重大决策与事件的回顾》下卷，中共中央出版社 1993 年版，第 706—707 页。

制造和小高炉基建任务，力争提前一个月完成全年钢铁生产计划。①

中共河南省委决定从省委书记到每个省委常委，都要抓钢铁生产，要参加钢铁试验田。中共湖北省委要求全省立即动员百万大军办钢铁，党委第一书记必须切实挂帅，亲自搞钢铁"试验炉"，加强具体领导。中共湖南省委和湖南省人民委员会联合举办了"动员全省人民向钢铁大进军"广播大会，要求尽一切可能把今后四个月的钢铁生产任务大部分提前在9、10月份完成。中共江西省委决定在9月份完成2万到2.5万个新炉子的建设任务，保证炉炉出铁，生产正常，日产生铁达到一万吨。②

9月1日，《人民日报》发表《立即行动起来，完成把钢产翻一番的伟大任务》的社论，指出："最近举行的我们党的中央政治局扩大会议决定，为了适应我国农业大跃进的新形势，为了高速度地发展我国工业，我国今年钢的生产量，要比去年翻一番，就是说从去年的535万吨跃增至1070万吨。这是一个有历史意义的振奋人心的伟大号召。全力保证实现钢产翻一番，是全党全民当前最重要的政治任务。"

社论强调，1070万吨钢的任务必须完成，一吨也不能少。全党全民必须同时间赛跑，从现在起立即行动起来，鼓足干劲，苦战四个月。企业的负责人员必须身临最前线，跟工人群众同吃同住，共同想办法，共同负责完成每天的计划。省市自治区党委的第一书记必须把领导钢铁生产当做首要任务，每个星期检查一次生产的进度，采取最有效的办法，调动各方面的力量，组织各方面的协作，解决生产中的一切困难问题。

9月5日，《人民日报》又发表社论，强调要"全力保证钢铁生产"。社论说，工业生产和建设中的重点有两个，即钢铁和机械，而钢铁又是重点中的重点。生产1070万吨钢，是我国人民当前的一项头等重要的任务，必须为实现这个伟大任务，全力以赴，只能超额完成任务，而绝不能少一吨钢。社论指出：要保证1070万吨钢，必须具有停车让路，首先为钢的全局观点。当钢铁工业的发展与其他工业的发展，在设备、材料、动力、人力等方面发生矛盾的时候，其他工业应该主动放弃或降低自己的要求，

① 《把钢产翻一番作为当前压倒一切的政治任务》，《人民日报》1958年9月4日。
② 《中南六省区增强工业战线》，《人民日报》1958年9月5日。

让路给钢铁工业先行。①

　　9 月 8 日，毛泽东在最高国务会议上发表讲话，在谈到当前的形势时，他指出：鉴于农业生产的飞跃发展对工业的越来越大的压力，还鉴于农业生产和农村工作方面已经有了比较稳固的基础和比较成熟的经验，我们的领导工作的重心需要适时地从农业和农村工作方面转移到工业建设方面来。中央和省一级的领导机关，必须一手抓工业，一手抓农业，而从现在开始，要把重点放在工业方面。在工业方面，必须首先抓紧钢铁工业和机械工业，因为这是实现我国工业化、农业机械化和加强国防力量的基础。②

为了十五年赶上并且超过英国

　　北戴河会议后，中共中央对钢铁生产抓得很紧，多次召开电话会议，一再强调 1070 万吨钢的任务只能多不能少。在 9 月 4 日的电话会议上，

---

① 《全力保证钢铁生产》，《人民日报》1958 年 9 月 5 日。
② 《毛主席在最高国务会议上论目前形势》，《人民日报》1958 年 9 月 9 日。

谭震林在传达毛泽东的指示时说：主席提出，明年粮食再翻一番，又提出今年 1100 万吨钢一吨也不能少，少了就是失败。这个要求一定要完成。这就势必要逼迫我们又要拿出相当的劳动力去挖铁矿，去办小高炉。彭真也说：主席要求在 9 月 15 日钢铁有一个"大跃进"，因为 9 月是要命的一月。

9 月 9 日，中共中央召开钢铁生产电话会议。会议认为，全民办钢铁已经形成高潮，完成北戴河会议规定的指标已经有了保证，但还需要作很大努力。为解决技术力量不足的问题，中央决定调派一部分人力，其中大学毕业生 10000 人，大专生 5000 人，技术干部 1200 人，支援钢铁工业第一线。会议提出，9 月份钢铁生产的关键是抓生铁，而且首先要满足炼钢需要。会议还决定，以后每星期召开一次电话会议，以便及时掌握钢铁生产情况。

9 月 25 日，中共中央书记处召开钢铁生产电话会议，根据钢铁生产将完不成 9 月份任务的情况，要求各省、直辖市、自治区要力争把 9 月份的钢铁任务多完成一些，规定必须在 30 日以前完成日产钢 6 万吨、铁 10 万吨的指标。

3. "钢铁元帅升帐"

北戴河会议后，一个全民大炼钢铁的群众运动迅速在全国城乡兴起。与此同时，农业生产上的放"卫星"之风，也蔓延到钢铁生产上，各地开始大放钢铁生产"卫星"。

9 月 17 日，《人民日报》报道说，9 月 15 日，河南全省投入 45000 多座炼铁炉，动员 360 万钢铁大军，出动 40.7 万辆各种运输工具，打了一个日产生铁 18693.92 吨的大胜仗。这个数字，比在钢铁工业基地辽宁以及吉林、黑龙江三个省当时的生铁日产量还要高。《人民日报》为此还发表了《祝河南大捷》的社论，要求各地像河南一样，鼓足干劲，力争上游，紧紧地抓，狠狠地抓，争取 9 月份内根本扭转土高炉生铁生产不正常的局面，完成和超额完成 9 月份的生铁计划。

河南第一个放钢铁生产"卫星"的是鲁山县，该县在这年 8 月 28 日

北京市居民将自己家中的铁制用具送去炼钢

率先放了第一颗日产千吨铁的"卫星"。随后，鲁山又提出要力争尽快达到日产铁两千吨以上的新目标。9月15日，《人民日报》发表《向日产千吨铁的鲁山人民致敬》的社论，称鲁山县的这一新举措，"是钢铁战线上的一大喜讯，是土高炉大面积丰收的卫星。它和农业战线上的大面积丰收有同等重要的意义，而在目前来说，有更重要的意义，全国有几百个有铁矿资源的县，如果每个县都像鲁山那样大面积丰收，那么，我们每天就可从土高炉拿到十几万到几十万吨铁，就可以根本扭转小高炉出铁情况仍然不好的局面。这样，今年产钢1070万吨就有了基本保证"。鲁山果然不负众望，9月28日，再次放出一颗日产生铁34360吨的大"卫星"。

9月29日，是全国大放钢铁生产"卫星"日，有8个省宣布生铁日产量突破了万吨。据10月1日《人民日报》的报道：在29日这天，河南全省参加大炼钢铁的劳动力达577万多人，12.8万多座各种炼铁炉共产生铁90784.68吨，产钢5034.4吨；山东数十万座各式炼铁炉从29日零时到30日零时，共产生铁67390吨；河北全省日产铁58300吨，日产钢2328吨；山西发射出日产25700吨生铁、3900吨钢的高产"卫星"；湖北省

184300 多座炼铁炉共产生铁 16920 吨，出现了红安、鄂城、随县、保康、罗田、麻城等六个千吨县；湖南全省在这一天参加炼铁的群众达 700 万人，共产生铁 15517 吨；江苏全省产铁 14924.733 吨，大部分是小土炉生产出的；四川省生铁日产量已达到 10200 吨，钢的日产量达到 5500 吨。

这年放出的最大的钢铁生产"卫星"，当属广西的环江县和鹿寨县。只有 16 万人口的广西环江县，10 月中旬，除原有 6 万"固定的钢铁野战军外，后方又有 2 万 7 千人开赴钢铁前线"，此外"宜山、河池两县也派来一支 2 万 3 千人的野战军，带着工具和车辆马匹前来支援"。10 月 17 日，环江县宣布：在钢铁高产周的第一天——10 月 15 日出产生铁 63321.5 吨，另有烧结铁 51808.5 吨，生铁产量跃居全国首位，该县这一天的生产的生铁，大约等于解放前广西一个世纪的产量。而且这天产的生铁，"经过中共环江县委第一书记洪华和中共河池县委第一书记于子明及前来参加钢铁生产的北京大学、地质学院学生的验收，证明都是灰口铁和白口铁"。[1]

与环江同属柳州地区的鹿寨县随后放出了一颗更大的卫星，10 月 19 日，鹿寨宣布：从 17 日下午 2 时到 18 日下午 2 时的一天时间内，全县共生产出生铁 207243 吨；另产烧结铁 288139 吨。这一天的铁产量，就等于 1958 年国家分配给广西的全年任务。[2] 该县在 10 月 21 日还放出了一颗日产钢 13416 吨的炼钢"卫星"。这两项分别创下了 1958 年一个县生铁与钢产量的全国最高记录。当然，其中的真假不言自明。

虽然这些钢铁"卫星"的真实性令人怀疑，但在这年的钢铁生产中，确实出现了男女老少齐上阵的场面，是一场真正的大炼钢铁的群众运动。9 月 24 日，《人民日报》发表《关键在于大搞群众运动》的社论，强调在当前的钢铁生产中，大办土高炉最能把千百万群众的积极性动员起来，最能发挥群众的智慧和力量，最能在最短的时间内，取得最大的效果。因为土高炉没有任何"依赖性"，完全是土生土长的，只要自己动手几天内就可以建造成功，因而能够使广大的群众插进手来，形成一个全民办钢铁的运动，使生铁生产高速度地发展。

① 《环江铁军勇冠全国》，《人民日报》1958 年 10 月 18 日。

② 《鹿寨炼铁一日　广西飞过一年》，《人民日报》1958 年 10 月 20 日。

毛泽东也一再强调要发动群众大炼钢铁。北戴河会议后，毛泽东视察湖北、安徽、江苏、上海等地，重点了解人民公社化运动和钢铁生产情况。9月29日，他回到北京，并同新华社记者谈话。毛泽东说：此次旅行，看到了人民群众很大的干劲，在这个基础上各项任务都是可以完成的。首先应当完成钢铁战线上的任务。在钢铁战线上，广大群众已经发动起来了。但是就全国来说，有一些地方，有一些企业，对于发动群众的工作还没有做好，没有开群众大会，没有将任务、理由和方法，向群众讲得清清楚楚，并在群众中展开辩论。到现在，我们还有一些同志不愿意在工业方面搞大规模的群众运动，他们把在工业战线上搞群众运动，说成是"不正规"，贬之为"农村作风"、"游击习气"。这显然是不对的。①

在领导人的推动和宣传媒体的鼓动下，很快就在全国范围内形成了千军万马炼钢铁，土高炉遍地开花的局面。这年10月中旬，河南全省参加钢铁生产的劳动力达640多万人；广东投入钢铁生产的有460万人，接近全省劳动力的一半；广西投入的劳动力达到580万人，占全自治区总劳动力700万人的82%。7月底时，全国钢铁生产的劳动力只有几十万人，到8月底，增加到几百万人，而9月底达到了5000万人，到10月底增加到6000万人，而到1958年年底，更是高达9000万人，加上其他战线直接或间接支援钢铁生产的，全国投入大炼钢铁群众运动的人数超过1亿人。当年全国总人口为65994万人，全社会劳动力为26600万人，也就是全国超过五分之二的劳动力加入了大炼钢铁的行列，当时农村主要的青壮年劳动力基本上都大炼钢铁去了，是名副其实的全民大炼钢。

河南禹县也是这场全民大炼钢铁运动中较早放"卫星"的地方，9月15日是河南全省钢铁生产放"卫星"日，全省出现了八个日产生铁千吨以上的"卫星"县。其中以禹县的"卫星"为最大，日产铁4396吨。当然，对于放"卫星"放出的数字不必太认真。禹县放生铁"卫星"不久，中共中央工业部副部长高扬到这里检查，发现禹县弄虚作假现象很严重，并没有炼出多少好铁，而且上报的数字90%是不准确的。但这里大炼钢铁的

---

① 《毛主席巡视大江南北，回京后对记者发表重要谈话》，《人民日报》1958年10月1日。

场面确实很热闹，也颇为滑稽。《人民日报》一位编辑在写给新华社《内部参考》的一篇报道中，曾作了这样的描写：

> 这里群众大炼钢铁的劲头，真是大得无可比拟。通往山区的道路上，日日夜夜是拧成绳的人群、马车群、牛车群、小土车群、自行车群……所有可以用来运输的东西都用上了，大汽车也很多，公路上经常发生拥挤和等路的现象。山沟里的景象更是壮观，满山架岭的人堆，一片片的土炉群，狼烟冲天，人声吵沸，加上万千风箱、风葫芦、鼓风机抽动的声音，真是热闹极了。这景象有点像庙会，但要比庙会热闹百倍。在这里占人最多的工作除运输外要算是鼓风的人了。少数国营厂有极少数电力或柴油机带动的鼓风机，公社办的厂多是用人力鼓动的风葫芦和无数的大小风箱。原来在家里用来做饭、庙会上用来制小煎包子和炸油馒的风箱都拿出来了。前几天在方山"三八妇女炼铁厂"还看到许多从三里五里、十里八里赶来支援的老太太和孩子们。他们一个个都拿着在家扇火做饭和夏天拂暑用的芭蕉扇和鸡毛扇，目的是为炼铁鼓风的。说来这可能是笑话，但群众这种热情实在动人。[1]

通过当年新华社的一侧关于北京全民大炼钢的报道，亦可足见这种全民大炼钢铁的热闹场面：

> 新华社(10月)14日讯　中共中央直属机关各单位的"小土群"炼钢运动已经蓬勃展开，五天来钢的产量在不断上升。
>
> 各单位均由党委书记挂帅，领导干部亲自出马，单位与单位、小组与小组、个人与个人之间展开了竞赛，他们提出的口号是："高举红旗，白手起家，深钻炼钢术，定要放钢花。""要在炼钢中炼自己的思想"。中共中央宣传部经过两天两夜苦战，终

---

[1] 《关于河南禹县产铁情况的争论》，《内部参考》第2606期，1958年10月14日。

于炼出了第一炉钢。中共中央政治局候补委员、宣传部副部长陈伯达也和群众一起砸焦砸铁，他把炼钢誉之为"这是英雄的事业"。……

在炼钢运动中，各单位都自力更生，千方百计解决生铁、焦炭等原料不足的困难。中共中央宣传部发动群众献铁，清理仓库，已收集到几万斤废铁。中共中央组织部、财政贸易工作部、监察委员会三个单位在五天内已收集到废铁 2 万多斤，并建立了一座干馏炉，每天能炼出 4500 斤焦炭。①

《光明日报》在一篇报道中说，北戴河会议后，很多高等学校在党委领导下，举行了"钢铁元帅升帐"的誓师大会。西北大学提出了"苦战一月，让钢水奔流"，"用第一炉钢向国庆献礼"的口号，该校经济系学生经过日夜苦战，"兴建年产一万吨的炼钢厂"。东北师范大学召开了"奋战一月，迎接国庆，向党献礼"的动员大会，提出在 10 月前建成年产三万吨的炼钢厂，并且要在这年超额完成四千吨钢的生产任务。参加炼钢的师生正在加紧搞机械设备，准备自己修建鼓风机，安装四吨冲天炉两个，一吨半转炉两个。交通大学（西安部分）的机械冶金系誓以全力为钢铁而战，提出要在"十一"前炼钢一千吨，向国庆献礼。山东工学院的全体师生员工表示要以苦干加巧干和共产主义协作的精神，在"十一"前生产 240 吨钢。南开大学保证新建的红旗钢厂在国庆开炉出钢，在建厂时，冲天炉小组提出要多快好省建厂，15 天做成每小时生产一吨铁的冲天炉，并用转炉炼出优质矽钢。安徽农学院确定，在 10 月前学校的中心任务是搞钢铁生产，抓紧兴建一座年产六千吨铁的炼铁厂。如此等等，不可胜数。②

就连小学生也参加到了大炼钢铁的行列。河南省洛阳市西工区的 12 所小学，联合兴建了一座红领巾钢铁厂。据称，红领巾钢铁厂有三个化铁炉，十个铁水包，十四个小型土法炼钢炉，两个 0.5 立方米的转炉。有转炉炼钢、吹氧炼钢、土法炼钢三个车间，以及采购、会计、保管、运输等

---

① 《中共中央直属机关大举炼钢》，《人民日报》1958 年 10 月 16 日。
② 《炼出更多的钢铁迎接国庆》，《光明日报》1958 年 9 月 16 日。

一套完整的生产管理组织。全区各小学的师生 4700 多人都参加了冶炼钢铁的工作。经常在工厂炼钢和教学的师生有 201 人，大部分人在厂外做辅助劳动。其中有 117 人是 14 岁到 18 岁的高小毕业生和五、六年级的学生。有四个少先队员担任副厂长，十个少先队员担任车间主任和副主任。时任中共中央政治局候补委员的康生还特地前往参观，并且称赞说，这几个小学真正是模范小学，他们的方向对头，全国各地小学都要向他们学习，并勉励他们继续努力，既炼钢又炼人，炼人比炼钢的意义还要大。[①]

这些报道难免有不少水分，但这年的大炼钢铁热闹非凡，也是荒唐非凡，却是不争的事实。在这场地无分南北、人不分老幼的大炼钢铁运动中，绝大多数人自然没有去正规的钢铁企业，而是用各式各样的土高炉在炼钢铁。

全国几千万人上阵，大搞"小（小高炉）、土（土法炼钢铁）、群（群众运动）"。图为山西省故县"小土群"一角

早在北戴河会议之前，一些地方就提出要用小（小转炉、小平炉）、土（土法炼钢）、群（群众运动）的方式，高速发展钢铁工业。例如，江苏提出，可以用多种多样简陋的办法来冶炼钢铁，可以到处大搞、遍地开花；由于小型冶炼和土法冶炼的技术比较简单，因此，可以迅速为人民群众所掌握，立即上马，立即出铁出钢。河南要求凡是有铁矿和矿砂的地

---

① 《红领巾钢厂一片红》，《人民日报》1958 年 10 月 27 日。

区，应组织乡、社大量兴建日产 500 斤至 1000 斤铁的土高炉，它的优点是建炉快，不需要钢材，技术简单。这是依靠群众，依靠土办法发展钢铁生产的重要措施，要在全省范围内普遍推广。①

8 月 8 日，《人民日报》发表《土洋并举是加速发展钢铁工业的捷径》的社论，提出小的土的炼铁炉、炼钢炉，投资少、设备简单、技术容易为群众所掌握、建设时间短。以小型的和土的为主，可以在目前技术骨干缺乏、钢材供应不足、现代设备供应不上、资金也不十分充裕的情况下，发动全党全民来办钢铁工业。在有资源的地方，不仅冶金工业部门可以办，而且所有的工业部门都可以办；不仅工厂可以办；而且机关、部队、学校、街道、手工业合作社、农业合作社都可以办；很快就可以做到高炉、平炉、转炉遍地开花，钢水铁水到处奔流。社论还说，小高炉转炉遍地开花，非常有利于我国幅员广大、资源分散的特点，可以使全国各地经济能够比较平衡地发展。量变是质变的开始，小的多了总产量就一定大。一个小炉子炼出的钢和铁虽然不多，但是一万个几万个小炉子炼出来的就可以汇成滔滔的钢铁洪流。

在这年的六、七月间，一些地方开始出现土高炉。7 月 9 日的《人民日报》报道说，此时河南全省已经投入生产的小高炉和土高炉有 600 多座，炼出了一万多吨生铁。这种土高炉一般只需投资 30 元左右，十天就能建成，可以日产生铁 500 斤到 1000 斤；半土半洋的简易小高炉半个月可以建成，每个投资一万多元，日产生铁三吨到五吨。②

北戴河会议会后，土高炉迅速在全国各地遍地开花。这年 9 月 22 日，新华社曾对各省、直辖市、自治区已建和在建的土高炉进行过专门的统计：到 9 月 15 日，全国已经投入生产的土高炉有 11.6 万多座。进入 10 月后，土高炉的数量更多了。到 10 月初，全国土高炉的数量由一个月前的 20 多万座猛增到 60 多万座。到 10 月底更是发展到数百万座。这些小土高炉遍及农村的田间地头、城市中的车间街道。甚至高等学校的校园里，各级党政机关的大院里，都可以见到土高炉的身影。

---

① 《我们要高速度发展钢铁工业》，《人民日报》1958 年 7 月 9 日。
② 《河南大建小高炉》，《人民日报》1958 年 7 月 3 日。

家庭妇女也加入了大炼钢铁的行列

这些土高炉，大则有十几米高，小的不足一立方米。这年 9 月 2 日的《人民日报》曾报道说，苏州市委第一书记在该市民丰锅厂和职工们一起种土高炉"试验田"，用一座 0.18 立方米的土高炉，一天炼出铁 805 斤 2 两，可见土高炉之小。有的地方，甚至将少量砖头用泥巴一糊，就成了土高炉。

这年 9 月 21 日，河南信阳专区放出了炼铁大"卫星"——全专区日产生铁达到 10310 吨，成为全国第一个"万吨专区"。而这一万多吨铁中，有 6191.53 吨是由属下的商城县用 4893 座土高炉生产出来的。这个消息经《人民日报》报道后，商城县一下子成为这场全民大炼钢运动中的红旗单位。随后，冶金部在商城召开全国土法炼钢现场会议，来自全国 28 个省区的 400 多名代表前来学习土法炼钢铁的经验。

商城县委书记王汉卿曾专门撰文介绍了土高炉炼钢的"六大优越性"：一是就地取材，就地冶炼，土炉炼出的白口铁、废锅铁，都可炼成低碳钢，燃料就是山上的木柴、木炭；二是设备简单，制造容易，造价低，建炉快，炉子就是挖地窖，用泥巴筑成，不需要什么设备，并且能很快投入生产；三是操作简单，技术不复杂，群众易于掌握，一两天就可初步入门，十天半月即可掌握全套技术；四是用人不多，组织灵活，便于调剂，一个炉子八个人即可；五是节省燃料和原料；六是出钢正常，产量高质量好，一个土高炉一天可出钢1.5吨左右。①

这些土高炉主要用于炼铁，但大多数地方并无铁矿石，于是千方百计搜罗各种废铁，以至于老百姓家中的铁锅、铁铲、铁锁甚至所有铁器，都当做废铁投进了土高炉，烧结成根本不能用的铁疙瘩。炼钢炼铁需要焦炭，煤炭部门提出"兵对兵，将对将，用分散的小煤窑对分散的小高炉"；"哪里有千吨铁，哪里就有万吨煤"，发动男女老少上山找煤；找不到煤，就伐木拆房烧木炭代替。如此这般之后，各地争先恐后地大放钢铁生产"卫星"，实际上这些土高炉炼出的钢铁基本没有任何使用价值，白白地浪费了大量的人力物力。

1958年12月21日，新华社宣布：1958年我国人民夺取1070万吨钢的大战已经告捷。据冶金工业部12月19日为止的统计，今年全国已经生产钢1073万吨，比1957年的钢产量535万吨增加了一倍挂零。四个月前，在北戴河举行的党中央政治局扩大会议所发出的、要在今年把钢产量翻一番的伟大号召，经过全国人民的艰苦奋战，现在已经胜利地提前、超额完成了。②12月31日，新华社又宣布全年钢产量达到1100万吨左右。

1070万吨的任务虽然完成了，但付出的代价却是巨大的。1958年完成的1073万吨钢中，能够使用的约为800万吨，另有300万吨是不能用的土钢。耗费那样多的人力物力，实际上钢产量只不过是比1957年增加了200多万吨。如果不搞这样的"大跃进"，充分发挥现有钢铁企业的潜力和新建的正规钢铁企业正常地投产，一年增产钢200万吨也是可能的，结果动用了那么多的劳动力，耗费了那么多的资源（特别是森林资源，许多地方为了炼钢铁将树木都伐光了），炼出来真正能称得上是钢铁的并无多少，确实是得不偿失。

全民大炼钢铁还增加了国家的财政负担。当时每吨大高炉的生铁成本，鞍钢为85.4元，石（景山）钢为112.6元，国家规定的调拨价为150元。

① 《商城县开展群众性土法炼钢运动的经验》，《河南日报》1958年8月17日。
② 《1070万吨钢——党的伟大号召胜利实现》，《人民日报》1958年12月21日。

小土高炉的成本多数为 250—300 元，有的高达 460 元。为鼓励群众炼铁的积极性，国家规定，从 1958 年 9 月 1 日起，小土高炉生铁调拨价提高到 200 元，亏损部分由国家财政补贴，总共补贴了 40 亿元，超过 1958 年财政总收入的十分之一。这还不包括国家提高调拨价格和土铁质量差，而使炼钢厂增加的支出和减少的收入。[1]

　　1958 年"大跃进"对生产力的破坏，最主要的就是体现在大炼钢铁上。为了全力保钢，当时提出的口号是"停车让路，首先为钢"，时称"钢铁元帅升帐"，也是就要求各部门、各地方必须将钢铁生产放在首位。结果，近一亿的人民公社社员、机关干部、学校师生等投入钢铁生产中，打乱了正常的生产工作秩序。更为严重的是由于农村主要的青壮年劳动力都去炼钢铁了，进行农业生产的多是老弱病残，使得当年大量的农作物成熟了也不能收回，据估计，当年因此损失的粮食约占应收粮食的 15%。不但如此，由于缺少劳动力，加之由于放"卫星"造成粮食大增产的假象，竟提出"少种多收"的口号，致使 1959 年的粮食种植面积比 1958 年大幅度减少，造成了 1959 年起连续多年粮食供应极度紧张。同时，其他部门也因为给"钢铁元帅""停车让路"，造成了工农业比例、工业与交通运输的比例、工业内部各部门间的比例严重失调。

---

[1]　薄一波：《若干重大决策与事件的回顾》下卷，中共中央党校出版社 1993 年版，第 712 页。

第九章
教科文"大跃进"

北大的科研"卫星"放出之后，捷克斯洛伐克向中国有关部门提出，希望中方提供北大已经达到"国际水平"的科研成果的清单、技术报告和资料。有关部门碍于兄弟国家的情面，只得要求北大提供相关材料，结果可想而知。

在那个"只怕想不到，不怕做不到"的年月里，各种各样的"奇迹"不断被创造出来，完全可以编一部新的"天方夜谭"。

1. 知识界的跃进计划

在工农业生产全面"大跃进"的感染之下，教育、科学、文化领域的"大跃进"也被发动起来。

1958年2月13日至15日，批评反冒进的南宁会议刚刚开过，中国科学院就在北京举行各研究所所长会议，部署科学工作的"大跃进"。会上，中国科学院院长郭沫若传达了毛泽东的指示，号召科学工作者拿出吃奶的力气来，促进科学"大跃进"。郭沫若说：现在不愁英雄无用武之地，只愁地无用武之英雄。

在会上，一些研究所的负责人当场就提出了本所的跃进规划。精密光学仪器研究所负责人提出，以第二个五年计划的大部分时间来掌握世界上光学机械仪器方面的主要成就，在第二个五年计划的后两年开始制造新仪器，到第二个五年计划末接近世界先进水平，在第三个五年计划的前三年与世界先进水平犬牙交错地前进。石油研究所负责人表示，在五至七年之后，我国在页岩油、水煤气合成石油生产方面将远远超过英国、西德和美国，这两方面的科学研究工作自然也应达到国际水平。

一位著名科学家在会上说，在我国实现呼风唤雨、普遍应用电能等远大理想，现在就要考虑进行准备工作。例如，水利方面实现了农业纲要后，就可以基本上免除不太大的自然灾害，比较大的自然灾害如台风，也可以应用人工气象控制的科学方法来控制；降雨量的多少同样可用人工控制，这方面的研究就是云雾物理学。他还说，我相信理想的、极乐的世界在不久的将来就会在我们这块土地上建立起来。[①]

1958 年 2 月 25 日，上海市委举行文艺干部大会。市委第一书记柯庆施发表了他对文艺"大跃进"的看法："在这种工农业的大跃进形势下，科学、技术、教育、文艺这些部门，就显得有些落后。如报纸就不能把今天火热的生活反映出来。今天的办法是只有你挤我，我挤你，才能进步。""要文艺界大跃进，要百花竞放，繁荣创作，就要千方百计，克服困难，一天不行，两天；两天不行，一个月；白天不行，晚上再干；一个人不行，大家来干。不但要有干劲，还要有股牛劲，坚决和困难作斗争。"[②]

柯庆施作完报告的当天下午，中国作家协会上海分会就召开扩大会议，讨论文艺界如何跃进的问题。上海分会原计划两年内创作各式各样的文艺作品 1000 件，这个指标显然已经落后了，经过讨论改为 3000 件，原计划创作大型作品和重点组织的作品集 120 部，此时也增加为 235 部。

作家们也纷纷提出自己的跃进规划。一位著名作家表示，两年内准备写中、短篇小说集、散文特写集各一部，谈自己创作的文章十万字以上，同时编辑、整理和修改自己的文集九卷，年内译完高尔基的《文学回忆录》。还有一位知名作家，原计划每年写各种形式的短文 30 篇，现在又增

① 《科学大跃进的号角吹响了》，《光明日报》1958 年 2 月 21 日。
② 《做时代的镜子，做革命的闯将》，《文汇报》1958 年 2 月 26 日。

加 10 篇，三年内写长篇或中篇小说 1 篇，短篇小说集 1 个，再添上散文特写两部。在反右派运动中以打棍子而崭露头角的姚文元，则表示要发扬自己的特长，计划上半年内完成 20 万字的批判修正主义文艺思潮的文章，两年中写 10 万字的文艺书评，1959 年上半年完成关于中国现代文学中社会主义现实主义发展的专题研究，两年内完成 60 篇短评和杂文。

上海哲学社会科学界也不甘落后。3 月 9 日，上海九个哲学社会科学理事会举行联合会议，确定争取哲学社会科学"大跃进"的计划。会议提出，所有哲学社会科学研究单位和大学教研组的科学研究都要改变方向，首先注意总结中国革命和建设的基本经验，研究现实问题，如两类矛盾学说、积累与分配问题、自由市场问题、资本主义工商业的改造经验、中国革命法制问题等等。业务部分也应注意总结经验，使经验理论化。五年内，上海地方研究机构和高等学校要完成上海帝国主义侵略史、上海宗教侵略史、上海工人运动史、上海资本主义发生和改造史等多种著作。在学术思想战线上，决定对于在中国特别是在上海学术界影响较深的实用主义哲学、社会法理学派的法学、以拉斯基为代表的资产阶级政治学和民主社会主义的反动理论、凯恩斯的经济学等资产阶级学术思潮，进行系统的彻底的批判，要求五年内基本肃清有较大影响的资产阶级学术思想。通过学术思想批判和联系实际的理论建设，五年内培养出一支 300 人至 500 人的又红又专的马列主义理论队伍。这支队伍以具有实际斗争经验的有相当文化水平的老干部为主；吸收现有的有培养前途的中年、青年哲学社会科学工作者参加。[1]

过了不到十天的时间，中国作家协会上海分会又举行有音乐界、美术界、戏剧界、电影界代表参加的理事扩大会议，通过了"上海文艺界跃进公约"。公约提出："在这个万马奔腾、一日千里的时代，文艺界一定要在政治上、学习上、创作上来一个彻底的大变革，都翻一个十万八千里的斤斗。"作协上海分会还要求会员两年内创作各种形式的文学作品 4000 篇，其中大型作品 120 部到 300 部。[2]

---

[1]　《上海哲学社会科学界确定大跃进计划》，《今日新闻》1958 年 3 月 11 日。
[2]　《上海文艺界提出跃进公约，第二批作家被批准下厂下乡》，《今日新闻》1958 年 3 月 20 日。

256

1958 年 2 月 13 日至 16 日，中国文联及各协会、各研究会分别召开会议，讨论进一步发展文艺创作以适应全国生产"大跃进"形势的问题。会议认为，目前我们国家正处在各项社会主义建设事业飞跃前进的时候，一定把社会主义建设突飞猛进的面貌和劳动人民的英雄气概在文艺创作中反映出来，并通过创作进一步鼓舞人们创造性的劳动热情，在文艺创作方面也来一个"大跃进"。①

3 月 6 日，中国作家协会书记处举行扩大会议，讨论文学工作"大跃进"问题。会议提出，要组织更多的作家长期深入生活，年内应争取 1000 个以上作家到群众生活中去。总会和各地分会要抓创作规划工作。已经制定规划的作家，要根据新的形势加以补充和修改；没有制定规划的作家，要制定规划。会上，作协向全国作家发出了《作家们！跃进，大跃进》的一封信。信中充满激情地说："六亿人民的社会主义大跃进的高潮已到，人人兴奋，个个当先，随时随地出现奇迹。一天的奇迹就够写成许多部史诗、戏剧和小说的。作家、理论家、翻译家同志们，我们怎能不高兴、不狂喜，不想变成三头六臂，眼观六路，耳听八方，双管齐下，快马加鞭，及时报道，及时歌颂，鼓舞更大的干劲，叫前人所不敢梦想的都每一天、每一小时、每一分钟，实现在我们眼前呢！"②

中国曲艺研究会也在此时召开座谈会，并通过了一项向全国曲艺工作者争取曲艺工作"大跃进"的倡议。倡议书提出：凡是热心曲艺创作的专业和业余作者以及有写作能力的艺人，都要一致奋起地拿起笔来，用大鼓、说书、琴书、快书、评弹、清音、相声、木鱼、龙舟、数来宝等劳动人民所喜闻乐见的形式，大量地认真地创作反映现实生活、歌颂社会主义的作品。中央人民广播电台说唱团、北京市曲艺团、庙会曲艺组、新艺社曲艺团和北京市曲艺学习班等单位的代表，还在会上报告了各自的"大跃进"计划和互相竞赛的条件。③

3 月 30 日，北京漫画界 30 余人集会，讨论漫画"大跃进"计划。几

① 《让文艺创作来一个大丰收》，《人民日报》1958 年 2 月 19 日。

② 《作家要及时歌颂全民大跃进》，《光明日报》1958 年 3 月 8 日。

③ 《曲艺研究会向全国曲艺工作者提出大跃进倡议》，《人民日报》1958 年 3 月 9 日。

位著名漫画家都计划在 1958 年创作漫画（包括漫画插图）300 幅，将近每天一幅。其他漫画家创作数十幅到 200 幅不等。参加订计划的 24 位漫画家计划全年创作的漫画总数达 4695 幅。会上还就创作、群众辅导工作及展览工作等提出条件，向全国漫画界挑战。挑战的条件是：在创作方面，除数量要多，每人订出计划定期完成外，还要保证漫画创作迅速及时地密切地配合当前政治任务进行宣传；其中讽刺性的漫画要做到讽刺的正确性和鲜明性；同时还要力求作品的民族化和通俗化。①

电影界也表示要赶快实现"大跃进"。2 月 27 日，北京、上海、长春、广州、西安等电影制片厂的代表，在文化部电影事业管理局召开的全国电影制片生产促进会议上，向全国电影工作者发出增产节约倡议书，提出要在紧缩机构和人员、下放干部的情况下，充分发挥人力物力的潜力，将全年艺术片的生产任务由原来的 52 部跃进到 75 部，比 1957 年增加 35 部；完成大型纪录片和大型科学教育片 14 部，比 1957 年增加 9 部；短科学教育片 78 部，比 1957 年增加 46 部。②

图书馆界也表示要加入"大跃进"的行列。3 月下旬，北京、上海等19 个省、直辖市、自治区的 28 个图书馆的代表，在全国图书馆工作会议上制定全年图书馆工作跃进规划，提出要在平均节约经费 25%，减少人力 22% 的情况下，争取读者数比全年原定指标增加 1510 多万人次，使图书流通量比今年原订计划增加 3728 万多册次，并希望全国图书馆工作者扫尽"五气"（指官气、暮气、阔气、骄气和娇气），贯彻多、快、好、省和勤俭办馆的方针，努力做到"服务大众，便利专家，层层辅导，又红又专"。③

八大二次会议后，知识界的"大跃进"也进入高潮，同样出现了不少豪言壮语。

1958 年 6 月 4 日，中国科学院党组为了响应中共八大二次会议的号召，向中共中央报送了《关于自然科学研究十年赶上美国问题向中央的报

---

① 《北京漫画界向全国挑战，漫画也要又多又好》，《人民日报》1958 年 3 月 4 日。
② 《赶先进、比先进，电影界提出大跃进规划》，《今日新闻》1958 年 3 月 1 日。
③ 《全国图书馆工作会议通过大跃进倡议》，《人民日报》1958 年 3 月 26 日。

告》。报告提出，在未来十年要做三件事情：一是掌握新技术，重点项目是卫星上天和原子能和平利用；二是促进国民经济的科学化，能够依靠自己的力量独立解决中国工业、农业、交通和卫生事业中重大复杂的科学技术问题；三是培养和建立一支有四五十万人的又红又专的科技干部队伍。

6月3日至5日，中国科学院北京地区各研究单位举行跃进誓师大会。参加大会的有在京学部委员，北京各单位工作人员，外地单位负责人等共1800多人。自动化研究所提出要环绕着长江三峡水利枢纽的自动控制和自动化工业生产进行研究工作，保证在五年之内，和其他部门密切协作，解决三峡综合自动化的主要技术问题。北京天文台筹备处表示要筹建成沙河镇授时台，和计量局、邮电部合作发出最先进的标准频率和新型时号。水利科学研究院的跃进规划是在最短期间提出小河

文艺下乡

流水文计算必需的资料和方法，做到哪里有水利工程，哪里就有水文资料和方法。植物研究所提出在三年内完成下列指标：制定固沙方案，防止沙漠南移，保护农田；提出变荒漠为良田的方案；把草原地区牧草产量提高三至十倍；提出合理营造山腰林带的方案，利用融雪。动物研究所动物形态学组的专家们认为，在社会主义制度下，人们有可能来考虑延长寿命的问题了，因此要大力研究器官与组织的再生和衰老问题以及神经系统与内分泌器官的关系问题，满足人类延长寿命的愿望。①

哲学社会科学界在"大跃进"中也不甘示弱。6月2日，中国科学院

① 《中国科学院北京地区各研究单位举行跃进大会》，《人民日报》1958年6月8日。

哲学社会科学部召开北京地区各研究单位跃进大会。会上，各研究所争先恐后地提出自己的跃进规划。文学研究所提出，在今后 10 年内要撰著编译书籍 1114 册，平均每年完成 114 册，也就是每三天多有一部书问世。经济研究所过去八年只编纂资料书七种 800 万字，没有其他专著。此次该所提出，今后除继续编辑资料外，在五年内要完成专题论文 879 篇，专著 51 种。哲学研究所准备在五年内出专著 40 部，完成论文 1000 篇，整理资料 5000 万字。历史研究所第三所准备在五年内写出一部中华人民共和国史，整理近现代资料 9300 万字。考古研究所提出要苦战五年，基本上建立马克思列宁主义的中国考古体系。少数民族研究所打算在 1958 年前，帮助现在还没有文字而需要文字的民族创制文字；至迟在 1959 年年底以前，帮助所有不创文字而需选定文字的民族，选定文字。语言研究所计划将三年完成的《现代汉语词典》在 1959 年完成，并将词条由原拟定的词三四万条增至五六万条。①

6 月 17 日，中国人民大学召开师生大会，党委书记胡锡奎宣布人民大学跃进规划："苦战五年，红透专深，把人民大学建设成为马克思主义教育的先进阵地。"各系主任或党总支书记也宣布了自己单位的跃进规划。法律系提出，五年内写出 3000—5000 篇学术论文，其中 100 篇达到国际水平。工业经济系表示，五年内要写出具有国际先进水平的工业经济、企业组织与计划教科书，写出 1000 篇具有一定价值的科学论文。②

2. "国际先进水平"及其他

计划刚刚制订，成果很快产生。八大二次会议之后，科学"大跃进"取得的"重要成果"甚至是"国际先进水平"的成果，也不时见诸报端。

在 1958 年 5 月下旬召开的中国科学院北京地区共青团第二届代表大会上，传出"捷报"，青年科学家们创制的产品有 7 项达到了国际先进水

---

① 《中国科学院哲学社会科学部召开插红旗大会》，《人民日报》1958 年 6 月 4 日。
② 《人民大学周报》，1958 年 6 月 18 日。

平，有 11 项是以往没有研制过的。①

7 月 1 日，新华社发布消息："首都科学界向党汇报成果，许多研究项目超过英美水平。"其中，中国科学院应用物理研究所对于半导体晶体管的研究成果，是目前世界上功率最大、频率最高的半导体晶体，它比美国的同类产品水平还要高。此产品是这个所在 20 天内突击完成的。化学所研究出了"尼龙 9"，而国外还没有正式生产。地质所对于岩石分析、钶钽铁矿分析、独居石分析、锂云母分析等研究成果以及远距离操纵，自动化研究所的无触地远距离信号设备、脉冲频率制远测设备"也大大超过了英美水平"。

同一天，中共中国科学院机关党委召开第二次代表大会，北京地区各研究单位共向大会献出研究成果 300 余项，"其中超过国际水平和达到国际水平的共有 25 项"②，只过了四天的时间，也就是会议结束的时候，献出的研究成果达到了 972 项，"其中 107 项达到或超过国际水平"。③

7 月 8 日，上海举行科学技术研究工作跃进展览会，上海地方工业、上海高校、中国科学院和中央各部委在上海的研究机构共 60 个单位参展，共展出实物、图片、图表 2600 多件，"其中有四百四十多项已经赶上或超过了国际先进水平。许多研究成果说明，上海在一些基本工业生产上已经掌握了现代尖端技术"。④

9 月 25 日，新华社在报道科学"大跃进"的情况时说：

"近百年来中国科学技术落后于世界水平的状况不久将要一去不复返了！这几个月来科学技术在跃进中的奇迹使人们充满了这个信念。大跃进把中国科学推进了崭新的历史阶段。"

"从事科学研究，几年几十年并不算长。但是中国人民竟在短促的时期内作出了大量有较高价值的科学技术成果，达到和超过世界先进水平的研究成果已经不是个别，而是到处可见。举如大功率高频半导体晶体管、

---

① 《同迷信、自卑感决裂》，《人民日报》1958 年 6 月 4 日。

② 《北京科学机关献出宝贵科学成果庆祝党的生日》，《光明日报》1958 年 7 月 2 日。

③ 《中国科学院举行党代表大会，决定加强党对科学工作的领导》，《人民日报》1958 年 7 月 6 日。

④ 《四百多项科学研究成果赶上国际先进水平》，《人民日报》1958 年 7 月 9 日。

具有特种优良性能的硅橡胶、二百多种永不褪色的活性染料、最好的尼龙——'尼龙9'，草类纤维人造丝、研究原子核物理的重要仪器'百道脉冲分析器'，以及预防麻疹的组织疫苗等的制造成功；大气环流等基本理论的研究结果，全部十五种稀土元素的分离，不用砖木钢骨水泥建筑房屋，水煤气合成石油，金霉素的高产技术，严重火伤的医疗成功……都是插在世界科学高峰上的红旗，有的是外国正在研究而没有做成的；有的在质量上超过了世界先进水平，有的在世界上还是首创。"[1]

10月上旬，中国科学院召开国庆献礼祝捷大会，各研究单位共献出了三个月的时间完成的2152项科学成果。"经过调查和鉴定，其中超过世界水平的有66项，达到世界水平的有167项。"其中有"不但能作数天以内的短期和中期天气预报，三个月的长期天气预报也已初步研究成功"的气象研究成果；有"空用飞机把一种化学物质撒在白云上，不久就在十平方公里的面积上下了二十分钟雨"的人工降雨成果；也有"人工控制高山上冰雪溶化的方法，可以控制溶化的时间和数量"的成果，还有"用化学方法使煤或煤气直接发出电来，不必用马达和发电机，而且可以大大提高煤的利用率"的成果。[2] 不过，对于上面这些报道，千万不要去较真，此时各行各业都在大刮浮夸风，大放"卫星"，就连神圣的科学事业中也出现了吹牛皮、说大话的现象。

高等学校的科研也在"大跃进"。清华大学在"七一"前夕试制成90多种新产品，内有60多种产品达到国内先进水平，"许多产品还达到和超过世界先进水平"，其中有电机系设计和制成的非线性电子模拟计算机、宽频脉冲发生器、防雷分析仪、仪表用放大设备、移相自耦变压器和毫秒量测仪等，无线电系制成的电视设备、脉冲示波器、真空系统及量测仪器等。[3]

北京大学自称在半个月内完成680项科研项目，超过了过去三年科研项目的总和，其中100多项是尖端技术科学，有50多项达到国际先进水

① 《祖国科学事业以划时代的速度前进》，《人民日报》1958年9月26日。
② 《中国科学院举行献礼祝捷万人大会》，《人民日报》1958年10月5日。
③ 《清华大学试制成九十多种新产品》，《人民日报》1958年7月1日。

平，而这一消息，是由我国最权威的通讯社新华社发布的。半个月之后，有报道说北大的科研成果达到了3406项，其中达到或超过国际水平的有119项，属于国内首创的有981项。而1952年至1956年4年间，北大定出的科研项目只有100项，1956年至1957年也只有400项。而这3400多项成果，从8月1日开始算起，只用了40天的时间。

北大的科研"卫星"放出之后，捷克斯洛伐克向中国有关部门提出，希望中方提供北大已经达到"国际水平"的科研成果的清单、技术报告和资料。中国有关部门碍于兄弟国家的情面，只得要求北大提供相关材料，结果可想而知。

半年之后，北京大学对1958年科学"大跃进"中完成的达到"国际水平"的227项科研项目中的186项进行检查。检查的结果是发现有三类情况：第一类，有比较充分的根据说明的确达到国际先进水平的有34项，占检查项目总数的18%；第二类，有一定的根据列为国际水平，但根据不充分、不确切的项目有121项，占总数的66%；第三类，当时不应该列为国际先进水平，现在看来也不够国际先进水平的有31项，占总数的16%。即使如此，这些数字的真实性恐怕仍有折扣。

南开大学的科研进展也是神速。8月10日开始，南开党委领导4000多名师生，掀起群众性的大搞科学研究、大办工厂的高潮。第一夜就提出2000多个科研项目，其中大部分是属于尖端科学的，不少是"以前想都不敢想的"。南开师生提出了"与火箭争速度，和日月比高低"的口号，从11日至25日，共完成研究工作165项，其中理科各系试制成功属于全国第一次生产的产品30多种，达到"国际水平的"19种，"世界独创"的2种。[①] 这些数据来自《光明日报》9月底的报道。不到一个月，《人民日报》报道说，南开大学仅在45天中就完成了1761个科学研究项目，其中575项已赶上或超过国际水平。该校制成的离子交换剂更是了得，"它能使海水变为淡水，由海水中提取黄金，提炼稀有元素，净化工厂废水……在医学和国防上也有很大用处"。[②]

---

① 《南开大学科学研究之花怒放》，《光明日报》1958年9月30日。
② 《走能文能武途径做科学技术尖兵》，《人民日报》1958年10月27日。

《人民日报》在一篇报道中说，从 8 月下旬以来，全国原有的二百多所高等学校，都开展了"迎接国庆，大闹科学"的群众性运动，"一个多月来取得辉煌的胜利"，仅据北京、重庆、天津、西安、上海、合肥等地48 所高等学校不完全的统计，已经完成的科学研究题目达 15500 多项，有十九所学校到"十一"国庆前还要再完成 6700 多项。据七个高等学校不完全的统计，"其中达到或超过国际水平的项目达 430 多个，首都三十多所高等学校属于尖端技术科学领域的有 2000 多项"。①

在"大跃进"的高潮中，许多离奇荒诞的"科学发明"也纷纷见诸报端：

广东新会县共青团员周汉华，采用水稻与高粱杂交创造出远缘杂交的"成功经验"。这种水稻"茎秆粗大得像小指那么大，剑叶又长又硬又阔，比普通禾苗宽一倍多，根群扎得特别深和发达，谷穗达 9 寸多长，一穗分 12 至 16 个穗枝，大穗达 400 多粒谷，平均每穗也有 300 粒。这个种在杂交前穗长只 6 寸，每穗仅 120 至 130 粒"。② 获得这种"成功经验"的还有广西玉林县师范学校工人蒋少芳，据说他在校园的 0.45 亩土地上进行同类试验，可收谷 1600 多斤，折算成每亩产量可达 3500 多斤。③ 随后，蒋少芳又将水稻与玉米"嫁接成功"，获得了第一代"玉米水稻"杂交新品种。④

自古以来都是母鸡孵小鸡，而公鸡除了打鸣外既不会下蛋也不会孵鸡娃，整天无所事事。不过，这种状况在"大跃进"中有了改变。新华社报道说，陕西蒲城县林吉村农业社社员已经试验由公鸡孵小鸡成功。试验的方法是：割去公鸡的生殖器，用两杯酒把它灌醉，在醉酒期间，让醉鸡去孵小鸡。这样经过三天后，公鸡就不离蛋了，可以一直把小鸡孵出、养护到大。也有少数公鸡在酒醒后不愿孵蛋，需要再灌上两杯酒。不但如此，公鸡代替母鸡孵小鸡还有诸多好处：不影响母鸡下蛋；公鸡毛厚个子大，孵得多，成活率高；因为公鸡割去了生殖器，会使公鸡发育胖大、膘厚

---

① 《全国高等学校的日日夜夜》，《人民日报》1958 年 9 月 23 日。
② 《青年农民周汉华的创举震动农业科学界，水稻与高粱杂交良种培育成功》，《人民日报》1958 年 6 月 19 日。
③ 《又一个水稻和高粱杂交品种》，《人民日报》1958 年 6 月 26 日。
④ 《蒋少芳培育稻种二三事》，《人民日报》1958 年 8 月 27 日。

肉肥。①

生猪一天长膘十九斤的奇迹也发生了。西北农学院畜牧系的六个学生组成"卫星突击队"，为改善饲料管理方法，不怕脏臭，搬进猪棚，和猪同住，他们最初采用群众创造的割猪的甲状腺、割猪耳和猪尾的"三割"办法，以后又采取"四割"办法，即再割去猪的部分胸腺，这样使猪的日增重量大大提高。试验的结果，"二十头猪在五天内平均每头增重六斤半，其中一头最高日增十九斤"。②

这样的"发明创造"还有很多：陕西朝邑县东升农业社社员聂积善，"通过小麦和玉米杂交的方法，经过两代的试验，初步培育出一种颗粒大、成熟期短的小麦新品种"。这个社还成立了科学研究小组，除继续培育小麦新品种外，已着手研究新的项目：棉花和葡萄嫁接、豌豆和扁豆杂交、红薯和洋芋杂交等。③ 陕西醴泉、朝邑、长安、武功等地农民还进行了棉花和玫瑰花或葡萄，南瓜和番茄、豌豆、扁豆，小麦和大麦等互相嫁接或杂交的试验。而西安市沙浮沱农业社66岁的社员赵丙衡，用靠接和接穗的办法，把棉花接在椿树上，已经开花结桃。④ 北京农业大学培育的"农大黑"母鸡下的蛋一个有三两还多。河南省遂平县和兴管理区社员用谷子和高粱嫁接培育出来了"高粱谷"，穗形像蒲棒，籽粒像谷子，吃起来又甜又黏。⑤ 山东省园艺科学研究所的王立治将苹果的幼果，嫁接在正在生长期间的南瓜上，苹果的果形、色、味和大小都与树上所结无异，南瓜的生长也未受到影响。⑥ 山西省解虞县卿头小学六年级学生尚马朝，大胆试验，把番茄与马铃薯嫁接成"两层楼"植物；又把棉花接在向日葵幼苗上，培育出黑色的棉花。⑦

在科学"大跃进"的热浪中，科学家与"高产能手"还曾开展了放"卫星"竞赛。这年7月上旬，全国科联（即中华全国自然科学专门学会联合

① 《农民学科学敢想又敢做——公鸡孵鸡娃》，《人民日报》1958年7月13日。

② 《生猪一天长膘十九斤》，《人民日报》1958年11月1日。

③ 《农民学科学敢想又敢做——小麦新品种》，《人民日报》1958年7月13日。

④ 《陕西争取科学工作在短时间内达到世界水平》，《人民日报》1958年9月19日。

⑤ 《农展会上看"珍奇"》，《人民日报》1959年1月10日。

⑥ 《苹果寄生在南瓜上》，《人民日报》1958年12月1日。

⑦ 《尚马朝敢想敢干创奇迹，培育出"两层楼"植物和黑棉花》，《人民日报》1958年8月5日。

会）和北京科联组织中国科学院生物学部、中国农业科学院和北京农业大学的科学家，与来自河北、河南、湖北等省的三十多位种田能手举行丰产座谈。说是座谈，实际上是擂台赛，在上面的压力之下，科学家们同种田能手展开了指标大战。

会前，科学家们提出了自己认为够高的指标。指标是按照当时盛行的"两本账"、"三本账"制定的，提出 1959 年丰产试验田单季亩产指标，第一本账是：小麦 1.5 万斤，水稻 2 万斤，子棉 3 千斤，甘薯 15 万斤；第二本账是：小麦 2 万斤，水稻 3 万斤，子棉 4 千斤，甘薯 20 万斤；第三本账是：小麦 3 万斤，水稻 4 万斤，子棉 6 千斤，甘薯 26 万斤。

可是，一听种田能手的报告，科学家们大吃一惊，发现自己准备公开的三项指标已是大大落后于农民兄弟，只得赶紧修改指标。生物学部将产量指标调整为：小麦亩产 2 万斤，争取 3 万斤；水稻亩产 2 万斤，争取 3 万斤；甘薯亩产 30 万斤，争取 40 万斤；子棉 6 千斤，争取 1 万斤。在第二天的座谈会上，几天前刚放出小麦亩产 5467 斤"卫星"的湖北谷城县新气象五社主任王家炳率先提出，1959 年小麦亩产将达到 3 万斤，别的高产能手一听，自然不甘落后，来自河北邢台的一位丰产能手竟将指标提高到 5.5 万斤，这场指标大战才算告一段落。

会议期间，生物学部与中国农业科学院两个科研单位间也展开了挑战赛。农科院向生物学部发出的挑战指标是小麦亩产 4.5 万斤，生物学部则以更高的指标回应：小麦亩产 5 万斤，争取 6 万斤；水稻亩产 6 万斤，争取 6.5 万斤，甘薯亩产 40 万斤，争取 50 万斤；子棉亩产 1.5 万斤，争取 2 万斤。

科学家毕竟是科学家，说出大话之后还是认真去试验。会后，生物学部组织了丰产试验田委员会，在 6 亩小麦试验田里，深翻 10 尺，每亩下种 260 斤到 400 斤，施粪肥 40 万—60 万斤。试验田白天鼓风机轰鸣，以增加二氧化碳；晚上灯光如同白昼，以增加光合作用。尽管如此，第二年麦收时，最好的一块地亩产也只有 900 斤。[1]

---

[1] 薛攀皋：《与农民竞赛放"卫星"》，《科技日报》1993 年 11 月 14 日、21 日。

在这场全面"大跃进"中，社会科学研究也取得重大"跃进"成果：中国人民大学只用了一个多月的时间，全校师生员工研究的项目和写出的论文共有 4058 篇，相当于建校八年来所完成的科学论文总和的四倍以上。中央民族学院的师生同样创造出了"奇迹"，只花了十几天的功夫，就编写了藏汉、汉藏、汉维、维汉、蒙汉、僮汉、柯汉等七部口语词典。西北大学历史系考古班的学生，经过两个月苦战，完成了 50 万字的《中国历史考古学》初稿。[①] 中南政法学院的 1000 余师生，三个月的时间写出了 3000 篇论文，其中 95%是学生写的，而该院 1956 年和 1957 年，全院师生才写出论文 80 余篇，"大跃进"中仅三个月，就超出了过去两年论文总和的 40 倍以上。[②]

"大跃进"时，赛诗会成了一大时尚。陕西省西安市灞桥区白庙农业社社员在晚间赛诗会上朗诵自编的诗

文艺界是知识分子集中的又一领域，也同样弥漫着"大跃进"的气氛。在全国各业各行争相放"卫星"的感染下，文艺界的"卫星"也放出来了。1958 年 9 月 9 日，上海在中苏友好大厦举行文艺创作跃进展览会。上海"大跃进"以来取得的文艺"成果"有：群众业余创作的文艺作品 300 万字，生产影片 638 部，美术作品 6000 多件，创作剧目 2053 个，真可谓"各种形式的文艺创作都有卫

---

① 《师生员工著书立说》，《光明日报》1958 年 9 月 27 日。
② 《三个月写出三千多篇论文》，《光明日报》1958 年 9 月 27 日。

星上天"。①

正像当年什么都叫全民大办一样，文艺也出现了全民大办。一时间涌现出许多的农民、工人作家、诗人，上海自称拥有 70 万人的文艺大军，成立了 200 个工人业余创作小组和 1000 个农民创作组。清华作为一所以理工为主的高等学校，此时成了著名的群众文艺创作的典型。全校 1 万名学生，据说创作了 5000 多首诗，3000 余首歌曲，1500 个剧本，2000 篇小说、散文、特写、曲艺，3000 多幅漫画，办了 700 多种系和班级的油印刊物，"许多班做到了人人是诗人"。②

1958 年国庆九周年以后，文艺界为迎接建国十周年，准备大放文艺"卫星"。为此，成立了由文化部、中国文联、中国戏剧家协会、中国音乐家协会、中国美术家协会、中国曲艺工作者协会、中国舞蹈研究会、中国电影工作者联谊会、解放军总政治部宣传部、全国总工会宣传部等单位联合组成的艺术"卫星"领导小组。

10 月以来，艺术"卫星"领导小组已举行了若干次会议，研究艺术"卫星"标准以及如何发射艺术"卫星"的问题，并制订了创造艺术"卫星"的初步计划。根据领导小组讨论的意见：艺术"卫星"应是最新最美的且具有共产主义、社会主义思想内容，优美的民族艺术形式和高度的表现技巧，革命现实主义和革命浪漫主义相结合，为广大群众所喜闻乐见的艺术作品。"卫星"的题材要求丰富多彩，首先要求反映具有重大政治意义、反映社会主义革命和社会主义建设的题材，也需要革命斗争的历史题材，传统剧目的改编、加工等等。艺术创作的风格，要求多种多样，百花齐放。形式上大、中、小都应兼顾。总之，这些艺术"卫星"，无论内容和形式，都应是有明显的跃进，突破过去的水平，成为各县、各省或全国的文艺的尖端。

根据上述标准，艺术"卫星"领导小组要求全国各地公社、县、省的各艺术团体和艺术院校，都积极发射大量艺术"卫星"，并层层选拔，最后产生全国艺术"卫星"，参加 1959 年国庆前后举行的全国艺术展览月、

---

① 《上海文艺创作万紫千红》，《文汇报》1958 年 9 月 9 日。
② 《清华掀起群众文艺创作高潮》，《光明日报》1958 年 10 月 19 日。

全国电影展览月、全国美术展览会展出，作为国庆十周年盛大庆祝活动的重要内容。①

可惜，到了1958年年底，"大跃进"中的各种问题开始暴露出来，中共中央和毛泽东开始纠正"大跃进"和人民公社化以来的一些具体的"左"倾错误，文艺"卫星"的发射最后也就没有了下文。

卫生工作也在"大跃进"。1957年年底至1958年年初，伴随各地对全国农业发展纲要（修正草案）的宣传贯彻，曾掀起了一场以除"四害"（即消灭老鼠、苍蝇、麻雀、蚊子）为中心的、声势浩大的爱国卫生运动。1957年12月20日的《人民日报》报道说，户户参加、人人动手的以除四害为中心的冬季爱国卫生运动，已在全国各地蓬勃地开展起来。那些布置动员较早的地区，"运动已普遍地推行到群众中去"，并且"获得了很大的成绩"。就是最近布置动员的各省市（区），也是"积极地行动起来，处处告捷"。仅安徽省蚌埠市从11月2日开始掀起群众性的除"四害"运动突击月，到11月20日统计，全市就消灭了老鼠26万多只，麻雀7千多只，蚊蝇5120万个，蛆蛹2千多斤，其中灭鼠总数相当于上一年全市全年灭鼠总数的105%。②

进入1958年后，随着对所谓右倾保守思想的批判和"大跃进"的发动，许多地方纷纷提出要提前实现全国农业发展纲要（修正草案）中提出的除"四害"目标。广东省提出要在今后八年内基本上消灭"四害"，成为"四无省"，并提出了具体的时间表：1958年发展及巩固提高试点；五年突击和普及；最后两年扫尾。山东提出的目标是在1958年创造基本上"三洁四无"（三洁是室内、院内、街道清洁；四无是无蝇、无蚊、无鼠、无雀）的县、市各一个，每个县也创造一个基本上"三洁四无"区，每个区要有一个"三洁四无"乡。③河南省则修订了全省除四害规划，决定提前在三年内基本成为"四无"省，省属各市在1958年实现"四无"或"五无"，

---

① 《全国文化艺术界积极准备迎接建国十周年国庆》，《人民日报》1958年10月30日。
② 《全国冬季爱国卫生运动胜利开展》，《人民日报》1957年12月20日。
③ 《有领导有规划除尽四害》，《人民日报》1958年1月13日。

每一专区有三五个县实现"四无"或"五无"。①

截至 1958 年 2 月上旬,提出要提前实现"四无"的省和直属市,已经有北京定为两年,河南定为三年,上海定为三至五年,江苏定为四年,山东、山西、浙江、福建、广东、云南、甘肃、辽宁、黑龙江定为五年,安徽定为五至八年。决定在 1958 年内就实现"四无"的市和县,有江苏的南京、常州、镇江、南通,山东的济南、阳信、单县,河南的郑州、开封、洛阳、焦作、登封,甘肃的兰州,山西的屯留,河北的蠡县、河间。

这年 2 月 12 日,中共中央、国务院专门发出《关于除四害讲卫生的指示》,要求每一省、市、自治区,每一县区,每个乡镇,每个合作社、厂矿企业、机关、学校、部队,立即都订出自己除"四害"、讲卫生的年度计划和长期计划,并且必须按月按季对所属单位的工作状况加以检查评比通报,以便表扬先进,督促落后。指示强调,十年看三年,三年看头年,务必在年内使除"四害"打下巩固的基础,并在几年内消灭"四害",基本上消灭危害人民最严重的疾病,使全国的卫生状况大为改观。第二天,《人民日报》全文发表了这个指示,并为此配发了《一定要在全国除尽四害》的社论。这个指示发出后,在全国范围内进一步掀起了除四害运动的高潮。这场运动应当说曾取得了一定的成绩,全国城乡的环境卫生状况得到了一定的改善。但由于是通过开展群众运动的方式除"四害",因而存在形式主义的倾向,并且提出了一些不切实际的要求,甚至出现了较为严重的虚报浮夸。

在各行各业大放"卫星"的情况下,卫生系统也放起"卫星"来了。这年 6 月,中国医学科学院组织了一个肿瘤综合研究委员会,下分预防、基础、实验治疗、临床等四个综合研究小组,分别选择子宫颈癌、乳腺癌、直肠癌、阴茎癌、食道癌、肺癌、口腔癌等"作为在两年内首先予以制服的对象",结果是"几个月来,他们已经取得了初步战果"10 月中旬,中国医学科学院宣布:"从根本上解除恶性肿瘤对人类的威胁,已经为期不远了。"②

---

① 《河南省作出提前歼灭四害的规划》,《人民日报》1958 年 2 月 8 日。

② 《中国医学科学院决心在科学研究上创造更大成就》,《人民日报》1958 年 10 月 28 日。

10 月中下旬，中国医学科学院召开院务委员扩大会议，"总结了三个多月以来技术革命的成就和经验"，"该院在技术革命运动中，由于树立了党的领导，贯彻了中西结合土洋并举的方针，破除了迷信，开展了科学研究的群众运动，从而出现了两千多项发明创造和技术革命。其中有 100 多项达到国际水平，有 40 多项超过了国际水平，有 260 多项为国内首创。"①

3."教育革命"之举

在 1958 年的教科文"大跃进"中，曾开展了轰轰烈烈的所谓"教育革命"。

这年 8 月，毛泽东在视察天津大学时曾说：高等学校应抓住三个东西，一是党委领导，二是群众路线，三是把教育与生产劳动结合起来。② 这三条其实也是"大跃进"中"教育革命"的主要内容。

这年的"教育革命"，具体表现在三个方面：一是强调教育为无产阶级政治服务，进行红专大辩论，用当时流行的"插红旗、拔白旗"的方式，开展对所谓资产阶级学术思想的批判；二是强调教育与生产劳动相结合，大搞不同形式的勤工俭学，在"大跃进"高潮中发展到组织师生大炼钢铁，大办各类工厂；三是用群众运动的方式办教育，实现各类教育的"大跃进"，特别是不顾条件开办一大批高等院校。

八大二次会议后，根据会议提出的"插红旗、拔白旗"的要求，批判"资产阶级学术思想"，作为"拔白旗"运动的主要内容，在人文社会科学领域比较有影响的学者，几乎全被当做"白旗"而被批判过。当然，"拔白旗"仅仅是"破"，即破除了对专家教授的迷信，但同时还需要"立"，而组织学生和青年教师编教材、写专著，就成为"立"的重要途径。北京师范大学曾被誉为"教育改革中的一面红旗"。该校之所以成为红旗，是因为在教学改革中"大搞群众路线"，实行"三结合"制定新的教育大纲。

何谓"三结合"？即系党总支、教师、学生结合起来，共同编写新的

---

① 《中国医学科学院决心在科学研究上创造更大成就》，《人民日报》1958 年 10 月 28 日。
② 《毛主席来到津大机工厂》，《天津大学》273 期，1958 年 8 月 15 日。

教学大纲。在这三者中，党总支无疑是新大纲的领导者，而教师和学生的"结合"，便是各编一套大纲，比较优劣，实际上也就是师生唱对台戏，看谁的戏唱得好，评委就是党总支。

北京师范大学的教学改革，是从这年 6 月中旬开始的，"学校党组织横扫自卑和对旧专家的迷信，发扬共产主义敢想敢说敢干的大无畏风格，全校十个系由党委会和十个总支六十六个支部挂帅，积极领导这一运动。改变过去修订大纲、编写讲稿由少数人包办的专家路线，放手发动全校所有的青年教师和四千多个学生，大家共同搞这一项工作"。据报道，这次教学改革"两条道路、两种方法的斗争十分激烈"，部分教师特别是老教师，"仍站在原有的框子里，瞻前顾后，扭扭捏捏，枝枝节节地修修补补不作本质上的改革"。为此，学校采取了"打擂台"或"对台戏"的方式。前者是教师和学生就同一课程分头准备提纲，然后在一起讨论，相互取长补短，共同制定一份新的教学大纲；后者是学生和教师各拟定一个或几个提纲，然后师生的提纲都摆出来，进行评比，开展辩论，选出其中较好的一个为基础共同修改定案。

该校中文三、四年级部分学生，"破除了对资产阶级专家的迷信"，在中文系党总支直接领导下，成立"中国古典文学改革小组"。大纲编写过程中，学生们按照中国古典文学的阶段，把 35 个人分为 8 个战斗组，分头到学校和北京市有关的图书馆、民间文学研究机构等处找材料、抄材料，"在四、五天的时间里，四年级的 26 人共看了 291 册书"。这就意味着平均每人读了 11 本书。不但如此，有的书"连老教授都没有看过"。至6 月 29 日，学生的教学大纲初稿完成，但发现元朝文学这一部分还不满意，于是又分工去看有关的文学史材料，"一夜之间重新赶写出来"。仅仅7 天时间，一部新的古典文学大纲就写成了。①

北京师范大学中文系以师生唱对台戏的方式编写教学大纲闻名，而北京大学中文系则因学生编文学史而声名远播。北大中文系 60 个学生分成了先秦组、魏晋南北朝组、隋唐五代组、宋元组、明清组、近代组，然后

---

① 《这场对台戏唱得好——记北京师范大学修改古典文学教学大纲的一场论战》，《人民日报》1958 年 7 月 17 日。

分头找资料，分工写作。经过 30 多天时间，一部长达 70 万字的中国文学史书稿写成了。这部书的前言，一开始就批判资产阶级学者"仍然迷恋于资产阶级唯心主义思想，顽固地坚守着个人学术独立王国"。接着宣布："我们这些站在党的红旗之下的无产阶级学术的新兵"，要"向资产阶级学术思想展开不调和的斗争，并在这场严重斗争里，把自己锻炼成插红旗、拔白旗的社会主义科学大军中的坚强战士"。这部书刚刚写成，就引来了一片赞美声。

中文系的学生编提纲、讲义，历史系的学生也就发挥自己所长，写历史，欲与"资产阶级专家、学者"比高低。北大历史系亚非史专门化（即专业）的 11 个学生，突击半个月，完成了 20 万字的《阿拉伯各国人民民族解放运动史》，二年级一班的学生写出了《北京清河制呢厂厂史》，二年级二班编写了《安源路矿史》，就连一年级学生也苦战 20 天，完成了《祖国大跃进一年》的初稿。①

复旦大学历史系的学生通过一周的"创造性学习运动"，打破了迷信专家的思想，"他们以毛泽东思想为指导，运用马列主义的立场，观点、方法来分析问题"，不仅写出了全部基础课的新教学大纲，"还编写出了许多门尚是空白学科的大纲"，如中华人民共和国史、中国工人运动史。②

华东师范大学历史系的师生写出了《中华人民共和国十年大事日志初稿》、《新艾森豪威尔主义批判》、《论中近东阿拉伯各国人民的解放斗争》等。"这些著述，一反以往的恶习，数量上是今多于古，而且大多数是为当前政治服务的。"③

南开大学历史系青年师生编出了《马恩列斯及毛泽东论历史科学》，还编写了中东、北非、拉丁美洲、东南亚民族解放斗争史及大事记、《中国和阿拉伯的关系》、《美帝侵华史》、《纸老虎现形记》，以及《雷海宗反动政治学术思想批判》、《资产阶级学术思想批判》等。④

① 《万紫千红，百花争妍》，《历史研究》1958 年第 7 期。
② 《复旦大学历史系教学与科学研究的跃进》，《历史研究》1958 年第 9 期。
③ 《华东师范大学历史系科学研究在大跃进中》，《历史研究》1958 年第 11 期。
④ 《良好的开端》，《历史研究》1958 年第 11 期。

据上海交通大学党委宣传部介绍，交大船舶制造系的青年学生，在短短的一周时间里写出了数以百万计的教材和讲义。其中，二年级的部分学生用 6 天时间编出了一本长达 42 万字的"理论力学"教材，二年级的 22 个学生用 10 天的时间编写出了 22 万字的四年级教材"造船工艺学"，三年级的部分学生用 7 天时间编出了 7 万字的《船舶阻力》。①

吉林大学苦战六周，全校共编写 136 门课程的 346 种教材，总字数达 2500 万字。"这些教材的共同特点是从实际出发，打破旧体系，建立新体系，有许多是质量较高的。"这样数量庞大的教材，都是根据自编、自审、自刻、自校、自印的"五自"要求，由各编写小组刻印出来。② 其中，中文系四年级全班 24 个学生经过十昼夜苦战，翻阅参考书 532 种，1000 多册，即就是说，每人查阅了 40 多本参考书，平均一人一天查阅 4 本。从 7 月底到 8 月中旬，也就是 20 天的时间，一本"崭新的以毛泽东文艺思想为指导，以民间文学为正宗"，长达 12 万字的中国古典文学史教学大纲就编出来了。接着，80 万言的古典文学史讲义初稿也编出来了。③

据当时的报道，南京大学学生编写教材也是硕果累累。法文专业四年级 16 个学生，在四天中编了一本《法语会话》的教材；德文专业四年级学生编就了全部德华词典卡片；俄文专业四年级学生编成了俄文专业教学计划和俄语词汇教学大纲；英文专业四年级学生编成了语法教材；中文系四年级学生编成了解放以来中国文学史教学大纲；地貌专业四年级学生编成了第四世纪地质教学大纲；如此等等。在不长的时间里，南京大学共编就 3250 项教学大纲、教材和教具。④

毛泽东对学生编讲义、教材一事颇为欣赏，认为这是年轻人胜过老年人的表现。他在这年 9 月 5 日最高国务会议的讲话中说，大学教授相当有一些人落后于学生，编讲义，编教学大纲，编学生不赢，学生是苦战几昼夜，集体来搞。听说师范大学有个文学班，要编一个文学史，一个班有

① 教育与生产劳动相结合展览会上海馆编：《上海高等教育大革命的开端》第一集，上海，1958 年，第 203 页。
② 《党的教育工作方针的胜利》，《光明日报》1958 年 10 月 27 日。
③ 《在教学改革中的吉林大学中文系》，《光明日报》1958 年 11 月 2 日。
④ 《南京大学学生自编教材》，《光明日报》1958 年 8 月 23 日。

26 个人，苦战四昼夜，读了 290 部中外文学名著，编出一本文学史大纲。这是形势迫人，就是压迫。青年人不压迫老年人，老年人不会进步的。这一压，老年人就有出路了，他不进步不行了。

1959 年上半年在纠"左"的过程中，教育部党组曾起草了《关于高等学校学生编写讲义问题的意见》，虽然肯定"教育革命"中学生和青年教师编写教材与讲义"取得了一定的成绩"，但同时也指出，学生因忙于编写讲义，以致妨碍对各门课程的正常学习，加之学生水平参差不齐，知识准备不够，因而编出来的讲义往往不尽合用。为此，教育部党组提出：学生在学习方面的主要任务是学好学校所规定的各科课程，时间和精力应放在学习功课上，除了学习成绩好的高年级学生在不影响功课学习的前提下，可以参加一部分编写讲义和编纂资料的工作外，一般学生，特别是一二年级学生，除特殊情况外，不要发动其参加编写讲义的工作。编写讲义主要是教师的责任，教师在编写讲义的过程中应当适当听取学生的意见，不要让学生为编讲义而编讲义，应当给教师以充裕的时间进行备课、编写讲义，从事各种研究和写作活动。各科有现成讲义可用的，应一面讲授一面修订，不一定都要用自编的讲义。

中共中央于同年 5 月 24 日批转了教育部党组的这个意见，认为"这些意见是对的"，要求各省、市、自治区党委，将其转发给各高等学校党委，督促各校检查执行。按照这一要求，各校学生自编讲义、教材的工作基本上停止下来。

"教育与生产劳动相结合"，亦是这年"教育革命"的重要内容。从这年年初开始，教育部、共青团中央等部门就不断召开会议，发出指示，要求教育战线大力开展勤工俭学活动，以此作为教育与生产劳动相结合的重要方式。八大二次会议后，勤工俭学活动发展到大办各类工厂。

高校办工厂较早见诸报刊的是北京钢铁学院。有报道说，7 月中旬，北京钢铁学院已经建起了 1.75 立方米的炼铁小高炉和每炉产量 22 吨的耐火材料厂各一座。冶金系的学生白手起家，苦战五天，修建了一座高炉；铸造专业的学生，打破迷信，"经过 14 天的反复试验，终于利用空气吹炼出中碳钢。"为此，《光明日报》用一整版的篇幅介绍了北钢院大办工厂、大炼钢铁的经验，同时还配发了社论，称其为"共产主义事业的苗芽"。[①]

在 1958 年的"教育革命"中，武汉大学也颇为引人注目。该校在"苦战五年建设共产主义新武大"的口号下，大办工厂、大办农场，各系规划建立工厂、农场 100 个。据称，在武汉大学已经开工和即将开工的工厂中，有全校办的为发展国民经济所需要的大型钢铁厂、水泥厂、耐火砖厂；有为教学和科学研究联系生产实际而兴办的高级化学合成工厂、无线电工厂等；也有为发展尖端科学而兴办的如半导体、电子计算机、精密仪器制造工厂等；此外还有砖瓦厂、木工厂、肥料厂等。[②]

清华大学集中了众多的理工科人才，办工厂自然是得天独厚。《光明日报》的一则报道称："清华大学在实现教育结合生产劳动方面作出了显著的成绩。现在已经到处是工厂了。有包括十四个车间的综合机械制造厂，有能在发电的同时生产九种产品的示范性燃料综合利用发电厂，还有建筑、水利、电力等工程公司和安装公司。八个月来他们制造了二百多种新产品和生产设备，其中七十多项达到国内或国际先进水平，而五十多项新产品和新技术是国内首创。"[③]

南京大学的办工厂、办农场运动也颇为热烈。据南大宣传部门自己介绍，至 8 月中旬，南大根据"抓尖端"的原则，建成了 36 个工厂，试制成了 300 多种新产品，这些产品中绝大部分是国内尚未生产过或产量不足、需要进口的重要品种，对工农业"大跃进"起了很大的促进作用，例如化学系的 CZ 橡胶促进剂对上海大中华橡胶厂赶上英国有重要的意义。在这些产品中，30 多种已达到国际水平，200 多种为国内首创。[④]

如果说理、工科学校或综合大学办工厂还有些条件的话，文科大学和师范学校办工厂，按理就不那么容易了。可是，在这个"只怕想不到，不怕做不到"的年月里，文科校系办工厂的"奇迹"也同样被创造出来了。

中国人民大学作为一所以马列主义政治、经济理论为主的社会科学综

---

① 《北京钢院铁水奔流》，《光明日报》1958 年 7 月 16 日。

② 《武大出现办工厂增专业的崭新局面》，《光明日报》1958 年 7 月 21 日。

③ 《掀起大办工厂新高潮》，《光明日报》1958 年 8 月 14 日。

④ 《南京大学勤工俭学大丰收》，《光明日报》1958 年 8 月 19 日。

合大学，既无现成的实验室、实验工厂可以利用，也无办工厂的技术人才，但这也没有难倒中国人民大学的师生们，他们照样在教室的周围办了大大小小 108 个工厂，办了一个拥有百亩土地的农场，还在校内校外办了两座百货商店。

中国人民大学不仅校有校厂，系有系厂，有的班还有班厂。学校有机械制造厂，计划年产车床 1000 台，它是由原工业经济系的小机械厂扩建而成的。围绕机械厂，还办了一些诸如钢铁厂、炼焦厂、耐火材料厂等卫星厂。这样，"在校内形成了一个工业体系"。各系的工厂更是五花八门，农经系办了化肥厂、农具厂；贸经系办了一个据称能年干馏木柴 3000 万斤，且能提炼六种有机化学原料的木柴干馏厂；新闻系办了中外文印刷厂，拥有五部半自动化排字机，日排十万字。

不要以为这些工厂有正经的厂房、正规的操作规程，正式的技术人员，根本不是那么回事，完全是因陋就简办起来的。其中不少是几个同学，最多是全班同学一合计，找一块地方，想一个厂名，就办起来了。"许多班办的工厂，大都是小型的，只要几个人在课外时间就可以干起来。"[1]

至 1958 年 10 月初，北京师范大学办起了 64 个工厂，全校每天有 400 个学生在工厂劳动，"各厂的许多产品都达到或超过了国内大厂的水平"。校内还有一个占地 170 亩的农场，且土地深翻了六尺，每亩施肥百万斤。[2]

1958 年 11 月 1 日起，教育部和共青团中央在北京联合举办了教育与生产劳动相结合展览会。尽管当时宣称，办展览会的目的，"在于检阅贯彻执行党的路线方针的成就"，而实际所展出的，主要是高等学校和普通中小学近期来生产劳动的成果。展览会筹备委员会的开幕词说：几个月来，据 20 个省、市、自治区不完全统计，21126 所中等、高等学校，共办大小工厂、作坊 10 万个，共办大小农场 1 万多个，种植面积 250 万亩。[3]

---

① 《劳动人民知识化，知识分子劳动化》，《光明日报》1958 年 9 月 17 日。
② 《北京师大政治挂帅全面跃进》，《光明日报》1958 年 10 月 10 日。
③ 《教育与生产劳动相结合展览会会刊》，教育与生产劳动相结合展览委员会 1958 年编印，第 26 页。

这股高校学生动手办工厂之风，进入 1959 年后才基本停止。

4. "教育史上亘古未有的奇迹"

全国农业发展纲要（修正草案）规定，从 1956 年开始，按照各地情况，分别在十二年内，基本上扫除青年和壮年中的文盲。"大跃进"启动后，各地曾开展了轰轰烈烈的扫盲运动，扫除文盲的时间也被一再缩短，更有不少地方宣布已经基本扫除文盲。

1958 年 2 月 27 日至 3 月 6 日，教育部等单位在北京召开全国十八省市扫盲先进单位代表会，国务院副总理、全国扫除文盲协会会长陈毅在讲话中指出，从这次参加会议的 67 个扫盲先进单位的典型经验来看，中国的文盲是完全可以在五年至七年之内扫除掉的。陈毅要求来一个文化上的"原子爆炸"，并且说，对扫盲工作抱悲观者已经站不住脚了，乐观论者很吃香，农业前进了，扫盲也要前进，来一个齐头并进，只有这样才能符合全国各方面的大跃进的形势。会议提出：全国在第二个五年计划内基本上扫除青壮年文盲；在两三年内基本上扫除职工和干部中的文盲；五年内基本上扫除农民和市民中的青壮年文盲。[①]

这次会议之后，各地关于扫盲工作的好消息，接二连三传了出来。河南登封县宣布：全县 84325 个扫盲对象中，有 68516 人考试及格，占 81.2%，胜利完成了数千年来未能完成的历史任务。还有 15809 个文盲正夜以继日地进行突击学习，决心要在三月底全部扫完。[②]

1958 年 5 月初，黑龙江省成为全国第一个"基本扫除文盲"的省份。《人民日报》介绍说，这个一向被认为文盲最多的省份，已基本完成了青壮年扫除文盲的任务，全省 86% 以上的青壮年工人和 81% 以上的青壮年农民都认识了 1500 字以上，普遍做到了"四会"，即会读、会写、会讲、会用，扫盲对象都能看懂通俗的报刊，还能够记账、写信、写短文，有不少人还

---

① 《陈毅副总理号召来一个文化上的"原子爆炸"，扫识字盲文化盲科学盲》，《人民日报》1958 年 3 月 7 日。

② 《河南登封县扫盲工作经验介绍》，《人民日报》1958 年 3 月 20 日。

学会了写工作报告。①

与此同时，新华社报道说，根据北京、江苏、安徽、山西、河北、黑龙江等 14 个省、直辖市的统计，已有 4600 多万文盲参加学习。不少地方现有青壮年文盲几乎全部入学。江苏省七个市和七个专区已有 847.2 万人入学。河北省保定、容城、定县等 35 个县、市都有 90%以上的青壮年文盲参加学习。除黑龙江省已基本扫除文盲外，吉林省延边朝鲜族自治州、河南省已有 54 个县市基本扫除了青壮年文盲。山西的新绛、安邑、临猗、芮城、稷山，山东的莘县，辽宁的金县和旅大市等县市也基本上扫除了青壮年文盲。此外，哈尔滨、齐齐哈尔、吉林等市已经基本上扫除了职工中的文盲。②

半个月后，《人民日报》又报道说，河南扫除文盲与开展工农业余文化教育已经形成了一个声势浩大、规模宏伟的群众性运动，全省有工人、农民、干部以及城市劳动人员 850 多万人参加了各种不同形式的扫盲识字学习，占青壮年文盲、半文盲总数的 97.5%，截至 5 月 1 日，已经出现了 69 个基本无文盲县、市。而湖南省全省已有 138 万职工、农民、市民摆脱了文盲状态，出现了 34 个无盲乡镇和一批厂矿、街道居民无盲单位。上海市参加扫盲学习的人数 13 万到 14 万人，占职工文盲 80%以上。据 14 个区不完全的统计，目前已有 600 多个工厂基本上扫除了文盲。③

5 月 20 日，《人民日报》发表《用革命精神扫除文盲》的社论，宣布据河南、山西、安徽、福建、吉林、浙江等 18 个省市不完全的统计，文盲入学人数已达 6100 万人，到 4 月底，全国已有 137 个县基本上扫除了文盲。社论认为，虽然扫盲工作取得了很大成绩，但全国各地的情况还很不平衡，扫盲运动在一些地方发展得很快而在另一些地方却进展得很慢。这些进展很慢的地方，应当像那些先进地区一样，抓住生产高潮促进文化高潮的有利时机，以生产为中心，带动各项工作，包括扫盲工作的"大跃进"。社论强调，要在今后五年到十年，甚至更短一点的时间内扫除青壮

---

① 《走了文化革命的第一步——黑龙江省基本扫除文盲的经验》，《人民日报》1958 年 5 月 6 日。
② 《文化翻身，能武能文——十四个省市四千六百万文盲参加学习》，《人民日报》1958 年 5 月 6 日。
③ 《河南、湖南、上海广大群众摆脱文盲状态》，《人民日报》1958 年 5 月 20 日。

年文盲，不造几个高潮，不来几个跃进，而依旧照前几年那样，每年只扫除几百万文盲，那就会无法完成这个任务。

果不其然，扫盲"大跃进"很快就到来了。河南省在 9 月 25 日宣布，已经基本成为无文盲省。全省当年扫除文盲 856 万人，等于过去八年扫盲总和的四倍多。到 20 日止，全省 120 多个县市，从 14 岁到 40 岁的青壮年中已有 94.2% 摆脱了文盲状态，并有 20 多个县市脱盲群众的范围已扩大到 45 岁或 50 岁。扫盲毕业的群众一般都能识 1500 到 3000 字，能读通俗读物，能写三五百字的文章。福建亦同时宣布，经过广大群众的 10 个月勤学苦练，福建省已基本上成为无文盲省。到 9 月中旬止，全省共已扫除青壮年文盲 479.8 万多人，占青壮年文盲总数的 91%。①

只过了五天，山西、江苏、广东、湖南也宣布基本扫除了文盲。其中山西全省已有青壮年扫盲毕业学员 450 多万人，占青壮年总数的 89.14%。江苏全省到国庆前夕已扫除青壮年文盲 827.1 万多人，占青壮年文盲总数的 87%。广东仅用了半年的时间，全省扫除了 524.5 万文盲，这个数字相当于解放八年来所扫除文盲总和的 10 倍。湖南全省 1400 多万名青壮年中，已有 85.25% 的人摆脱了文盲状态。②

10 月 1 日，《人民日报》在报道中宣布：从 1 月到 8 月底为止，全国共扫除文盲 8900 多万人，比过去八年中扫除文盲的总数还多两倍，全国已有 67.2% 的县市基本上消灭了文盲，这是"教育史上亘古未有的奇迹"。③ 这些数据自然有相当大的水分，当然这一年的扫盲工作也确实取得了一定的成绩，约有 4000 万人基本扫除了文盲，但并非当时所宣传的近一亿人。

在扫盲"大跃进"的同时，全国农村还出现一股大办红专大学的热潮。所谓红专大学，其实就是农民业余学校。

1958 年 5 月 1 日，吉林延吉县东盛乡成立了"大跃进"中第一所红专大学——黎明业余农业大学。这是当年一所相对比较正规的农民业余大学，第一批入学的有 51 名学生，都是几年来参加农业生产的高中毕业生

---

① 《河南福建基本无文盲》，《人民日报》1958 年 9 月 26 日。
② 《又出现四个基本无文盲省——山西、江苏、广东、湖南》，《人民日报》1958 年 9 月 30 日。
③ 《开创教育史上亘古未有的奇迹》，《人民日报》1958 年 10 月 1 日。

和参加农业生产或参加基层工作三年到八年具有高中文化程度的青年农民和乡干部。学习年限为三年，分六个学期学习政治和十二门高等农业学校的专业课程，这些课程是：土壤学、农业化学、农业生产机械学、耕作学、作物栽培学、植物生理学、植物病理学、农业昆虫学、作物选种学、果树及蔬菜学、畜牧学等。学校由乡、县各部门和延边大学农学院代表组成的理事会领导，教员由邻近的延边大学农学院的十一名讲师和助教兼任，每周以两个半天时间借用乡中学课堂集中讲课。①

5月17日，河北徐水县宣布成立徐水县立大学。这个县办大学有学生和教职员170多人，第一学期入学的150名学生分两个班教学。其中的正规班40多人，除文理基础课程外，设有土壤、昆虫等六个学科，学生修业期限四年，学生修业期满后，将由县主管机关分配在当地从事农业生产建设和农业科学研究。另一个班是附设的农业中学师资训练班，共有学员100多人，学习内容主要是土壤改良、农业灌溉、合理施肥、锅驼机和煤气机的使用修理、水利和沼气发电等基本知识及操作技术，规定学生学习期满后由县介绍到农业中学去担任教师。②

6月初，河南孟津县也创办了一所综合性的红专大学。"这所大学没有固定的校舍，也没有大学应有的一切设备，它的6个学院和42个科分设在县人民委员会直属各有关部门和全县各地"，正副校长分别由孟津县县长和县委宣传部部长担任，县委书记、县长、各部门负责干部和主要技术干部都是教员。这个红专大学设有农学院、工学院、财经学院、政教学院、医学院、师范学院六个学院，其中农学院设在县人民委员会农业局，政教学院设在县委宣传部，医学院的正骨科就设在平乐乡正骨医院，农学院的棉花科就设在翟泉农业社。"学习时间不固定，多者两年，少者十天半月，主要是根据具体情况和当前的生产需要而定"。③

自此之后，各式各样的县办、乡办甚至社办红专大学不时见诸报端。1958年10月1日，《光明日报》以"数十万红专学校和红专大学在农村建立"

① 《我国第一所农民大学在延边朝鲜族自治州东盛乡成立》，《人民日报》1958年5月4日。
② 《破除迷信，放手办大学》，《人民日报》1958年5月17日。
③ 《孟津创办综合性红专大学》，《人民日报》1958年6月20日。

为题，报道了全国红专学校的发展情况。报道说，据不完全统计，农村中的红专学校和红专大学已达 34.9 万余所，参加学习的达 2000 余万人。不过，对于这些数据自然不可当真，当年的所谓红专大学，多数不过是挂上一块牌子而已。

除了那些并非大学的红专大学外，1958 年高等学校在数量上确实来了一个"大跃进"。

这年 3 月，陆定一（中共中央宣传部部长兼任中央文教小组组长）在中共江苏省委召开的民办农业中学座谈会上指出："要开始打算每个专区办几个大学。有人提出民办大学，志气很好，一个专区几百万人，为什么不能办？每个专区有几百万人口，没有高等学校算什么样子？我看要办几个好。"他还说，"办大学不要那么害怕，我来破除一下迷信。我在交大读过书，现在交大了不起吧，有 50 多年的历史。那时还请了几个外国人来教书。其实就请了几个助教。所以，办大学没有什么了不起，办办就会办成了。各个专区都需要考虑这个问题，现在不考虑，将来要被动。"①

在 4 月召开的全国教育工作会议上，陆定一又谈到了大办大学的问题。他说，十五年把高等教育普及起来，起先每个省办几个高等学校，以后每个专区都办几个高等学校，再以后，每个县、每个乡，凡是有条件的都办起来。办高等学校没有什么神秘，不要害怕。办高等学校，要有教授，不要去请那些名角，可以请些有相当程度的年轻人来教。南京有一批高中毕业生，请了个讲师，就办起半工半读的民办大学来了。河南有个合作社，有一批高中毕业生，依靠水利局的干部，就办了一所民办水利学院。这些新事物，我们要去研究推广。

同年 6 月，刘少奇在给全国教育工作会议的指示中，也专门讲到了这个问题，他指出："县办大学，将来势必每个县有一所大学，准备十年达到这个目的。现在是否给每个县派一个、两个或几个大学生，这样学校就可以办起来了。世界上第一个办大学的总不是大学生吧？现在有一个大学生，大学就应该好办了。一个县，既办了大学就要办高中；既办了高中，

①　何东昌主编：《中华人民共和国重要教育文献(1949—1975)》，海南出版社 1998 年版，第 809 页。

就要办初中；既办了初中就要普及小学。"①

在这个敢想敢说敢干的"大跃进"年代，既然中央领导人都表示省、专（区）、县都可以办大学，并且十五年要普及高等教育，一些地方乃闻风而动，大办大学起来。从这年4月到5月底，据不完全统计，江苏、广东、吉林、湖南、福建、浙江、江西、河南、河北、黑龙江、陕西、辽宁、贵州、甘肃、湖北、山西、北京等十七个省、市，新举办的大学、专科学校达130多所。②

文盲成了作家（河南省登封县农民作家范海亮（右）把他的作品读给别人听）

6月24日，《光明日报》在"打破迷信，在专区和县大办高等学校"的通栏标题下，介绍了各地筹建一大批高等学校的情况，黑龙江仅合江地区就计划筹办16所高校，其中有工业大学、农业大学、农学院、水利学院、师范学院等。浙江计划筹建29所高等学校，其中有综合性的杭州大学，专门培养林业人才的浙江林学院，设在舟山渔场的浙江水产学院，以及浙江纺织专科学校、浙江第二师范学院和浙江第二医学院等。江西计划筹办27所高校，其中包括江西大学、江西工学院、江西财经学院、江西水利学院、江西政法学院等。

---

① 何东昌主编：《中华人民共和国重要教育文献（1949—1975）》海南出版社1998年版，第839页。
② 《两个月来十七个省市新办大专学校一百三十多所》，《人民日报》1958年6月13日。

黑龙江鹤岗市的鹤岗大学，就是这类新办起的大学的一个典型。7 月 5 日，《光明日报》报道说，八大二次会议期间，参加会议的鹤岗市委第一书记给市委写信，介绍了大会提出的向文化革命和技术革命进军的情况，认为要把筹办鹤岗大学摆到议事日程。市委宣传部随即召开教育工作会议，"对某些教育干部对办大学的神秘观点以及迷信思想和自卑思想进行了严肃的批判"，在统一思想认识的基础上，制定了办大学的方案，后又经过市委讨论，决定鹤岗大学暂设采煤矿、地质、机电、化工、医学、文学六个系的本科和专修科，修业期限本科五年，专修科三年，招收的对象除由厂矿企业、机关学校、群众团体根据条件保送外，凡是中等专业学校、高中毕业的学生或具有同等学力的社会青年都可以报考，计划招收 300 人左右，其中工农成分应占 80%—90%。

鹤岗市委还决定由市委书记处一名书记担任鹤岗大学的校长兼党委书记，鹤岗矿务局干部处的副处长担任教务处长，六个系的主任由有关单位的负责人担任，如文学系主任由市文教局长担任，两天之内腾出市第二招待所作为校舍，桌椅板凳由各机关、厂矿企业支援。在办大学的过程中，除了制作校牌时花了一元七角钱外，其他一分钱也没有花。没有教授就到哈尔滨的大学去求援借用，一般教师采取"大学生教大学生"、"高年级教低年级""专职教员和兼职教员相结合"的办法解决，从各机关选拔了七名大学生担任专职教员，负责基础课程的教学，专业课教师则由医院的医生和矿务局的工程师、化验员、技师等担任。如此这般，只花了七天的时间，鹤岗大学就办起来了。[1]

同一天，《光明日报》为鹤岗大学的创办配发了《专、县办大学的优越性》的社论，认为"专区、县办大学，是人类历史上从来没有过的事。既然是新事，也就要用新的办法——革命的办法来办"。"这类学校都是由地方以自力更生的革命英雄气概办起来的，并没有向领导部门要教授，要设备"。其优越性在于：第一，党委领导，政治挂帅，红旗插得很鲜明。第二，学校面向地方，面向生产，办学的目的非常明确。第三，多快好

---

[1] 《办大学并不神秘——介绍鹤岗市七天办一所大学的经过》，《光明日报》1958 年 7 月 5 日。

省，贯彻了勤俭办学的原则。有的利用原有的高中、中级师范、中等专业学校，以"戴帽子"办法创建起来，和原来的学校仍在一起，一套机构，一套人马，一套校舍设备。第四，敢想敢做，不落陈规，富有创造性。

9月19日，中共中央、国务院发出《关于教育工作的指示》，提出应当大力发展中等教育和高等教育，争取在十五年左右的时间内，基本上做到使全国青年和成年，凡是有条件的和自愿的，都可以受到高等教育。这个目标实际上是不可能实现的，但各地为了响应十五年普及高等教育的号召，纷纷因陋就简创办各类大专院校。全国高等学校的数量，由1957年的二百多所上升到一千余所，新办高等学校八百余所，在校学生人数比1957年增加三分之二。

这些新办的大学，除一部分是省办的外，大部分是专署和县办的，也有少数是厂矿办的。这些学校主要是采取如下几种办法办起来的：一是中央和外省市帮助建立的一些骨干学校，如内蒙古、新疆、贵州等新办的高等学校；二是将原来一些高校的院系分设另建学校，如广东将华南工学院的化学系独立成立化工学院，江苏省将南京工学院的食品工业系独立成立食品学院；三是将中等专业学校戴帽子，改设高等学校，这年新办的高校不少属于这种情况；四是将现有的高等学校设立分校；五是地方厂矿企业举办的高等学校；六是普通中学抽调教师担任基础课教师，筹建高等学校。①

在"大跃进"中办起的这些"大学"，其实多数是中专、中学戴帽改称的，并不具备成为大学的条件，在后来的国民经济调整中大多相继停办。

---

① 《各地半年内办大学八百余所》，《光明日报》1958年10月1日。

结　束　语

　　本书仅对"大跃进"的发动情况作了简单的勾勒。其实,"大跃进"作为一场运动延续了三年之久,即到 1960 年中共中央决定对国民经济进行调整,"大跃进"运动才告结束。

　　发动"大跃进"的初衷,原本是希望通过这种方式,实现中国经济的跃进式发展,结果却事与愿违,非但没有达到这样的目的,反而延宕了中国经济的发展,留下了极为深刻的教训。

　　强烈的赶超思想,是"大跃进"得以发动的最初动因。有赶超思想本是正常的,这也曾是世界上各社会主义国家共同发生过的现象。社会主义制度没有在欧美发达的资本主义国家率先建立起来,而是在一些经济文化相对落后的国家出现。社会主义国家建立之后,在当时的历史背景下,客观上存在着与资本主义国家的对立与比较,而人们在追求社会主义这种新制度之时,就曾设想它具有资本主义无法比拟的优越性。在这种情况下,要使新的社会制度的优越性能够体现出来,就必须尽早改变经济文化落后的状况,赶上甚至超过发达的资本主义国家。要做到这一点,如果经济发展速度与资本主义国家同步,显然始终无法实现赶超的目标。因此,追求比资本主义国家高得多的经济发展速度,就成为各社会主义国家的共同特征,中国亦概莫能外。

　　"大跃进"当然带有明显的中国特色,在当年各社会主义国家追求高速度时,中国的"大跃进"迈出的步子最大,追求的速度最高,造成的影响也最大,究其原因,在于当年中国人(包括领袖与民众)赶超思想尤为强烈。

这一方面在于中国建立社会主义制度之时，经济文化更为落后。更为重要的是，自近代以来，由于中国饱受西方列强的欺凌，积贫积弱，使中华民族饱尝贫穷落后的屈辱，而在旧中国，由于社会制度的腐朽落后，中国人的强国富民理想始终无法实现。现在，中国建立了全新的社会主义制度，人们认为有了这个好制度，就一定能够使中国富强起来，而且也只有使中国富强起来，才能证明建立了一个好制度。

另一方面在民主革命时期，中国革命虽然历经曲折，但最终成功地走出了一条具有鲜明中国特色的革命道路，不但打败了强大的日本侵略者，也推翻了强大的蒋介石集团。在这个过程中，中国共产党及其领袖显示出了卓越的革命才能，同时也不断地增长了革命的自信，认为中国共产党人没有不可战胜的困难，没有不可克服的难关。既然那么艰苦卓绝的革命战争都能取得辉煌的胜利，在和平环境下进行经济建设理所当然会取得更辉煌的成就，更何况中国有六亿人口，而且又有革命战争年代组织动员群众的丰富经验，还有地大物博的自然资源，一定能够在不长的时间里实现赶超的目标。两种社会制度的对立局面，是产生强烈的赶超思想的动因；革命年代的成就与经验，又进一步激化与增强了人们的赶超意识和实现赶超目标的自信。从这个意义上讲，"大跃进"的发动带有某种历史必然性。

十五年赶上并超过英国口号的提出，虽然是"大跃进"发动的一种显著的标志，但是，如果充分发挥社会主义制度的优越性，加之以六亿中国人民建设社会主义的高度热情，应当说用十五年的时间使主要的工业产品产量赶超英国，还是有可能的。问题并不在于设立了这样一个赶超的目标，而在于这个口号提出之后，赶超的时间不断被缩短，以至仅过了半年的时间，就将赶超英国的时间由十五年变成了两年，而将赶超美国缩短到十五年。并且片面地认为只要钢铁产量超过了英美，赶超的目标就实现了，于是确定将当年的钢产量在上年的基础上翻一番，并且为了这 1070 万吨钢，不惜举全国之力全民之力，大搞大炼钢铁的群众运动。三年的"大跃进"之所以造成严重的局面，全民大炼钢是重要的原因。

在 1958 年的"大跃进"中，为何刚刚提出的目标一改再改，赶超的时间一再缩短，这是一个值得深思的问题。其中，1958 年年初开始的对反冒进的批评起了至关重要的作用，尤其是将冒进与反冒进上升到马克思主义还是非马克思主义的高度之后，在党内逐渐形成了冒进即跃进是高举马克思主义红旗，而反冒进即右倾保守举的则是资产阶级白旗的话语体系。而跃进是什么？就是敢想敢说敢干，就是敢于提出高指标，在某种意义上实际上变成了敢于吹牛说大话，敢于搞虚报浮夸，于是乎各类"卫星"满天飞，甚至提出"人有多大胆、地有多大产"这类荒唐口号。可以说，对反冒进的批评，不但破坏了党内正常的民主生活，造成了党的最高领导人的一言堂和个人专断，也造成了党内一些人为迎合党的领袖而放弃实事求是原则的不良风气。高速度原本是毛泽东所追求的，而党内一些人又不断地论证高速度的可行性，并且提出了更高的发展速度，这样在上下互动之后，超英赶美的时间乃不断缩短，各种不切实际的指标也就一再拔高。而为了实现这样的高指标，就不能不打破常规，用群众运动的方式去开展各项工作，"大跃进"最终也被演变成一场全民参与的大运动。

"大跃进"之所以能够变成一场全民参与的大运动，一方面，当时广大人民群众确实有着迅速改变中国贫穷落后面貌的强烈愿望，不少干部群众是自觉自愿地投入到"大跃进"运动中去的，而且在"大跃进"的过程中，他们的确显现出忘我的生产工作热情和无私奉献的精神，出现了许多的感人场面。另一方面，由于采取了群众运动的方式，造成了必须"跃进"并且必须"大跃进"的社会氛围和强大的社会压力。由于正常的发展速度被当做右倾保守的表现，而高速度高指标则成为响应"大跃进"号召的标志，又采取所谓的"两本账"、"三本账"的计划方法，造成了各项指标的层层加码。为了批评反冒进和批判所谓右倾保守思想，曾召开了南宁会议、成都会议等一系列的会议，并且一级级地传达有关精神，在党内外营造了特殊的"大跃进"氛围。此外，《人民日报》等各种宣传媒体发表了大量的社论和通讯报道，对右倾保守思想展开批判；同时树立起各种敢于跃进、敢于提出高指标的典型，一步步地使"大跃进"升温。因此，在这个意义上讲，"大跃进"的发动也是各种合力共同作用的结果。

"大跃进"运动是当年人们试图探索中国自己的社会发展模式而未曾成功的试验。当然，用这样的方式去发展经济加快建设速度，不但实现超英赶美的目标并且在短时间里就一步跨进共产主义，事实上是不可能成功的。经济的发展有其内在的规律，人们可以利用自然和改造自然，但不能违背客观规律，用运动的方式可以一时激起群众热情，但搞建设仅有热情是远远不够的，还必须遵循客观规律、尊重科学。思想必须解放，迷信必须破除，但解放思想不是胡思乱想，破除迷信不是盲目蛮干，群众的热情需要保护，但各级干部的头脑不能发热。在"大跃进"的发动过程中，解放思想和破除迷信曾是重要的宣传口号，也是发动"大跃进"时重要的精神动力，但由于没有首先搞清楚要解放的思想是什么，要破除的迷信又是什么，而将按规律办事等同于右倾保守，将尊重科学、尊重规律、尊重知识及知识分子等同于迷信权威，结果正常的生产工作秩序被接二连三的运动所代替，国民经济按比例发展被"以钢为纲"取代了，敢提高指标、敢放"卫星"成为解放思想的标志，经济建设中混乱局面的形成也就无法避免了。"大跃进"运动给人们留下了很多的历史启示，其中最重要的一点是，只有科学发展才能协调发展、全面发展，也才能可持续发展，也只有坚持科学发展才能实现经济社会真正意义上的发展。从"大跃进"的经验教训中，不难看出树立和落实科学发展观是何等重要！

参 考 文 献

1. 中共中央文献研究室：《建国以来重要文献选编》第八至十册，中央文献出版社 1994—1995 年版。

2.《毛泽东文集》第六至八卷，人民出版社 1999 年版。

3.《建国以来毛泽东文稿》第六册、第七册，中央文献出版社 1992 年版。

4. 中共中央文献研究室：《毛泽东传（1949—1976）》，中央文献出版社 2003 年版。

5.《周恩来经济文选》，中央文献出版社 1993 年版。

6. 中共中央文献研究室：《周恩来年谱》上、中卷，中央文献出版社 1997 年版。

7. 金冲及主编：《周恩来传（1949—1976）》，中央文献出版社 1998 年版。

8.《刘少奇论新中国经济建设》，中央文献出版社 1993 年版。

9.《建国以来刘少奇文稿》第七册，中央文献出版社 2008 年版。

10.《陈云文选》第三卷，人民出版社 1995 年版。

11. 金冲及、陈群主编：《陈云传》下，中央文献出版社 2007 年版。

12. 中共中央文献研究室：《刘少奇年谱》下，中央文献出版社 1996 年版。

13. 中共中央文献研究室：《关于建国以来党的若干历史问题的决议注释本》，人民出版社 1983 年版。

14. 薄一波：《若干重大决策与事件的回顾》上卷，中共中央党校出版社 1991 年版。

15. 薄一波:《若干重大决策与事件的回顾》下卷,中共中央党校出版社 1993 年版。

16. 吴冷西:《回忆领袖与战友》,新华出版社 2006 年版。

17. 李锐:《"大跃进"亲历记》,上海远东出版社 1996 年版。

18. 谢春涛:《大跃进狂澜》,河南人民出版社 1990 年版。

19. 刘武生:《周恩来在建设年代》,人民出版社 2008 年版。

20. 石仲泉:《我观周恩来》,中共党史出版社 2008 年版。

21.《邓子恢传》编辑委员会:《邓子恢传》,人民出版社 1996 年版。

22. 马齐彬、陈文斌等:《中国共产党执政四十年》(增订本),中共党史出版社 1991 年版。

23. 顾龙生:《毛泽东经济年谱》,中共中央党校出版社 1993 年版。

24. 李庆刚:《"大跃进"时期"教育革命"研究》,中共中央党校出版社 2006 年版。

25. 王梦初编:《"大跃进"亲历记》,人民出版社 2008 年版。

26. 中华人民共和国农业部计划司:《中国农村经济统计大全(1949—1986)》,农业出版社 1989 年版。

27. 房维中主编:《中华人民共和国经济大事记(1949—1980)》,中国社会科学出版社 1984 年版。

28.《中华人民共和国第一届全国人民代表大会第五次会议汇刊》,中华人民共和国第一届全国人民代表大会第五次会议秘书处 1958 年编印。

29. 中华人民共和国农业部:《高产志》,农业出版社 1958 年版。

30. 农业部粮食作物生产局:《1958 年小麦丰产经验汇编》,农业出版社 1958 年版。

31.《社会主义建设总路线学习参考资料》,河北人民出版社 1958 年版。

32.《把总路线的红旗插遍全国》,北京出版社 1958 年版。

33.《钢铁生产大跃进论文选》,科学出版社 1958 年版。

34. 1958 年的《人民日报》、《光明日报》、《今日新闻》、《红旗》杂志、《新华半月刊》等报刊。

责任编辑:王世勇

图书在版编目(CIP)数据

"大跃进"的发动/罗平汉 著. -北京:人民出版社,2009.11(2023.11重印)
ISBN 978－7－01－008137－3

Ⅰ.大… Ⅱ.罗… Ⅲ.大跃进运动-研究 Ⅳ.D651.9

中国版本图书馆 CIP 数据核字(2009)第 139342 号

"大跃进"的发动
"DAYUEJIN" DE FADONG

罗平汉 著

人民出版社 出版发行
(100706 北京朝阳门内大街 166 号)

北京汇林印务有限公司印刷 新华书店经销

2009 年 11 月第 1 版 2023 年 11 月北京第 3 次印刷
开本:710 毫米×1000 毫米 1/16 印张:18.75
字数:276 千字

ISBN 978－7－01－008137－3 定价:78.00 元

邮购地址 100706 北京朝阳门内大街 166 号
人民东方图书销售中心 电话 (010)65250042 65289539